U0071352

喪禮撮要 箋釋

彭天相（1893-1943）／著
彭衛民／箋釋

皇清誥授湖南奉政大夫光緒國子監生曾祖王父彭天相

某郡堂上列祖考妣之神主前曰上治之典自古為昭
遷祧之儀於今為烈今以先考妣某婞之主大祥已屆
禮宜祔祠爰陳牲醴昭告維寅世次遞遷禮窮史祧
天敘攸定感慕維殷
新主入祠祔祭合祀
新主將祔先以酒菓於靈座前告曰男等喪制將屆
大祥敢請神主入祠祔祀告畢乃亂櫝捧至執事者
撤靈座遂奉主入祠行祔祭禮
祔祭儀節 孝子服祥行礼
孝子詣列祖考妣神主於列祖考妣神龕前敬請列祖降

居神位出就正寢恭伸祔禮
孝子興 執事者啟櫝 出主 就正位 祔列次考 立
主人還至新主前 跪 告曰孝子某請主詣寢恭
伸祔祭 興 出主 置列祖考妣位西向
孝子就位 參神 鞠躬 拜興四 平身 降神
詣盥洗所 盥洗 授巾 盥畢 詣香案前 跪
上香三酹酒 俯伏 興 進饌 復位 主祭
者行初獻禮 詣列祖考神主前 跪 獻帛
斟酒 祭酒 奠列祖考前 獻爵 獻饌 俯伏
興少退 詣列祖妣神主前 跪 獻帛 斟酒 祭酒

喪禮撮要鈔本書影

謹以此書，獻給曾祖彭天相、祖父彭淑人兩位先生。

宋序

孝之大端，生：敬、養，死：葬、祭。而能傳承衣鉢，弘揚精神者，則更堪稱大孝。賢弟子彭衛民求學之餘，窮經習禮，不畏繁縟，箋釋其先尊曾祖彭公天相之遺著喪禮撮要，頗得真意，令人欣慰。台灣大學曾教授建元先生首肯其功，並玉成其在秀威出版社刊印發行，更可喜可賀。對建元先生及秀威編輯嚴謹問學，不分出身，只重學術，獎掖後學之舉，本人衷心感謝並油然而生敬意。

衛民同學孜孜以求，考覆勘校，承其先尊遺作而成喪禮撮要箋釋，使之問世於浮燥之當下，於公於私，均堪稱功德。亞聖曰：「唯送死以當大事」。古往今來，「棺槨衣衾」於人子乃大事，自天子以至庶人，概莫能外。禮學因之成為一門普世性學問。然而，一方面，縱使販夫走卒、引車賣漿者亦能高談喪葬之道，另一方面，作為顯學的禮學，經官學「反覆考索」，反而變得愈益高深莫測，與現世漸行漸遠。大學問家阮元一言以蔽之：「禮經一書，韓文公尚苦其難度，人多束閣不觀，不知冠昏喪祭以及飲射朝聘之儀法度數，士大夫日用不可闕者，悉其於是」。此即所謂「大傳統」與「小傳統」之區隔。面對困境，又有一部份學者不再死守家法與門戶之見，而用另一種心態去解讀禮經，即衛民在該書中所闡述的核心觀點——「於心有安」。明清以降，冠昏喪祭之禮雖然齊備，但「俗方規規然，終其身弗由」。此乃禮經在官學愈益深奧繁複，而庶民百姓愈難「領悟」採用之故。畢竟，「禮以時為大」，如何在不失古經本義之前提而去繁就簡，讓鄉土社會更多之民眾接受並習以為常，便是當時諸多學者須直面的課題。故而明清兩代因之釋禮成風，如明人宋纁之四禮初稿、呂維祺之四禮約言，清人王心敬之四禮寧儉等，便是例證。當然，他們並不全然丟棄對經典的檢溯，而是用一種更簡約、更適用的方法來演繹禮經的本貌。彭公天相亦因之撰寫了他的喪禮撮要。

該著雖應時而作，然亦有獨特之處。彭公以朱熹之家禮、司馬光之書儀為藍本，參唐宋明歷朝家禮喪葬之精論，去繁取要，考究清代喪葬自「初終」至「祥禫」等諸儀節，並涉「五服」與「昭穆」之制。其行文體例兩分為儀式、書文，每一儀節後並附書文，以殊異於歷代禮學家執意考據、只循己說，而突顯「禮以時為貴」，務以合「人心為安」為要。對於喪葬之禮，彭公崇尚誠敬，倡議簡約，直斥清代喪葬儀節日竟奢華為「昧於禮之故」；「唱孝敬、演孝戲、醉舞喪場，賭博喪次」更是「忘親之甚者」。由是勸諭世人凡喪葬應循儒家禮學本義，「毋得誤入釋道迷途」，此議甚合孔、程願意。

衛民同學在本科一年級時所撰長文「家奠吊祭儀制發微」通過了臺灣中華人文社會學報學術審查，編輯依出版流程詢問其身分職稱，他甚是猶豫：擔心如實相告會有退稿風險，隱瞞身分又於心不安。左右為難之際，我告訴他：英雄不問出處，真正的學術生產從來不會顧及生產者之身分，你儘管將自己的身分如實相告。非常有趣的是，該刊主編曾建元教授不僅沒有退他的稿，反而更加賞識他，經過頻繁郵件往來，竟成了衛民同學的良師益友。因衛民之故，我亦與曾教授有資訊交流，並從他身上感受到了臺灣學人正直、嚴謹的學術品格。

讀書與做人並無二致，「經師易得，人師難得」。學問造詣的深淺，在於對人生的感悟，聰明或在其次。有些人積極奔走、縱橫捭闔、左右逢源，而有些人處事低調、只在心安、不求聞達。然而，八面玲瓏者未必有真知，默默無聞者未必腹中空。做學問之人，或熱衷於「貨與帝王家」，或甘心於「板凳願坐十年冷」，誰又敢說前者比後者活得更有價值？學問的真偽、價值只能經由時間來檢驗。興許「求放心而已矣」的學問會被歷史銘記，而「只為稻粱謀」的學問終被歷史淡忘。

衛民雖年輕歷淺，然其志已立，甘願做個真讀書人。當今之世，不為功利誘惑所動者，實難能可貴。故樂為之序。

西南政法大學教授、博士生導師　宋玉波

壬辰年元宵夜於陽光水城寓所

曾序

祭統曰：「祭者，所以追養繼孝也。祀其先祖先也，顯揚先祖，所以崇孝也。」吾先祖宗聖曾子曰：「慎終追遠，民德歸厚矣」，又曰：「孝有三，大孝尊親，其次弗辱，其下能養」。

禮儀的主要作用，在於通過具有特定符號意義的社會性表演行動，提醒人們要在日常生活中維護與實現共同的社會價值。中國自古以孝立國，因而在喪禮中特別重視子女父母關係。父母含辛茹苦生養子女，子女何以為報，至少應做到養親使其終老，父母身後為其送別，並且於重要節日為之奠祭，重溫天倫之樂。為人父母者以身作則，則始可期待於子女。喪禮就是具體而微的孝行演示，在彰顯門風教化社會的同時，也在為恪遵家法遺訓向天地立誓。但孝之至大者，則更在於尊親、終身顯揚先祖，化小孝為大愛，使前人之潛德幽光得以發揚光大、激勵後人，而有所貢獻於世界。

從這個角度來解讀喪禮撮要箋釋一書問世的意義，便令人深深感動於其根源自吾國固有美德的曖曖人性光輝。喪禮撮要為前清國子監生、民國湖南省湘鄉府工會主席雙峰縣彭天相氏手著四禮撮要一書之喪禮部份。一百年來，喪禮撮要始終僅以手鈔本之形式在家族內繼承流傳，直傳至彭天相氏之曾孫彭衛民，始得由其勾稽核查、箋釋校訂，而打字出版。在彭天相的時代，中國的新文化運動出現過打倒孔家店、全盤西化的聲音，但彭天相不為所動，他也不關心禮儀的改革，而是以虔敬的治學態度對於傳統禮儀經典進行研究考訂；在彭天相兒子彭淑人的時代，中國則經歷了無產階級文化大革命，國故慘遭摧殘，在人心不古的神州大陸土地上，喪禮撮要手稿竟然被他保存了下來。南宋陸游晴窗讀書自勉詩云：「天全魯壁藏，不墮秦火虐」，湖南雙峰彭氏一族，因著彭天相著作的保存，而在不知不覺中為中華民族禮教文化遺產忠謹守護住一縷薪火，綿延百年，令人敬佩，而此一過程中彭家世世代代治家處世做人為學的真誠篤實，豈不是以孝傳家的典型？留給社會人群的，豈非更為豐美的精神資產？

我與彭衛民先生結緣於民國九十七年（二零零八年），當時他向我所主編的中華人文社會學報投稿了一篇論文家奠弔祭儀制發微，我按照一般來稿處理程序將該文送交專業審查，於審查通過後通知作者，並請作者提供基本資料。詎料，作者竟來函道歉，自責不該隱瞞其為西南政法大學政治與公共事務學院本科生的身分。讀信之後，始知中國大陸一般學術期刊對於投稿者具有學生身分者乃有所限制，衛民以為中華人文社會學報也有這種規定，因而擔心他的嘔心瀝血之作會被取消刊登的資格。這種情形臺灣也有過，當年我薩托里的憲政工程論一文被國立臺灣大學法學論叢退稿的荒誕理由，就因為我是學生。但當我成為學術期刊的主編之後，我便不容許這種情形在我主持的學報裡發生。衛民的情形更特殊，因為他連研究生也不是。只要確認該論文確實出自他個人之手，這一個早慧而不世出的學術奇才，不是這樣就我們發掘出來了嗎？於是我再去信請教他寫作的動機和研究方法，衛民才自揭喪禮撮要一書與他治學上的啟迪。自此，拜網際網路通訊科學技術之賜，我與衛民成為網友。

衛民的大作「家奠弔祭儀制發微」刊登於九十八年（二零零九年）三月出版的中華人文社會學報第十期，而當個學期，他即以優秀的學術研究表現，獲得了西南政法大學自強之星的榮譽，隔了一年，他又向中華人文社會學報投稿「昭穆制」的歷史意義與功能而獲得刊登於第十三期，一位本科生個人撰寫的學術論文能兩度通過嚴謹的學術期刊專業審查而接受出版，恐怕在中華大學校史上是空前絕後了。我真為他的表現驚羨不已，我教學十餘年來，還未曾見過這樣的大學生。事實上，他成熟的學術研究能力，早已超過了一般的碩士、博士研究生了，他如果生在蔡元培的時代，搞不好已經被迎上國立北京大學的杏壇。

衛民才華洋溢，興趣多元，又勤於寫作，在大學本科畢業之前，即依賴中華人民共和國教育部和西南政法大學提供的研究獎助完成了多項研究課題而有學術論文多篇發表，出外求學的用支絲毫不必家長操心。衛民雖然研究主題集中在國學的故紙堆裡，但他豐沛的研究能量，卻得力他對於現代電腦和網際網路工具的嫻熟運用。除了實體書圖書館外，通過網路和各種海內外文獻資料庫，他博覽群籍，並且能利用軟體對文本進行精細的校勘比對，因而在知識的累積或創新上，均有超越前人的成就。不僅如此，衛民也早通過網路，以指尖跨越了時空與國界的界限，任由思想於虛擬的宇宙中馳騁，與今古大師名士和兩岸學界同儕從遊交往，所以，讀者可不要以為他是一付「小老頭」的模樣，他可是一位不拘於時的後現代新新人類。

我和衛民的導師宋玉波教授都曾經不約而同地建議衛民到臺灣遊學，臺灣的民間生活較之中國大陸完整地保留了中華文化傳統，臺灣的知識界則在胡適、傅斯年、雷震、殷海光等前輩的引領下，直接繼承了五四運動以來中國自由主義的精神，而臺灣居於中西海陸交通與文明輻輳之地，更有固有道德知能和普世價值在此完美地匯聚融合，臺灣尚擁有充分尊重與欣賞獨立思想與自由創作的憲法秩序和大學校園，這些條件都在在有助於進一步開拓與豐富衛民的思路和生命。衛民對於我們的提議十分贊同，我也因此在中華大學為其奔走，希望能安排他來短期進修。可惜本校與西南政法大學間無學術交流協議，相關辦法未備，幾經努力，最後不得不放棄。未幾，傳來衛民連續獲頒西南政法大學學術成果特等獎榮譽，繼而又獲得重慶市百佳大學生暨學術標兵表揚，我感到與有榮焉，也遺憾沒能玉成他來臺灣之事。去年年初，我為衛民與其同學黃濤在臺中東海大學政治學系第一屆「地方政治與區域發展」研討會上宣讀其合著之論文「鄉村動員的治理之維——基於桂、渝幾個鄉村的調查」，心中為衛民沒有機會親自到場討論而深感惋惜。

衛民於二零一一年自本科畢業後，繼續留在母校深造攻讀政治學理論專業碩士，馬上又獲得了中華人民共和國「第七屆中國青少年科技創新獎」的榮譽，在北京人民大會堂受獎。他在開學後不久就傳來了喪禮撮要箋釋一書之電子檔案，希望能在臺灣出版，我乃為之向臺北秀威出版社楊宗翰先生鄭重推薦。臺灣人對於喪禮一向視為人生大事，福佬人和客家人之禮俗均深受南宋朱熹文公家禮一書之影響，大學更開設有專門科系培養禮儀人才。衛民主張禮當以人心為安，回歸經典，於我心有戚戚焉，回歸經典旨在掌握儀式每一環節的意義，在此一基礎上始可有所通權達變，方不致於招來有禮無體、荒腔走板之譏。文公家禮為喪禮撮要箋釋一書的研究基礎之一，我相信喪禮撮要箋釋一書的出版對於我們理解文公家禮和臺灣傳統喪葬禮俗有極大的參考作用，必能在臺灣找到知音同好。

衛民因西南政法大學與國立高雄大學簽訂學術交流協議，將於民國一百學年第二學期公費至高大政治法律學系交換。等了這幾年，我的大陸網友終於來了。他將可親自在臺灣為本書接生。古云：「行萬里路，讀萬卷書」，於識見胸懷的鍛鍊上，兩者實不可偏廢。衛民書讀得夠多了，我也盼望他能利用在高大交換的機會，多到臺灣各地走走，但請別看那些虛有其表的高樓華廈，也不必去比較兩岸的名山大川。而當多到市井鄉里，體會臺灣熱情好禮的民心、享受寶島自由舒暢的空氣。

中華大學行政管理學系副教授
國立臺灣大學國家發展研究所暨國立新竹教育大學教育學系兼任副教授
國立臺灣大學客家研究中心特約副研究員　曾建元
民國一零一年二月十八日五時　臺灣苗栗地方法院職務宿舍

（同刊於：縱覽中國網，普林斯頓：普林斯頓中國學社，二零一二年二月十七日）

徐序

中國為禮儀之邦，禮儀為文化之妝。中國禮儀呈現著悠久歷史之人倫大系，古傳喪禮折射出千年王國之不朽信仰。中國傳統優秀文化綿延不絕，歷久彌新，皆因其深入國人血脈，構築成大眾之精神家園；中國傳統喪禮哀戚肅穆，極盡人道，全由其合乎國人情性，凝聚為民族之道德支撐。彭天相撰、彭衛民箋釋之喪禮撮要一書集古代中國喪禮精華，考證有據，詮釋精詳；上下貫通，圖文並茂。學人可據此參究典籍，讀者可依此排比演繹。全書殺青付梓，公諸於世，無疑使塵封既久之喪禮範式重見天日，復為慎終追遠之古禮程式昭示津梁。余與衛民君因緣際會，得以拜讀原著。掩卷之時，不禁肅然起敬，感慨系之。遂略贅數語，辭不達意，誠望出版諸君，聖衷裁察，玉成其美，以嘉惠學林，澤及世人。

中國人民大學歷史系教授、博士生導師　徐兆仁

箋釋凡例

一、本書據清光緒三十四年（一九零八）曾祖彭天相先生喪禮撮要（以下簡稱撮要）手鈔底本點校、箋釋，本書為原著者國子監肄業後任民國湘鄉府工會主席，期間著成之四禮撮要之喪禮部份，鈔本為撮要之初稿，不免有脫漏、訛誤、謬引之處，故此次點校，因序、跋因鈔本脫落，無可稽查，只錄鈔並覆合撮要自「初終」至「禫祭」部份。

一、本書既為撮「喪禮」之要，即以朱子家禮、司馬書儀、鄭氏書儀、文公家禮所錄之喪禮為底本，本次箋釋所用之史料，分四部份，（一）、以漢魏古注十三經、唐宋注疏十三經、清注十三經之喪葬禮論述作為原始參考。（二）、參照開元禮、通典、政和禮、大明會典、大清會典等政書類之喪禮部份（如國史之喪禮凶禮部份或五服圖解、吾學錄等明清官方學者喪禮著作）作對比參考。（三）、未收入上述典籍中有關喪禮之論著，如士人家儀考、讀禮偶見等。（一）、各姓族譜之喪葬禮部份。

一、凡撮要有引他說而未注引出者，如「賑災全儀」之聖旨部份，引自大明會典之厲祭與告城隍文，箋釋時注明所引古籍，且衍文一併稽核補足。

一、凡撮要所涉及之喪禮條，他說有更為詳述者，一併箋釋於此條之下，如品官銘旌長度，本書僅見錄清代「三品以上九尺，五品以上八尺，六品以下七尺，士庶人五尺」，箋釋部份一併補足漢、魏晉、隋、唐、宋、元、明、清歷代品官銘旌尺度。

一、凡撮要涉及之喪禮專有詞彙，箋釋時先釋後箋，即先解釋詞語，後因他著中有涉及此詞彙之句，以資參照。如：

○釋「棄捐」。捐即棄也。說文曰：棄，捐也。捐，棄也。人死之婉辭也。

司馬太史公曰：有先生扁鵲則活，無先生則棄捐填溝壑，長終而不得反。李翺之楊公墓志載，公（素）生六年，太保棄捐；未及成童，虢國又終。宋濂之故封承事郎給事中王府君墓版文：予生髮未燥，先公棄捐，一念及茲，肝膽為之拆裂。錢謙益之尚寶司少卿袁可立前母陸氏加贈宜人，新昏燕爾，中道棄捐。哀哉若人！趙翼之哭劉瀛坡總戎，如此相知忍棄捐，身騎箕尾竟登仙。

一、撮要收錄之祭文、祝文、告文較為精短，他著有收錄類似文體者，箋釋部份也一併收錄。

一、圖表引自古籍者不再標注，但列文獻於文尾。

圖表例

目次

〔初終〕。

唐制，凡有疾，丈夫婦人各齊於正寢北牖東首，養者男子、婦人皆朝服齊親，飲藥子先嘗之。疾困，去故衣，加新。徹藥，清掃內外，分禱所祀。侍者四人坐持親體。有遺言則書之。屬纊，以俟氣絕。氣絕，廢牀寢地。主人啼，餘皆哭。

喪主於床東，服三年之男子於其下。男子易以白布衣，被髮徒跣。婦人青縑衣，被髮，不徒跣。女子子亦然。期功以下之同姓，各以服次坐於其後，皆西向南上；尊行以長幼坐於床東北壁下，南向西上；主婦、眾婦女坐於床西；同姓婦女以服為次，坐於其後，皆東向南上；尊行以長幼坐於床西北壁下，南向東上；妾、婢立於婦女之後，別設幃以障

內外。齊衰以下丈夫素冠，婦人去首飾。內外皆素服。主人坐於牀東，啼踴無數，眾主人在主人之後，兄弟之子以下又在其後，俱西面南上哭。妻坐於牀西，妾及女子子妻之後，哭踴無數，兄弟之女又在其後，俱東面南上。藉藁坐哭，內外之際，隔以行帷，祖父以下於帷東，北壁下南面西上。祖母以下於帷西，北壁下南面東上。皆舒席坐哭。**異姓之親，丈夫坐於帷外之東，北面西上；婦人坐於幃外之西，北面東上，以服為行。無服者在後。若內喪，則同姓丈夫尊卑坐於帷外之東，北面西上。異姓丈夫坐於帷外之西，北面東上。**外姻丈夫於戶外之東，北面西上；婦人於主婦西南，北面東上皆舒席坐哭。諸內喪則尊行丈夫及外親丈夫席位於前堂。若戶外之左右俱南面，宗親戶東，西上；外親戶西，東上。斬衰三日不食，齊衰二日不食，大功一日不食，小功、緦麻再不食。

以上俱開元禮。唐制，品官初終之制，自遷正寢至不食。後代此制有簡略。清至今，亦有不若是者，王氏復禮家禮辨定言杭俗曰：「人之既死，有初終敲磬，浴水令孝子先飲少許」，吾鄉（湘鄉）之人喪，亦有所謂「請水」之俗，初終，執事者執銅鑼一面，楮錢若干，於河湖井窪處，擊鑼焚楮，諸子、婦、女、孫等皆隨拜，三喚魂兮歸來。台灣近俗亦有此制，謂「乞水」，作為擦拭屍體用。

戒內外

凡疾終，皆閉門掩戶，外人不入，喪大記云：「疾病，外內皆掃，自潔清也」。

疾病，重病也。外內皆掃，疾甚必有問疾之賓來問，故須外內皆掃，使其潔淨也為賓客將來問病也，疾勒椿病也。

一、若病著膏肓，凡病室，欲外者可入，內者可出，掃除院宇，固密閉戶，不受風，不納日，不生濕，不入蠅蚊，帳幃綿密，陽不惡明，陰不惡暗。

一、病者多火，喜靜惡喧嘩，砧杵、叫號、偶震之聲、煩碎之言，穢惡之氣，煎煿之味，需拜浼四鄰小心謹慎，應費者不惜費以悅之。

一、閑六畜於別所，有入者則驅之。貓犬類者則疾逐之，恐其再聲，雞鳶類者則徐逐之，恐其大聲。

一、在病室，出入如竊，立如牀，坐如屍，無噴嚏、咳嗽、履聲、衣聲，無安置器物之聲，無喘息之聲。門之闔合有聲者，漬其樞，戶之見風自掩者，杙其扉。定以生陰，靜以熄火，此養病第一要訣。

一、增減被服，時寒暄也，無令知覺，不驟遽也。揮扇驅蠅，不可有風。揮風驅暑，優優徐徐，無用大力，恐病體不禁。

一、口常漱，手長盥，近枕而語，必嚼薑，掩口，凡在室者，戒蔥、蒜、韭、萊、菔等物。

一、問疾者至，應而勿傳。修文之客，勿入，蓋令人拘束。多言高聲之客，勿入，蓋令人厭嘔、耳震。休戚不關之客，勿入，蓋不體悉病人，若果相關，問侍者可以。自遠來者、病者、聾者、瞽者、啞者、跛者，勿入，恐觸動邪穢，聾啞者費應答之力。病者欲其入，則入之。

一、子婦室人省而勿問，侯而勿請。其寒溫安否，動移起居，待病者自言而後應，亟問非孝子。

以上戒八條俱呂坤之四禮翼。

其意為賓客將來問病，使安靜毋喧擾。

謹按人之彌留，若眾人圍問，恐其猜疑，甚非妥當。古禮戒內外在遷屍之後，王爾緝四禮寧儉編曰：「此一條宜置於三復之後，蓋此乃治喪之始」。

檀弓曾元曰：「夫子之病革矣，不可以變」，革，疾甚；變，動也，蓋疾病最忌喧擾。司馬光書儀釋曰：「喧嘩奔走，乃病者所惡，悲哀哭泣，傷病者心，尤為不可，使病者驚怛搖頓而死，皆未免為不終天年，故不若安恬靜默以待其氣息自盡，為最善也」，然而四禮寧儉編又曰：「頓遭親喪，安得不擾，且如疾亟哭亡，又如何得安靜，全無驚擾」。清俗，天津喪禮，人之疾革，至彌留時。則高聲呼喚。至不能應而止。

男子不絕婦人之手，婦人不絕男子之手。

謹按古制，御者四人，皆坐持體，使不能轉側，男死則侍者為男子，女死則侍者為女子，並死其手，如僖公薨於小寢，譏其近女室，蓋君子重終，為其相褻。此制非難者甚眾，如林氏桐君士人家儀考有男女侍疾者皆得送終考章，其言男子之終，妻、妾、子婦、女凡可侍疾者則必送其死，婦人之終，其夫、子、孫亦然，不特生者不忍訣別，即死者或亦思一見。故林氏曰理順人情，未有至親之人不許一訣者。寧儉編曰：「夫親至臨終，則或夫、或妻、或子、或女皆環守其旁，為父則愛子愛女必握手，為母則子孫各握其手，男女不絕其手，其言若正當，而其義正難通也，難通則不可行矣。」惟送死可以當大事，非惟衣衾棺槨為送死之具，固當盡心，故王氏家禮曰：「生離死別乃在俄頃之間，其為永訣，尤所當重，故死而不及送者，抱恨終天，焉有妻與子婦共在一室而不使相見。如以為男子不絕婦人之手，令妻與子婦皆避，則婦人不死於男子之手，而為夫與子者寧亦將避之乎？」王氏又考朱文公熹年譜載其臨終，揮婦人無得近。又吳草廬澄先生曰：「君子不死婦人之手，臨終一切屏去。」王氏以為此皆忽略持體字而誤以為死時不可有婦人，今者持體之禮久不行，而凡妻與子婦者，於彌留時，無不環侍以泣送，此誠天良難泯，而又豈誤解之所惑也。

古禮有遷居正寢，謹按公羊傳莊公三十二年何休注云天子諸侯皆有高高寢者，始封君之寢也，繼體君世世不可居高祖之寢，故有高寢、路路寢，正寢也，王之正殿所在，以治事、小燕寢，以燕息三寢，且孫從王父寢昭穆慣例。君、夫人卒於路寢。依昭穆之例，則大夫、士一寢，大夫、世婦卒於適寢。鄭玄曰：「言死者必皆於正處也。寢、室通耳。其尊者所不燕焉。君謂之路寢，大夫謂之適寢，士或謂之適室，士、士之妻皆死於寢」。按品官喪禮，有疾則居正寢，女則居內寢，古有堂寢之別，即前堂後寢。

即儀禮所謂適室，遷於北牖下。昏禮謂席於北牖下，注云，室中北牆下，凡房屋之牆，皆名牖。士喪禮謂祝負牖南面，是房室南牆外見於堂者，皆名牖。牖乃室之窗，凡室，戶在西，牖在東。士昏禮曰：席於戶牖間。鄭注：「室戶西牖東」，南面位。賈公彥疏禮子、禮婦、禮客賓，皆於此，尊之至也。謂戶牖之間，為堂上正中，最尊之處。引三禮辭典。

寧儉編曰：「卿大夫之家，或有備之，庶人未必有堂寢之別，且遷居正寢之制，病劇則不可動，未劇又無遷之理，故卒於所居之室可也」。喪禮吾說曰：「病中不迁寢，不易牀，不易衣，卒不當在正寢」。呂坤四禮疑更曰：「正寢下室，夫人世婦，所以辨貴賤也。士庶人無多室，正喪終於正寢，無正寢便宜行事。凡夫婦正喪，不分尊卑長幼，皆以正寢。惟妾與殤，不可以褻南面，則殯於東西之室，如無旁室，則殯於正寢之邊楹，不受祭奠，殯凶所不宜每室者皆在，貧賤之家，總於一室，似於人情為便」。吾學錄釋云：「居室今古異制，而慎終初無異情，亡者疾甚，以待其死，烏有於此時遷居正廳，轉動之間而瞬間殞絕者，於人子之心何安？」

撤襲衣、加新、廢牀、寢地諸儀節。

○釋「徹襲衣」。儀禮作撤褻，喪大記亦曰撤褻，檀弓曰：「始死，羔裘玄冠者，易之而已」。此條據死者而言，而鄭注曰：「生者亦須撤舊衣加新朝服」。若此與〔易服〕之條豈不牴牾。

○釋「加新」。又病時衣物有污垢，人子恐於心不安且亦為來人穢惡之，故宜撤去死時之衣。品官之喪，加新朝服，用加病者，明其終於正者。

○釋「廢牀」。去死時所臥之牀也。

○釋「寢地」。喪大記注曰：「人始生在地，庶其生氣反也」。謹按此處未錄〔廢牀、寢地〕諸儀，古時或有此禮文，而事理未安，亦未必通行，古今異宜，自不當拘泥。

論落枕亡　送重喪法

俞文豹吹劍錄引唐太常博士喪煞損害法，如巳日死者雄煞，四十七日回殺。十三、四歲女雌煞，出南方第三家，煞白色男子，或姓鄭、潘、孫、陳，至二十日及二十九日兩次回喪家，故世俗相承，至期必避之。趙翼陔餘叢考以為唐時已有此風。洪邁夷堅志曰：「董成二郎死而既斂，家人用俚俗法篩細灰於灶前，欲驗死者所趨。已而見鵝足跡在灰上，皆疑董已墮入畜類」。又明人侯甸西樵野記載：「鄉人顧綱卒，煞回，適值夜中，其妻設香楮牲饌於靈幾，闔中障以彩綺，合門皆隱鄰舍，獨留一媼守家。媼見一物狀如猿，而大如犬，據案啖牲。見媼，連毆之，媼號呼，家人趨救，已失之矣。」又儲泳論男女生煞云：「人以某日死，則受某日之煞氣。陰陽家所載，有雌煞，有雄煞，有出，有不出。其說似不可信。然雌煞不出，則死者右足鉗而向左；雄煞不出，則左足鉗而向右；皆不出，則左、右足皆鉗而相向；皆出，則兩足皆不鉗而向外云云」。陳東山論曰：「安有執親之喪，欲全身遠害，而扃靈柩於空室之內者？又豈有父母而肯害其子者？」又徐珂以為回煞之日，必於亡者臥室陳設，如生時，列筵款煞神，故清稗類鈔述祀煞神事：「道光朝，江陰有趙大成者，伉儷最篤，妻亡，慟甚。是夕，設筵房外，備亡人衣履於房中，自伏帳後窺之。三更許，煞神赤發獰面，一手持叉，一手以索牽其妻入，見酒肴羅列，解索徑坐。妻至榻前，揭帳，坐牀上，歎息曰：「郎君安在？咫尺家庭，不能一見耶？」因泣下。趙突出抱之，妻駭，囑勿聲，以手指外曰：「勿為所覺。」趙問死後如何，曰：「薄有罪罰，今已無事，可望轉生。不忞拋君，故一來相視耳。」趙窺煞神方據案大嚼，抽刀從後刺之，僕地，捉而納之罈中，封口，畫八卦鎮之。啟棺，抱妻魂納入。至天明，妻起坐，又三十一年而亡。」

佛有六道，眾生輪迴之塗。善道者，「天」、「人」、「阿修羅」。惡道者，「牲畜」、「鬼」、「地獄」。清制，按六道輪迴之論，有「天」、「地」、「人」、「佛」、「鬼」、「畜」六道圖。

張大翎釋曰其法以「天」、「地」、「人」、「佛」、「鬼」、「畜」六字排左右手掌中，男從「天」順數，女從「佛」逆行，俱以其人年歲計之。

若男子死年五十三，則從「天」位起，十歲「天」位，二十「地」位，三十「人」位，四十「佛」位，五十「鬼」位，五十一到「畜」位，五十二順數復到「天」位，五十三到「地」位，故亡人落在「地」位。

〔初終〕。

若女子死年五十三，則從「佛」位，十歲「佛」位，二十「人」位，三十「地」位，四十「天」位，五十「畜」位，五十一到「鬼」位，五十二到「佛」位，五十三順數復到「人」位。故亡人落在「人」位。張氏曰人之年、月、日、時俱要挨數，仍照此男從天順數，女從佛逆行法。

喪家用字數目

吾鄉〔湘鄉〕之新喪，以「生」、「老」、「病」、「死」、「苦」五字計，凡銘旌台灣冠婚葬祭家禮曰：「凡銘旌所錄之字，以生、老、病、死、苦五字為基準，為兩生合一老，如落在病、死字上，甚爲不宜，當禁用」、神主如家先宜寫作「天地君親師位」或「本宗某氏歷代先親〔考妣〕神位」，此二者皆落在「生」處。家先、靈牌等皆宜以六、十一字數之，蓋末字得落在「生」、「老」二處。

蓋佛母開示曰：「人生而由五劫難，一曰生之劫：人生於世間，或生為賢士、豪傑、英雄、富貴，或生為貧賤、孤獨、壽夭；一曰老之劫：人居於五倫之內，男當婚，女當嫁，生男育女，為功名、為積財而奔波。為事業、為生計而爭鬥，轉眼間兩鬢已斑白；一曰病之劫：或受風寒而感冒，或生瘡癱，或罹車禍折斷手足，或因積勞而生疾病，或精神不常，或氣血枯衰，扶杖始能行，或飲食無常而傷腸胃；一曰死之劫：一旦無常，拋諸妻子，萬事皆休，雖有華廈良田，徒將留與他人執管；一曰苦之劫：在世命途多舛，飄蓬無依，飲食無着。或無惡不作，魂歸地獄，受盡嚴刑，期滿轉入畜道，受人千刀萬割，煮煎而後食之」。故五道之中，行誼以合「生」、「老」為相宜。家先，神主等字如此，土木之設亦如此，龔明之中吳紀聞載：崇寧中，有旨：州縣置「居養院」以存老者，「安濟坊」以養病者，「漏澤園」以葬死者。吳江邑小而地狹，遂即縣學之東隙地，以次而為之。時以諸生在學，而數者相為比鄰，謂之「生老病死」。

〔初終〕。

〔書遺言〕。

有遺命則書之，無則不可妄請。

遺囑始行於周，周書顧命曰：「成王將崩，命召公、畢公率諸侯相康王，作顧命」，即遺囑。孔傳曰：「臨終之命曰顧命。」孔穎達疏，顧是將去之意，此言臨終之命曰顧命，言臨將死去回顧而為語也。春秋稱遺言，魏武帝操臨終（建安二十五年）有遺言，始著為書，其文曰：

吾夜半覺小不佳，至明日，飲粥汗出，服當歸湯。吾在軍中持法是也。至於小忿怒，大過失，不當效也。天下尚未安定，未得遵古也。吾有頭病，自先著幘。吾死之後，持大服如存時勿遺。百官當臨殿中者十五舉音，葬畢便除服。其將兵屯戍者，皆不得離屯部，有司各率乃職。斂以時服，葬於鄴之西岡，上與西門豹祠相近，無藏金玉珍寶。吾婢妾與伎人皆勤苦，使著銅雀台，善待之。于台堂上安六尺床，施穗帳，朝晡上脯糒之屬。月旦、十五日，自朝至午，輒向帳中作伎樂，汝等時時登銅雀台，望吾西陵墓田。余香可分與諸夫人，不命祭。諸舍中無所為，可學作組履賣也。吾歷官所得綬，皆著藏中。吾余衣裘，可別為一藏，不能者，兄弟可共分之。

後之書遺言，須家長賢而達於事體，言足以示訓子孫則可。清制，疾革，三品以上官員得具遺摺，有遺言皆書之，如代理江寧布政使桂嵩慶奏摺奏曰督臣沈葆楨自知疾必不起，於前數日授遺摺，命臣桂屆時代遞，不眠已四、五十日，間或坐而假寐，口中喃喃有詞，猶是議購鐵甲船之事。言無則不可妄請者，蓋四禮釋曰家長或不通學術、識事體，亦須酌行。

氣絕乃哭

用棉花置死者鼻下。用棉花置死者鼻下，即屬纊之禮。喪大記屬纊以俟氣絕，鄭注，纊，今之新絲，易動搖。備要言纊，新棉。將屬纊，皆言人之將死。**棉花不動則氣乃絕**。以衾覆之，去生時之衣物。**於是擗踴甚哀**。擗踴，當為擗踴，擗，捶胸。踴，以腳頓地，哀甚。

按儀禮曰：「主人啼，兄弟哭。」檀弓曰：「泣血三年。」注曰：「啼為至哀之聲，發聲則氣竭，齊衰以下，只哭無啼。男東女西，異向環床哭立。」林氏曰喪主以下為位而哭，喪主及諸子坐於牀東奠北，同姓男子以服為序，坐諸子後，面西向。主婦及諸婦與諸女坐於牀西，同姓婦女以服為序，坐諸婦後，諸妾又在其後，面向東。尊行男子坐於東北壁下，以西為上。尊行婦女坐於西北壁下，以東為上，異姓男子坐於帷外之東，以西為上，異姓婦女坐於帷外之西，以東為上。若婦女之喪，則同姓男子皆坐帷外之東，異姓男子皆坐帷外之西。

司馬書儀曰諸啼，兄弟親戚侍者皆哭，各盡哀，止哭。此合一家男女，言服重者近前，服輕者漸後，雖極遽，男女之位，不可以混。

謹按人之初終，子嗣、宗親、戚友聞喪皆哀，哀有深淺，此時何分啼哭之別，若情至深處，則哭盡哀，然而亦有不哭而心實絞痛者，蓋人各以其情，古禮亦有可迂可笑之處。考林氏家儀曰泣血非至哀，不宜有此分別。

世人三年之喪，皆稱泣血，以為至哀之詞，非也。近人梁苣林章鉅撫部云阮元先生曰今俗例，孤哀子稱泣血、稽顙實為大謬，夫有聲曰哭，無聲曰泣，古人言泣血者，無聲出淚而已，非甚哀也。禮記泣血三年，血即是淚，並非赤色之血，然則今俗所謂泣血者，欲重反輕也。

四禮疑曰：「哀極擗踴，有哀極而不擗踴者，有甚於擗踴者，有擗踴不哀者，以文飾情，制為節數。哀極則擗踴，哭之自然也，有哀極嘔血者，有幾絕復甦者，有觸頭臥地者，至哀無容。何獨擗踴為哀，而制為多寡之數，輕重之節，將孝子且哭且數乎？人將代為之數乎？弱者之躃，不能如壞牆，將謂之不哀乎？婦人躃可也，北土婦女裹足將不一踴而僕乎？情本自然，作而致之，使男女相率而矯強，必有笑於其旁者。」

孝經曰：「擗踴哭泣，哀以送之，蔔其宅兆而安厝之，為之宗廟，以鬼享之。春秋祭祀，以時思之。生事愛敬，死事哀戚，生民之本盡矣，死生之義備矣，孝子之事親終矣。君子之于親喪固所以自盡也，不可不勉。」擗踴哀喪故事，見於典籍者繁多。高子皋之執親之喪也，泣血三年。王褒葬其父，廬于墓側，墓前有數柏樹。褒涕泣所著之樹，樹色慘悴，與餘樹不同；李涵為河北宣慰使，會丁母憂，起複本官而行。每州縣郵驛公事之外，未嘗啟口。蔬飯飲水，席地而息。使還，請罷官，終喪制；何琦遭母憂，停柩在殯，為鄰火所逼，烟焰已交。家乏僮役，計無從出。乃匍匐棺所，號哭而已，俄而風止火息，堂屋一間乃免；郭全，幼喪母，哀戚如成人。及壯，父庭玉又卒，居廬三載，啜粥面墨。故情之所極，流於自然，安用文其不及，率天下以失真也。孔子曰：「喪，與其易也，寧戚」，故擗踴甚哀說，必後進之禮。

〔三復〕。

遣一人。古禮，復者為君之近臣，有司招魂復魄，命士與不命士皆一人。所復之衣，君以卷〔袞〕，夫人以屈狄，大夫以玄赬，世婦以襢衣，士以爵弁，士妻以稅衣，開元禮復於正寢，復者常服。持死者所曾服之上衣。上服，有官則公服，無則襴衫、皂衫、深衣，婦人大袖左執領，右執腰。升屋北面。中屋，屋脊是也，人死則魂升於天，故升於高處，北面，因人死之陰，故北面求之。三復。北面，象陰幽之意，即夕禮賈疏曰：招而左者，「招魂所以求生，左陽，陽主生也，故用左。」曰某號□□□人來。闕處疑為某名，儀禮曰：「皋，某復。」喪大記，男子稱名，婦人稱字，家禮或依常時所稱。或於路旁遍呼之，亦待有蘇活者，復之餘意。

復呼畢，乃捲衣而下，覆於屍上，少頃仍收□□以為裝魂用。唐制，復於正寢，復者三人，皆服常服。以死者之上服，左荷之。升自前東霤，當屋履危北面西上，左執領，右執腰。招以左，每招，長聲呼，某復。三呼而止，以衣投於前，承之以篋，升自阼階，入以覆屍。復者徹舍西北扉，降自後西霤。寢衣不以襲。明代有哭於祖廟而代復者，曰親在斯，亦復之意，蓋失復義遠矣。

易服

時末是日成服，男女皆去吉服華飾。內外改著素服，齊衰以下丈夫素服，婦人去首飾。妻、子婦、妾皆去冠，及上衣，上衣謂衫帶背子之類，固安宋志曰：「男闊髮，女去頭飾，乃成服，諸婦女去笄素服，期功以下丈夫素冠，婦人去飾。」

〔三復〕。

孝子披髮

孝子將頭髮披散。被髮非古禮，自開元禮始，妻妾亦被髮徒跣。書儀為人後者，為本生父母不被髮徒跣，婦人不徒跣，女已嫁者不徒跣，毛大可曰喪中凡有事，袒免，則冠在所必去，而隨去隨著，至於髮則始終不解，即闊髮而非解髮、披髮。王復禮曰唐開元禮始死，有男子披髮之語，而宋宗之，至今不改，然此為禮家最所禁者。不可剃頭，兩足去鞋襪，著以草履。問喪曰親始死，雞斯徒跣，扱上衽。鄭注，親，父母也，雞斯，笄纚之誤，免冠也。親始死去冠，二日乃去笄纚，括髮也，今時始喪者邪巾貊頭，笄纚之存象也。上衽，深衣之裳前。男子扱上衽，徒跣，為人後者，為本生父母及女子已嫁者，皆不被髮，徒跣，但去冠及上服，凡齊衰以下，內外有服親，及在喪側給事者，皆釋去華盛之服，著素淡之衣。

〔訃告於親族〕。

訃文，一作「訃聞」，古本作「赴」，以喪告人也。詳具死者之姓號、履歷及生卒年月日時、卜葬或浮厝之地及出殯日期，凡宗族、戚友、同鄉、同官、同事、同學必徧致之。俱清稗類鈔。

用喪主名。

清制，以護喪、司書為之，此謂品官之平日至親厚者，當使人報知，不必用書柬，然而士庶人之家，未必尊此縟節。

古制，訃先告於君，即夕曰：「赴曰：『君之臣某死』。赴母、妻、長子則曰：『君之臣某之某死。』」檀弓曰：「父兄命赴者」，鄭注，復後之事，赴謂死者生時於他人有恩識者，今死，則其家宜使人相往訃告也，謂孝子自命赴者，若大夫以上，則父兄命之也，何以然？尊許其病深，故使人代命之也。士喪禮則曰乃赴於君，死當有恩，是以下有吊及贈襚之事。司馬曰若無護喪、司書，則主人自赴親戚，不赴僚友。

書某親某人以某月某日得疾，不幸於某月某日棄世，既夕曰：「凡訃於其君，曰君之臣某死，親賓弔奠賻，親賓聞訃告，弔於喪主之家。」司馬書儀曰尊卑長幼，如常日書儀，粗生紙，直書其事，勿為文飾。

其新式男訃文，某某侍奉無狀，痛遭先考某某府君諱某某，慟於某年某月某日某時，以某病卒於正寢。距生於某年某月某日某時，享壽幾十有幾歲。某某親視含殮，即日成服。定於某月某日下午幾時至幾時，在家設奠。哀此訃聞。孤子某某謹啟。若在外病故，即於「正寢」上添「某寓」二字。晚近訃文，於「孤子」之下，以有服之直系、旁系親屬，仍照舊例一一載明者。（直系親屬，孫與曾孫也。旁系親屬，兄弟、姪也。）且有以女、媳、孫女、孫媳、曾孫女、曾孫媳、玄孫女、玄孫媳列於同輩男子之後者。各人名下，或泣血匍匐，或泣鞠躬，或抆淚鞠躬，或拭淚鞠躬，均酌其輕重而定之。

其舊式男訃文如左，不孝某罪孽深重，不自殞滅，禍延顯考皇清誥授某某大夫，歷任某官某某府君，慟於某年某月某日某時，壽終正寢。距生於某某年某月某日某時，享壽幾十幾歲。不孝某隨侍在側，親視含殮，遵禮成服。茲擇於某月某日，暫厝某地，預日家奠，另期扶柩回籍安葬。叨在友、寅、年、世、鄉、戚誼，哀此訃聞。某月某日領帖孤子某某泣血稽顙，齊衰期服孫某泣稽首，期服姪某抆淚頓首，大功服姪孫某拭淚頓首，功服姪孫某拭淚頓首，緦服姪孫某拭淚頓首。

俗例有將已故子孫之名，一併列入者，以黑底白文之字別之。若有三子，惟二子在家，一子不在家，則於「親視含殮」下，寫明某在某地，聞訃星夜奔喪，先後遵禮成服。友、寅、年、世、鄉、戚六字平列，用紅色。母若前卒，即稱孤哀子。若有繼母在堂，則於孤哀子旁加「慈命稱哀」四字。

父喪訃文：家嚴　某公某封享年若干，不幸於某曰某日某時。壽疾終正寢。忝在至戚知，謹以訃聞。

皇清年號　月　日

孤子姓某名某泣血

祖父訃式：家祖　某公某封享年若干，不幸於某曰某日某時。壽疾終正寢。忝在至戚知，謹以訃聞。

皇清年號　月　日

承重孫姓某名某泣血

顯考

皇清例封文林郎諱某字某號某府君痛於某年某月某日某時

病終正寢距生於某年某月某日某時積閏享受幾何

歲哀此訃　　司書期服姪某某拭淚

齊衰五月曾孫某某拭淚稽首

齊衰期服孫某某拭淚稽首

孤子某某泣血稽顙

不孝某等罪孽慎重不自隕滅禍延

聞

其新式女訃文如下：某侍奉無狀，痛遭先妣某太君諱某，慟於某年某月某日某時，以某病卒於內寢。距生於某年某月某日某時，享壽幾十有幾歲。某某親視含殮，即日成服。定於某月某日下午幾時至幾時，在家設奠。哀此訃聞。哀子某某謹啟。

其舊式女訃文如下：不孝某罪孽深重，不自殞滅，禍延顯妣皇清誥封夫人某太夫人，慟於某年某月某日，壽終內寢。距生於某某年某月某日某時，享年幾十有幾歲。不孝某隨侍在側，即日親視含殮，遵禮成服，擇期安葬祖塋。茲擇於某月某日，在家設奠。謹此訃聞。哀子某某泣血稽顙，齊衰期服孫某泣稽首，期服姪某抆淚頓首，大功服夫兄某拭淚頓首，大功服姪某拭淚頓首。稱某太夫人者，以其子亦命官也。父若前卒，宜稱孤哀子。

母喪訃文：

家慈　某氏孺人享年若干，不幸於某月某日某時。壽疾終內寢。忝在至戚知，謹以訃聞。 皇清年號　月　日 哀子姓某名某泣血

祖母訃式：

家祖母　某公某封享年若干，不幸於某曰某日某時。壽疾終正寢。忝在至戚知，謹以訃聞。 皇清年號　月　日 承重孫姓某名某泣血

〔訃告於親族〕。

不孝某等罪孽慎重不自隕滅禍延
顯妣
皇清敕封孺人例旌節孝某母某太孺人痛於某年某月某日某時
病終內寢距生於某年某月某日某時積閏享受幾何
哀此訃
司書功服姪孫某某拭淚
聞
齊衰期服孫某某拭淚稽首
齊衰期服孫某某拭淚稽首

孤子某某泣血稽顙
家門不幸蹇及小媳
皇清例封孺人某氏身故於某年某月某日某時
以病告終寢所溯生於某年某月某日某時得年幾何謹此訃
聞
曾孫齊衰期服孫某某拭淚稽首
孤、哀子某某泣血稽顙

以上俱《時俗喪祭便覽》、《清稗類鈔》。

〔聞喪奔喪〕。

訃至，哭盡哀，問故，又哭，易白服。奔喪曰：「以哭答使者，驚怛之哀無辭也，故問，問親喪所由也，雖非父母，聞喪而哭，其禮亦然。易服則裂布為四腳白布衫，繩帶麻履。」司馬公曰：「古者，未成服者素委貌，深衣，恐非古所有，且非倉促所辦，今從便。」遂行道中，哀至則哭。司馬書儀曰：「哭避市邑喧繁之處，今人奔喪及從柩行者，遇城邑則哭，過則止，是飾詐之道也。」望其州境、縣境，其城、其家，皆哭。奔喪曰：過國至竟，哭，盡哀而止。哭辟市朝，望其國境哭。家禮曰：「家不在城，則望其鄉而哭。」入門詣柩前，稽顙哭，披髮徒跣，三日成服，以後如常儀。家禮曰：「初變服，如初喪。柩東西面坐，哭盡哀，又變服如小斂大斂，亦如之。與家人相吊，賓至拜之如初。」若聞訃未得行，則設位不奠，稽顙哭，披髮徒跣，三日成服，事畢，束裝遂行至家，詣柩前，稽顙哭，不復披髮徒跣成服。若既葬，則先往墓前稽顙哭，乃歸家詣中堂前，稽顙哭，之墓者，望墓哭，至墓哭，如在家之儀。未成服者，變服於墓，歸家，詣靈座前，哭，拜，四日成服如儀。已成服者，亦然，但不變服。清制，三月而葬，營葬地及葬具。墳塋周三十步，封高六尺，墓門石碣，員首，方趺，勒曰：「某官某之墓，無官，則書庶人某之墓。婦則稱某封某氏，無則某氏。」聞期年功服之喪，為位而哭，不奔喪則三日成服，事畢。尊長於正堂，卑幼於別室。家禮曰不奔喪則四日成服，不奔喪者，齊衰三日中朝夕為位會哭，四日之朝成服，亦如之；大功以下，始聞喪為位會哭，四日成服，亦如之。皆每月朔為位會哭，月數既滿，次月之朔乃為位會哭而除之，其間哀至則哭可也。若奔喪，則至家成服，殁於外者，家中聞喪，俱當以上所載者為例。奔喪者釋去華盛之服，裝扮即行，既至，齊衰望鄉而哭，大功望門而哭，小功以下至門而哭。入門詣柩前，哭再拜，成服就位哭，吊如儀。

反葬

或客商於外，或遊歷於外，或仕死於外，孝子扶柩歸里，葬於祖塋。人死於他處，葬歸桑梓。檀弓曰：「太公封於營丘，比及五世，皆反葬於周」。

反葬告亡靈文

擇日反葬，前期備香楮酒果告於柩前，如柩在殯者，將□拆開，以便啟行，文曰：「嗚呼，我父母柩在異鄉，言念及此，能不悲傷？惟是祖壟之遙隔，諒亦我父母之難忘。將以翌日敬奉靈柩，言旋故鄉。今以良辰，奠酒焚香。親靈不昧，來格來歆。山川跋涉，毋或驚惶。」

〔設屍牀〕。

牀設室內。長丈二，廣七尺，旁為四鐶，前後亦有環，沐屍并入棺之用，無則用門扇，明史、清史稿亦云品官設屍床。**并設幃**。白布為之，障屍之用。**席枕、單衾**。備要言衾仍用始死所覆，至小殮去之，俟大殮之用。**遷屍於牀**。遷於席枕，南向。古者明堂朝廟南向，太祖南面而坐，左昭又穆，以示為尊，又禮運曰生者南鄉，死者北首，注曰體魄降人於地為陰，故死者北首，歸陰之意，死者即歸陰，則生者南鄉歸陽也。**覆之以衾**。若盛暑之日，緊按殮衾四裔，以避蠅蟲。

〔沐浴〕。

汲新水。淅令精，實於盥，林氏家儀釋曰：「沐浴當用新水，於井取之可也，俚俗汲於河濱，不如井水之明潔。更用鼓吹明燈，喧擾於路，致令子孫背屍，而外出，不特禮所不許，亦恐有忍心之嫌也。」**以檀香炆之，用巾二**。沐巾一，鄭注：「巾，所以拭汙垢。布，一尺。浴巾一，布，亦一尺。」**盥盆二**。一乘水，一乘米汁，沐髮。三禮圖曰浴盆長九尺，廣四尺，深一尺。**一沐上，一浴下**。喪大記曰君沐粱，大夫沐稷，士沐粱。浴下，即家禮所謂上下各用其一之意。**男用至親子弟，女用至親女眷**。男子不絕於婦人之手婦人不絕於男子之手，林氏家儀釋曰：男喪，則子孫為之沐，故婦女皆避出。女喪，則婦女為之沐，故男子皆避出，雖極急遽而男女不可無別也。**沐浴之水，掘坎埋之。**士喪曰甸人掘坎於階間，少西，既夕曰掘坎，南順，廣尺，輪二尺，深三尺。**去病時裏衣，易以新。**但未着幅巾、深衣、履。四禮疑曰生浴兒，死浴屍，始終之意，梁宋間有浴病不浴屍，衣生不衣死之俗。因浴屍，生者所難，死者所諱，他人代為之不妥，子婦為之不可，故梁、宋年間有病危而沐浴者，衣於屬纊之前。

吾學錄曰：「清制，不沐則濡櫛，三律而止。」不浴則濡巾，三式而止。律，理髮也，式與拭通，其云不沐不浴者，謂死者之沐浴與生者矣，但以水濡其巾櫛，三理其髮，三拭其體而已。即所謂反生術也。今浴屍，惟胸前及手足心，用巾數拭之，即此義也。

〔小斂法〕。

喪禮備要，下同。小斂之具，有牀；薦；席；褥；屏；緇布；衾；上衣；散衣**古之小斂，多用衣服**。死之明日而小斂。喪大記曰：「始死，遷尸於牀，幠用斂衾。」鄭玄以為小斂之衾當陳夫衣屍之節三襲。子思曰：「喪三日而殯，凡附於身者，必誠必信，勿之有悔焉耳矣。三月而葬，凡附於棺者，必誠必信，勿之有悔焉耳矣。」司馬公曰：「古者死之明日小斂，又明日大斂，顛倒衣裳，使之正方。束以絞衾，韜以衾冒，皆所以保其肌體也。今世俗有襲而無大小斂，所闕多矣。」古者士襲衣三稱，大夫五稱，諸侯七稱，公九稱。小斂，尊卑通用十九稱。大斂，士三十稱，大夫五十稱，君百稱，此非貧者所辦也。清制，三品以上斂衣五稱，五品以上斂衣三稱，六品以上斂衣二稱，衣之色，二品以上色絳，四品以上色淄，五品色青，六品色紺，七品色灰。今制，襲用衣一稱，大小斂，則據死者所有衣，即雜衣，袍襖之屬，隨用之。凡斂葬，孝子愛親之肌體，不欲使為物所毀傷，故裹以衣衾。**外以縱布一幅，橫布三幅。**家禮曰絞，皆以細布或綵一幅而析其兩端為三片，橫者中八寸，縱者留三分之二。三禮圖亦云絞即斂，所用束堅之者也，縱者一幅，其長九至十尺，置於屍下。橫者三幅，其長各三至四尺，亦在屍下，縱者在橫者之上，蕭山問俗記曰：「其斂也，或布或綢，皆須全套，不能絲毫混亂。」**結而束之，今用湖綿套就。**橫布以周身相結，縱布以掩首至足，結於身中。湖綿產於湖廣，性溫熱，如豐縣志載。純陽當春月，衣皆湖綿，過於熱，故得涼氣而解。古禮用侇衾，侇衾者，用以覆屍也，士喪禮疏曰：「侇衾質殺之裁，猶冒也，上以緇下以赬，連之乃用也。」又曰：「侇衾本為覆屍覆柩，不用入棺，是以將葬，啟殯覆柩亦用之。」又曰：「朝廟及不壙，雖不言用侇衾，又無徹文以覆柩，言之當隨柩入壙。」**緊護肢體，又用生絲黃絹裹而斂。**生絲，繅絲之謂；黃色之絹。甘露寺感事貽同志曰：「青山盡日尋黃絹，滄海經年夢絳紗。」**然後再著夾服棉夾數件，加袍套於腰，束**

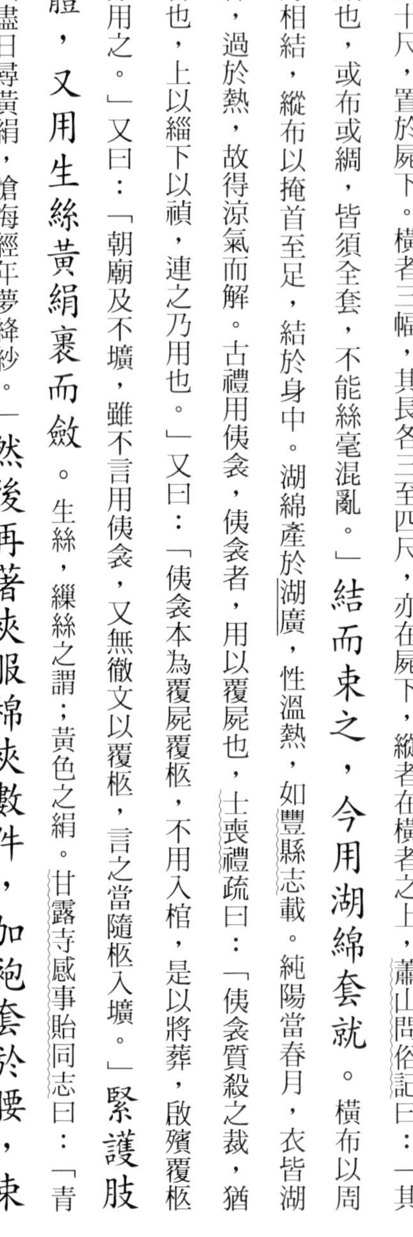

圖1 斂衾

以帶，首加幅巾。帛巾束首，鄭玄傳曰：「玄不受朝服，而以幅巾見。」足用靴，或著以鞋襪，外用白色大被，兜而收之，上覆以紅緞夾被，斂畢，以俟入棺。

〔小斂法〕。

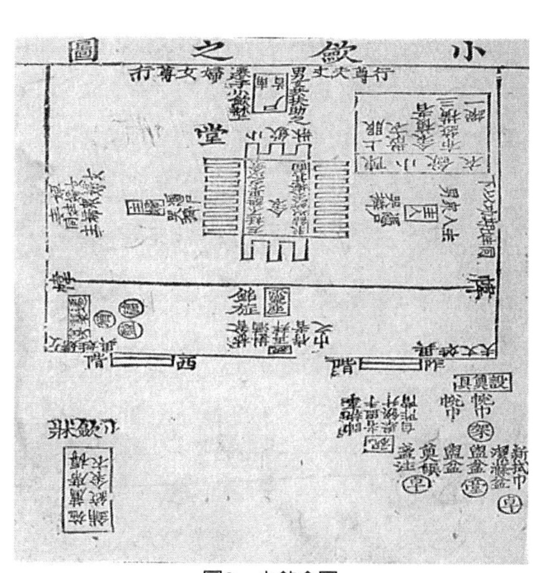

圖2　小斂全圖

〔襲奠〕。

襲奠之具，有桌二；盤具；罩巾；臺具；盥盆二；拭巾

設案於屍牀前。用生時酒饌致奠，即始死脯醢奠之之遺意也。

遷至靈座西南，凡奠，皆置此位。曾子曰：「始死之奠，其餘閣也與。」鄭注：「鬼神無象，設奠以憑依之」；陳注：「始死，以脯醢醴酒，就屍牀而奠於屍東，當死者之肩，使神有所依也，閣，所以庋置飲食，蓋以生時庋閣上，所餘脯醢為奠。」謹按，人之初終，舉家哀慟，且匆忙之間，祭祀之物未得悉數周辨，故奠祭之物，宜从簡易。又人之重疾，長則數月，短亦數日。為人子者，皆於病牀之庋閣處置飲食酒饌，不離側也，故襲奠用生時所餘之食物祭拜，至朝夕奠則止，甚得其宜。醢者，是飲酒肴懂，非是食饌，故吾學錄曰：「脯醢今人或無，但設事物數器可也。」

孝子詣屍床前，就位，跪，稽顙，素黨也，稽顙，頭觸地，無容，成踴二焚香，斟酒，獻果，陳饌。

代宣告詞：「痛惟我父母三復莫□，□□上如，有窮者匪，伊時刻矣，思其所嗜，餘味具存，庶幾鑒歆。」

宋制，品官之小斂奠儀，贊者盥手，奉饌至階，升奠於屍東，撤襲奠自西階降出下帷，內外俱坐，以親疏為之代哭，宵為燎於庭。厥明，滅燎，待大斂。庶人之小斂奠儀，贊者盥手，奉饌至階，升奠於屍東，撤襲奠自西階降出下帷，內外俱坐，以親疏為之代哭，宵為燎於庭。厥明，滅燎，待大斂。

明制，品官之小斂奠儀，執事者盥手舉饌，升自東階，至靈座前祝焚香，洗盞斟酒奠之，喪主以下哭盡哀，乃代哭不絕聲，宵為燎於庭，厥明，滅燎，待大斂。庶人之小斂奠儀，執事者盥手舉饌，升自東階，至靈座前祝焚香，洗盞斟酒奠之，喪主以下哭盡哀，乃代哭不絕聲，宵為燎於庭，厥明，滅燎，待大斂。俱欽定續會典。

〔飯含〕。

用米貝實屍口，弗忍虛之意，喪大記曰君沐粱，大夫沐稷，士沐粱，故鄭玄以為天子飯用黍，諸侯用粱，士用米貝，不言珠玉。

奠畢，執事者以飯□□□。

闕處疑為實屍口。諸侯七貝，大夫五，士三。唐制，一至三品飯粱含璧，四五品飯稷含貝，六至九品飯粱含貝。明制，一至五品飯稷含珠，六至九品飯粱含小珠，庶人飯粱含錢三，清制，一至三品含小珠玉屑五，四至七品含金玉屑五，士庶人含銀屑三。

初含飯，實屍口右，再含飲，實屍口左，三含飲，中含飯之後，罩以巾，覆之以衾。然後於□□□。

即今之被。喪大記曰：「小斂，君錦衾，大夫縞衾，士緇衾。」闕處為主人襲反位。謹按，飯含之制古今甚亂，通說即飯與含。飯者，舍人謂君用粱，大夫用稷，士用稻。雜記又曰天子飯九貝，諸侯七、大夫五、士三，後代以為貝與錢同。然而吾學錄謂錢有銅腥，甚非所宜。古者夏用貝，含乃商制，周人加以珠玉，漢制，飯含珠玉如禮者，即含為玉。後代含之具，天子含玉、諸侯含璧、大夫士含貝。寧儉編曰：「口含以物，不復有合時，飯含之義，為子不忍親口之虛，然而生也本無一物，何獨死以實其口，不若仍還其無物而去，豈不更善？且今無論飯之為物，易腐生蟲，但遇天暑，片刻即臭」，此議甚妥。四禮撮要曰乃飯含，主人哭盡哀，左袒，括髮，加環絰，盥手，執箱（所以盛珠者）以入，侍者插匙於米盆。執以從，撤枕，以幎巾覆面。主人就屍東，由足而西跪東向，以匙抄米實於屍口之右並實一珠，於左、於中亦如之。主人襲所袒之衣，復位，侍者設枕如初，加幅巾，充耳，設幎目，納履，乃襲深衣，結大帶，設幄手，乃覆以衾。

〔飯含〕。

〔治棺〕。

司馬溫公曰：「棺欲厚，然而太厚則重而難以致遠，不必高大，原地使壙中寬，易致摧毀，宜深，加之槨。雖聖人所制，自古用之。然板木歲久終歸腐爛，徒使壙中寬大，不能牢固，不若不用之為愈也」。孔子葬鯉有棺而無槨，又許貧者還葬而無槨，今不欲用。非為貧也，乃欲保安亡者耳。程子曰：「雜書有松脂入地千年化為茯苓，萬年化為琥珀之說。蓋物莫久於此，故以塗棺，古人已有用之者。」

王氏雖言喪事繁瑣，能盡所重即可，然而棺具之擇，最宜留神，須以本鄉木之佳耐久者為之，自親六十後，則早為之計，以防不虞。古棺之質，油杉為上，柏次之，土杉又次。明洪武五年定庶民棺制，棺所用堅木油杉為上，柏次之，土杉松木又次之。用黑漆金漆，不得用硃紅。清制，一品以下朱棺，雍正元年例云侯伯一品官至五品皆為朱棺，五品以下但曰棺，不言朱。故朱棺為六品以上行之。

荀子曰：「棺所以藏屍，棺外有槨，天子五棺二槨，諸侯四棺一槨，大夫二棺一槨，士一棺一槨，庶人一棺無槨。」

荀子曰：「天子棺槨七重，諸侯五重，大夫三重，士再重。則天子五棺二槨，諸侯四棺一槨，大夫二棺一槨，士一棺一槨。」

棺數：檀弓有載，天子之棺四重，水、兕革棺被之，其厚三寸；杝棺（椑棺）一；梓棺（屬與大棺）二；四者皆周。鄭注，尚深邃也，諸公三重，諸侯再重，大夫一重，士不重。以水牛、兕牛之革以為棺被，革各厚三寸，合六寸也，此為一重。孔疏曰：「水牛、兕牛皮二物為一重也；又杝為第二重也；又屬為第三重也；又大棺為第四重也；四重凡五物也。以次而差，上公三重，則去水牛，餘兕、杝、屬、大棺也。侯、伯、子、男再重，又去兕，餘杝、屬、大棺。大夫一重，又去杝，餘屬、大棺也。士不重，又去屬，唯單用大棺也。」

棺厚：喪大記有載，君，大棺八寸，屬六寸，椑四寸。上大夫，大棺八寸，屬六寸。下大夫，大棺六寸，屬四寸。士，棺六寸。鄭注，大棺，棺之在表者也。孔疏曰：「天子四重之棺，都合厚二尺四寸也。若上公棺則去水皮，所餘三重，合厚二尺一寸也。若侯、伯、子、男則又去兕皮，但餘三棺，為二重，合厚一尺八寸也。若上大夫則又去椑，所餘屬六寸及大棺八寸，為一重，合厚一尺四寸。若下大夫亦有屬四寸及大棺六寸，但寸數減耳。大棺六寸，屬四寸，合厚一尺也。若士則不重，唯大棺六寸也。」

棺飾：洪武五年定墻翣，公侯六，三品以上四，五品以上二。明器，公侯九十事，一、二品八十事，三、四品以上七十事，五品六十事，六、七品三十事，八、九品二十事。披以纁為之。鐸者，以銅為之。公、侯四引六披，左右各八鐸。一品、二品三引四披，左右各六鐸。三品、四品二引二披，左右各四鐸。五品以下，二引二披，左右各二鐸。羽幡竿長九尺，五品以上，一人執之以引柩，六品以下不用。功布，品官用之，長三尺。方相，四品以上四目，七品以上兩目，八品以下不用。柳車上用竹格，以彩結之，旁施帷幔，四角重流蘇。俱明史。

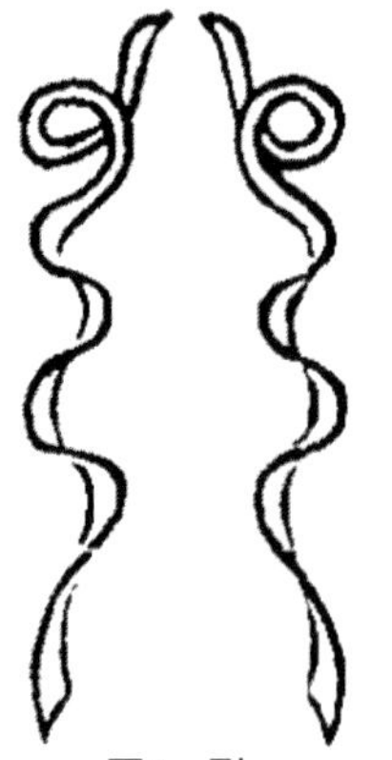
圖3　引

告入棺儀注

設香幾於屍床前行禮

代宣告詞：「痛惟我父母棄世溘然，小斂既畢，入棺為宜。棺肆堂上，奉體相依。內庭永訣，游將安歸。父母兮，父母兮，曷勝悽淒。」

俯伏，興，復位，跪，稽顙二，興，焚香，禮畢，退位，徹案。

孝子於屍牀前，行告入棺禮，就位，跪，稽顙二，興，詣幾前，跪，焚香，斟酒，獻果。

執事者持紅紙燭或用香火繞棺三匝，下不交口，內外三揖，同聲叱曰：

「大命近止，誰復能延。順受其正，攸往咸宜。」

○釋「大命近止」。詩曰：「大命近止，靡瞻靡顧。」毛傳，大命近止，民近死亡也。

○釋「順受其正」。孟子曰：「莫非命者，順受其正。」趙岐注曰：「莫，無也，人之終無非命

〔治棺〕。

也。命有三名，行善得善曰受命，行善得惡曰遭命，行惡得惡曰隨命，惟順受命焉受其正也。」焦循疏曰：「莫非命，禁戒之辭，謂不可非命而死也。順受其正，乃為知命。不知命，或死於巖牆之下，或桎梏而死，是即死於非命。死於非命，即不能順受其正，即是不知命。如是則通章一氣貫注。」

○釋「繞棺三匝」。巡棺、旋棺之禮，於心為安。付法藏因緣經載迦葉與諸比丘，繞棺三匝稽首作禮，則有偈言如下：「超哉三界乘，永度生死流。寂然無相願，微妙難思議。佛日甚明淨，能除愚癡闇。積劫修苦行，誓度諸苦人。云何於今者，棄舍大慈悲。全身處金棺，寂然安不動。唯願天人尊，顯現金色身。普令一切眾，興起無量願。故繞棺三匝，以視超脫三界之外。」

叱畢，以香火麾之曰：「起真」。執事者秉燭前行，孝子隨親屬入，奉親體，泣從，相禮者隨棺前呼曰：「孝子奉親體，平正入棺」。跪，稽顙二，相禮者宣曰：「茲已入棺，身之所附，必誠必信，勿之有悔」。孝子興。

○釋「相禮者」。贊禮生之謂，宗伯曰：「凡祀大神、享大鬼、祭大示，帥執事而蔔日，宿眡滌濯，蒞玉鬯，省牲鑊，奉玉齍，詔大號，治其大禮，詔相王之大禮。若王不與祭祀，則攝位。凡大祭祀，王后不與，則攝而薦豆籩徹。大賓客，則攝而載果。朝覲、會同，則為上相。大喪亦如之。」梁茝林章鉅之稱謂錄曰：「今贊禮者為禮生。」六部成語曰祭祀，聖廟及先賢祠堂，在旁提唱起、跪、叩首諸儀之員，曰禮生。

○釋「身之所附，必誠必信，勿之有悔」。子思曰：「喪三日而殯，凡附於身者，必誠必信，勿之有悔焉耳矣。三月而葬，凡附於棺者，必誠必信，勿之有悔焉耳矣。」正義曰：「喪之初死及葬送終之具，須盡孝子之情，及思念父母不忘之事。身之所附，凡附於身者之令謂，即衣衾也，夫祀必求仁者之粟，故送終之物。悉用誠信，必令合禮，不使稍有非法，後追悔咎。」

〔立喪主〕。

喪主，謂死者之嫡長子，宜主饋奠者。

○釋「喪主」。喪必有主，喪大記曰喪有無後，無無主，謂死者無子。寧可不立後，不可無主喪之人。可無後，不可無主，蓋喪主重矣。

○釋「嫡長子」。即適子，謂正妻之長子，古者喪無二主，為嫡長子一人是喪主。

○釋「宜主饋奠者」。古者禮有主賓之主，有主奠之主。因進飲食，故謂。曾子問曰：「大功之喪，可以與於饋奠之事乎？」孔子曰：「豈大功爾，自斬衰以下皆可，禮也。」朱子家禮謂，凡主人，謂長子無，則嫡孫承重，以奉饋奠。其與賓客為禮，則同居之尊且親者為之。此言蓋主奠之主為重。此處言宜主饋奠者，乃朱子以為先饋奠而後禮賓，名言主饋奠重於主賓客。吳氏家典曰：「親者奉饋奠，不宜見賓客，而尊者禮賓客，不宜奉奠。此乃立喪主之本意也。」

長子死，則承嫡長孫主之。

即古禮以為長孫承重，嫡子之長子謂之嫡孫，以其父為嫡子，故名其子為嫡孫，若眾子之長子，其父謂之眾子，而其子則不能稱為嫡長孫。若長孫無，則以適次攝，若無適次，則以庶長攝，皆服斬衰三年，以此推衍。謹按周制，祭成喪者必有屍，屍必以孫，君子抱孫不抱子，此言孫可以為王父屍，而子不可以為父屍。小雅有「孝孫徂位，工祝致告。神具醉止，皇屍載起」之句。此條即孫為王父主喪，蓋昭穆之制，祖孫共昭穆而父子異昭穆之別也。

朱子曰：「父在，子無主喪禮。」若父在母死，則父主饋奠而行揖禮，其子隨之拜哭。父在，子有妻子之喪，亦父主之，祖在，則祖主之，統於尊也。

清通制，父母喪，長子奉饋奠。非宗子，則祔祭宗子主之。同居之親尊者主賓客之禮，嫡孫承重亦同。妻喪，夫主之，若父在，父主之，即舅主父喪。有子，則子奉饋奠。子喪，父主之。祖在，則祖主之，即祖主孫也。兄弟之喪，兄長主之。無則從兄弟或再從兄弟主之。妾之喪，妾子主之。

謹按喪主之立，古無明文，奔喪曰：「凡喪，父在則父為主」，鄭注以賓客為禮，宜使尊者，言子有妻、子喪則其父為主。父沒，兄弟同居，各主其喪，鄭注各為其妻、子主喪，此言父沒，同居，各主之，當知父在同居，則父主之。親同，長者主之，不同，親者主之，此言同父母喪者，則推長子為主，若昆弟喪，亦推長者為主。

毛大可以為朱子之言首鼠兩端，前者謂喪主必死者長子，無則長孫承重，後又曰父在則子無主喪之禮。毛氏以為主不一端，有尊主卑者，即父為子主，君為臣主，祖為孫主，舅為子婦主，夫為妻主，兄為弟主。有卑主尊者，皆不除服，謂子為父主，妻為夫主，臣為君主，孫為祖主。有尊卑並主時，主統於尊也，又有卑可主而尊不可主者。毛氏之論，林桐君深以為主喪不必泥古，卑幼之喪自有當主者，而尊長在堂，則世俗訃文既載主喪者之名，而以尊長名列於前，父在子亦可主之，雖非古法，然亦近禮之意。吳殿垣亦以楊、朱之說父在子無主喪之說似未為當，其意欲折衷之，以父在父為喪主，蓋禮之不可易，而奉饋奠則遣子代行，庶幾於情理兩盡。

雖然，毛氏之謂尊卑雖並主，以為兄為弟主則可，弟為兄主則不可，蓋喪無二主，弟有子而兄主之，則兄為尊主，子為卑主，一尊一卑，非有二也，若兄子既為主，而弟又主之，是二卑也，即二主矣。草堂先生復禮以為喪不可無主，故引奔喪、雜記、檀弓語，謂卑為尊主者有之，尊為卑主者有之，尊卑並為主者亦有之。

林氏以為主喪不必泥古，可便宜從事。喪必有主，喪大記曰：「喪有無後，無無主是也，但古禮子雖多，惟嫡長一人是喪主，蓋喪無二主。」奔喪曰：「親同長為主。」前時毛大可云主者，名止一人，今列眾子眾孫，非也。但古者世爵世祿，禮當如是，今則眾子皆執杖而就位，拜賓訃文則並列其名，嫡長為主，而眾庶副之，亦禮從宜者也。至卑幼之喪，自有當主者，而尊長在堂，則世俗訃文既載主喪者之名，而以尊長列名於前。考毛大可曰：「父在子亦為主，雖非古法，然亦近禮意。至於拜賓則舍尊就卑，未為不可，蓋禮意當存而行事從便也。」

主婦

孔穎達注檀弓曰：「主婦，謂亡者之妻，無則主喪者之妻；父喪，嫡母為主婦，如嫡母歿，則喪主之妻主之。」按清制，凡事當有主管，以專責成送死大事，立喪主以主外事，立喪主婦以主內事。

清代品官命婦品級：「一品曰夫人，二品亦夫人，三品曰淑人，四品曰恭人，五品曰宜人，六品曰安人，七品曰孺人。」

〔家祭所需職事〕。

主祭。主持祭祀。陪祭。助理祭祀。通贊一。準備祭品，贊相儀式，誦讀祭文，通贊立於左，為贊之首。通陪一。陪贊者。引贊一。贊引賓客者也，立於右，穆天子傳又稱儐相。陪引一。助理引贊。讀祝一。宣讀祝告文者。後漢紀曰：「太祝令一人，六百石。本注曰：凡國祭祀，掌讀祝，及迎送神。」靈前執事二、香案前執事二、瘞毛血一。執事者將牛之毛血埋於土中。司樽一。酌酒者。司爵一。獻爵者。司帛三。獻爵者。司賓一。接待賓客。司冠帶一。三獻禮諸禮生贊唱法：〔左通贊、引贊。右陪引、讀祝〕。

〔通唱〕起鼓、再鼓、三鼓；鳴鐘、奏樂，主祭紳士就位。參神。跪。叩首、叩首、三叩首。〔陪引唱〕興。〔通唱〕跪。叩首六。〔陪引唱〕興。〔通唱〕跪。叩首九。〔陪引唱〕興。〔通唱〕詣神座前上香。〔引唱〕主祭紳士詣神座前上香。跪。上香。獻爵。降神。酎酒。獻帛。讀祭文。〔伏俯讀祝完唱〕興。〔陪引唱〕復位。跪。叩首、叩首三。〔讀唱〕興。〔通唱〕行初獻禮。〔引唱〕主祭紳士詣神座前行初獻禮。跪。初獻酒、獻牲、獻湯、獻饌。叩首。〔讀唱〕興。〔引唱〕復位。跪。叩首三。〔讀唱〕興。〔通唱〕行再獻禮。〔引唱〕主祭紳士詣神座前行再獻禮。跪。再獻酒、獻牲、獻湯、獻饌。叩首。〔讀唱〕興。〔引唱〕復位。跪。叩三。〔讀唱〕興。〔通唱〕行三獻禮。〔引唱〕主祭紳士詣神座前行三獻禮。跪。三獻酒、獻牲、獻湯、獻饌。叩首。〔讀唱〕興。〔引唱〕復位。跪。叩首三。〔讀唱〕興。〔通唱〕行侑食禮。〔引唱〕主祭紳士詣神座前行侑食禮。跪。侑食。舉瓶酌酒。獻羹、獻飯、獻茶、獻果。叩首。〔讀唱〕興。〔通唱〕捧爵望燎焚文奠帛。復位。辭神。跪。叩首三。〔陪引唱〕興。〔通唱〕跪。叩首六。〔陪引唱〕興。〔通唱〕跪。叩首九。〔陪引唱〕興。〔通唱〕平身。禮成。

擇護喪

護喪謂董治一切喪事，以族房老成知禮有能者為之。如贊祝司賓、司書、司貨各執事之類。清制，品官之喪，責護喪訃於親屬僚友，三品以上官員並使護喪上遺摺。補家禮、吾學錄謂護喪為家長或兄弟知禮能幹者為之，凡喪事皆稟之。

擇司賓

司賓謂迎送吊奠親賓，以房族熟於識人之者為之。補寧儉編謂主賓擇同居或族屬或姻親賢知禮體者為之。

擇司貨

司貨謂董理喪事需用之物，乃親友吊奠賻儀并所答賓客帛物，以熟習人情，善於酬酢者為之。古禮無司貨之職，家禮別設之，以子弟或吏僕掌之，以度支財貨出入及親賓奠賻之數；補寧儉編謂司貨擇親信人為之，置二簿，一書喪禮當用之物及財貨出入，一書親賓祭奠賻襚之物。

擇司書

司書謂治訃書啟，及一切來往親賓請書、回書等事，以子弟書法敏捷，長於應接者為之。補吾學錄謂司書以弟若姪為之，並兼司貨之職；寧儉編謂司書以子弟或親族使人多，字體端楷者為之，記弔客、答帖柬。

擇贊禮

贊禮謂指引喪事儀節，鋪設喪堂器物，以諳習禮節，端重敬謹者為之。清之太常寺設贊禮郎，為掌祀典讚導之事也。

家禮集考曰護喪以子弟知禮能幹者為之，凡喪事皆稟之。親友或鄉鄰中素習禮者為相禮，喪事皆聽之處分，而以護喪助焉。祝則以親戚為之，家禮在〈襲奠〉條而不為表出，泛見於節目間而已。祝明於喪禮後治事，於主人者不可以不預為擇定。書儀考異〈護喪〉注曰若主人未成服不出，則代主人受弔拜賓及受賻襚，古禮初喪主人常在屍側，唯君命出，出而遇賓則拜。司書司貨以子弟或吏僕為之，儀節置二曆一書，當用之物即財貨出入，一書親賓賻襚之數，凡喪事合用之物預為之備，所用之人如浴者、襲者、斂者之類，擇經事能幹者預求其人，庶臨時得用不致缺之。書儀考異〈司書〉注曰以子弟或吏人能書禮者為之，掌糾書疏之事。〈司貨〉注曰以子弟或吏僕可委信者為之，掌糾貨賄之事，置曆以謹其出入，親賓有賻襚則書於別曆，收之以待喪用，其衣服不以襲斂。

〔大斂法〕。

大斂之具，有褥；席；牀；薦；西部；衾；散衣；漆；油紙；厚白紙。

宋、明、清大斂皆遵禮經之制，於小斂之明日，即死之三日。然而亦有不若是者，宋、明品官大夫逢酷暑之喪，可用冰鎮之，以俟明日小斂、三日大斂，然而庶人鮮有以冰藏屍者，故中書舍人陳龍正曰：「盛暑當先斂。」奠儀：設靈牀於柩東，執事者盥手，舉新饌入室西向，宋、明之新饌，以黍稷六箱，皆加魚腊燭，自阼階升，置於靈座前，奠於席前，祝焚香，洗手盞，斟酒奠之，卑幼再拜哭，斂者四人舉牀，男女從之，奉屍入棺，皆如小斂奠之儀。庶人之儀同品官。

棺底鋪灰。

金氏曰：「秫米灰，即糯米灰也，泛稱粘穀，可殺蟲。用器練熟，或熾炭燒之，令色黑，作屑。八九斗或六七斗隨棺高下增減。無秫，則代以炭灰並篩下，所以鋪棺底者。」

加七星板。

易經曰：「反覆其道，七日來複，天行也，故言七。」顏氏家訓曰：「吾當松棺二寸，衣帽以外，一不得自隨，床上唯施七星板。」大唐元陵儀注曰：「加七星板于梓宮內，其合施於板下者，並先置之，乃加席褥於板上。」宋氏家儀又曰：「治棺不用太寬，而作虛簷高足，內外漆灰褈布，內朱外黑，中炒糯米焦灰，研細鋪三寸厚，隔以綿紙，紙上以七星板，板上以臥褥，褥中以燈草，此皆附於身者。」家禮之制，七星板，用板一片，其長廣棺中可容者，鑿為七孔。吾學錄言此板之設，隋、唐有之，鑿孔大如錢，斜鑿梘槽一道，使七孔相聯貫，其木用杉，不必過厚。七星板之法，用板一塊可容棺中，鑿七孔，殮時用牙灰厚鋪棺底，加沙紙，安板，鋪褥。

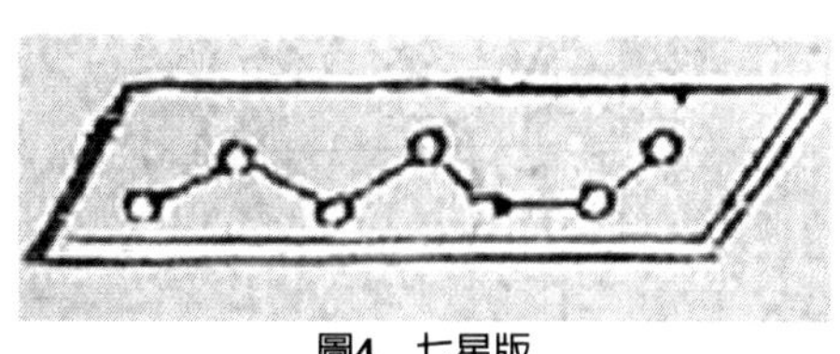
圖4　七星版

布絞衾，用厚綿布為之。絞，交也，束屍衣，横三縮一，廣終幅，析其末，有架，一以承藉，即始死所覆者，一以覆蓋之。直一幅，約長一丈五尺，以横布分三片，每片曰五尺，恰似身長。横三幅，約長六七尺，每幅兩頭皆折為三片，先以横絞鋪勻，次以直絞加於其上，均垂其裔於棺外，舉屍體納棺中，勿令絞衾有褶皺之處，安枕實爪髮，將生時所落之髮齒與所剪之爪收入牙髮袋，置於棺之角。覆被，以手按其空處，先掩足，次掩首，次掩左，次掩右，使棺平穩飽滿，即起舉入葬時不致動搖。皮子囊灰塞之，標而記之，又有避濕除毒之效。務令平正穩貼，不可搖動。乃結絞，折疊之意。先以直絞之裔上下交結，次以横絞之裔左右交結，大斂畢，以俟闔棺。四禮撮要曰先布絞之横者，又布絞之縱者。次衾，次上衣，次散衣。侍者與子弟俱盥手舉屍置於棺上，先掩足，次掩首，次掩左，次掩右，結絞之縱者，次結横者，舉屍納於棺中，務謹慎詳細，納畢解絞啟衾，準小斂絞，審平正後還斂之。又揣空缺處，捲衣塞之，務令充實，覆天衾，男女哭擗，加蓋，使匠下銀釘，遷棺於正寢，覆以柩衣，取銘旌附於東，復設靈座於故處。

〔大斂法〕。

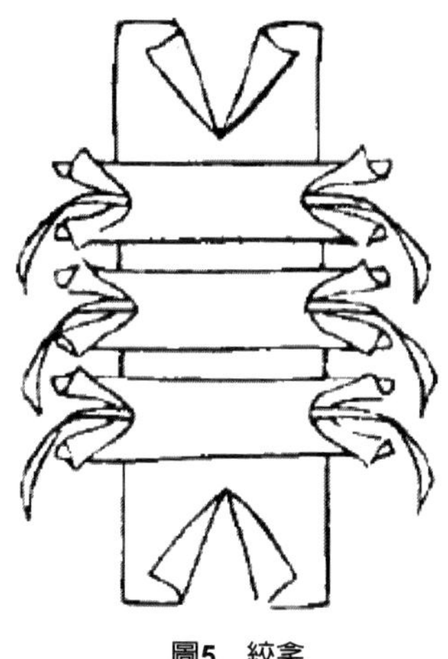

圖5　絞衾

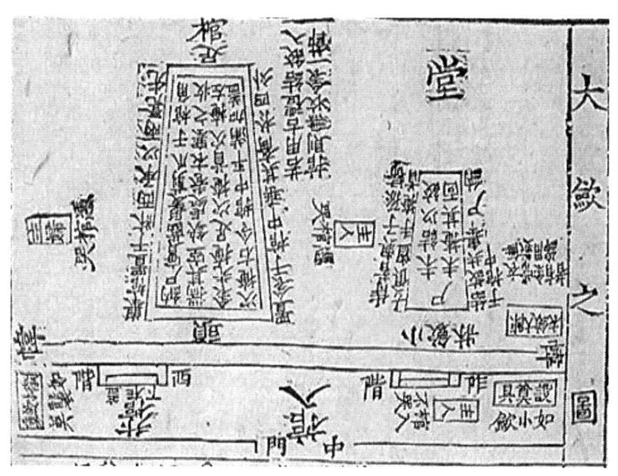

圖6　大斂全圖

〔告闔棺〕。

○釋「闔棺」，闔棺，定事也。商君書曰：「民之欲富貴也，共闔棺而後止。」袁湛有言，吾釋褐從仕，不期富貴，但官序不失等倫，衣食粗知榮辱，以此闔棺，無慚鄉里。大明嘉議大夫刑部左侍郎新吾呂君（坤）墓誌銘曰：「善惡在我，毀譽由人，蓋棺定論，無藉於子孫之乞言耳。」

痛惟吾父母，倏忽拋離。并棺事定，再睹無期。色笑長已，定省何依。駕言一闔，終天永訣，父母耶，天地耶，曷勝愴淒。

儒教科儀錄之告闔棺詞：「同極之恩，昊天可擬。一疾云亡，九泉莫起。茲值蓋棺，千秋已矣。嗚呼痛哉，何忍至此。」又蓋棺文曰：「撫膺多痛，驟釁厥躬。禍延吾父（母），一疾倏終。茲值入棺，白日翁朦。肝腸欲裂，泣涕何從。父（母）兮天（地）兮，尚鑒哀哀。」又：「痛惟吾父

〔母〕，恩深厚澤。一疾倏攖，凡塵謝絕。茲當蓋棺，肝腸碎裂。天地為愁，天門鬱結。再見無由，曷勝泣血。嗚呼痛哉，終天永訣。」

撤奠後，執事者持香火，繞棺三匝，下不交口，向上三揖，同聲叱曰：「大儒之教，萬古所宗，繞棺三匝，有吉無凶」。叱畢大聲呼曰：「封棺」。

吾鄉之闔棺禮，乃於大斂後，命儒士四人，執功布、雲翣，或香火亦可，左右繞棺三匝，孝子扶杖哭從。儒士每人行止三十六步各念曰：「徽國文公，敕吾儒林，驅邪輔正，滌穢除氛，神靈呵護，存順歿寧。」繞畢，四人分立四隅，又各念曰：「視之不見，聽之不聞；保合太和，萬國咸寧；欽從天道，永保天命；敢行稱亂，奉將天罰。」念畢，各握掌訣，呼讀前面朱書六句祝詞，並焚四章於柩之前後左右。四人乃平立柩首，齊聲叱曰：「大儒之教，萬古所宗，繞棺封殯，有吉無凶！」又齊聲誦曰：「謹以良辰，蓋棺禮成，神依靈座，煞送天門。」入門於靈柩作揖三，置功布、雲翣於柩上，柄內向，乃題魂帛。設靈座，祝曰：「瞻望父〔母〕兮，千秋永訣，形體歸棺，精靈附帛。視膳無由，幾筵徒設。呼天搶地兮，易勝淒惻，英靈有知，尚其歆格。」告畢，喪家哭泣盡哀，各歸喪次。

〔告闔棺〕。

按，徽國文公，朱子也。因舊屬徽州，故名。

棺內即用各物

上身衣服〔男裝上身衣服九件：白素縐紗汗衫、西洋布汗衫、棕色縐紗棉腰袖、白素縐紗長衫、白素縐紗長棉衲、古同苧紬棉袍、棕色緞夾蟒袍、天青苧紬棉大褂、天青緞夾襆；女裝上身衣服七件：白素縐紗汗衫、西洋布汗衫、醬色縐紗棉腰納、白素縐紗長衫、古同縐紗夾長衲、棕色縐紗棉長衲、天青緞被大掛〕、**下身褲**〔男裝下身褲五件：白素縐紗褲、白西洋布褲、香色縐紗夾褲、古同縐紗棉褲、醬色縐紗棉褲；女裝下身褲五件：白素縐紗褲、白西洋布褲、香色縐紗棉褲、古同縐紗棉裙、棕色緞夾裙〕、**暖帽**〔清制，帽有二式，一曰暖帽；一曰涼帽。暖帽形圓，周有簷邊，皮質，呢質、緞質或布質，色黑。清會典事例曰：「順治九年議准，涼帽、暖帽上圓月，官員用紅片金，庶人用紅緞，品官暖帽之制：一品頂珠用紅寶石，二品用珊瑚，三品用藍寶石，四品用青金石，五品用水晶，六品用硨磲，七品用素金，八品用陰文鏤花金，九品陽文鏤花金。」無珠則無品級〕、風領、方頭緞靴，白紬棉襪、腰帶、襯袋、飄帶二、充耳、香木朝珠〔文官五品、武官四品以上，皆得戴朝珠〕、手巾、面巾、扇、扇柿，穩枕、雞鳴枕〔紅布縫製，內裝燈草，枕面繪公雞，故得名〕、食袋、過腰袋、手扼、飯欖、麻餅〔又名金錢餅〕、柿餅、牙髮袋〔裝生時爪髮用〕、金銀袋、柳枝、童男女灰、銀紙鏡仔、七星板、象芴〔有爵者所執以為相見之飾〕、定口、上被、下被、淨絲棉、桐油灰、表桶紬、薰桶香、沙紙、牙灰包、棉花、石灰、釣金魚線、天罡錢十文〔宋、元時物〕、拘衣二、請帶二、田字衿、田衿外帶、申字衿、申衿外帶、紅緞被。

棺外即用各物

香爐一、大燭抬一、大泥碗二、小泥碗三、高身小盆一、小

〔告闔棺〕。

聚寶盆一、高身黃罌仔一〔罌為小口大腹酒器〕、粗葵扇〔有牛心扇、雞心扇、玻璃扇、火畫扇、漂白繡花扇、竹籜畫扇、膠花織扇諸類〕、磚二、沐浴巾、火磚二、壽桃八、小寶燭〔紅燭〕、清酒、溪錢〔三圓一孔，中方，形似古錢〕、雙福紅紙、線香〔無竹芯，又謂直條香、草香〕、粗錢、白本艚紙、燈籠、白紙、草紙、祭禮登記簿、支用部、路徑部、筆若干、墨、墨碟二、本色白布、水光白布、片糖、白豆、被頭錢、報帛布、請人生金銀、殮工、銅釘一副、子孫釘一副、封送寶燭利市、封買水利市、封送寶燭利市〔錢，下同〕、封買水利市、封送殮利市、送斧利市、五色紬五色線、火枝〔粗紙，用製紙錢。天工開物載：用竹麻者為竹紙，精者極其潔白。粗者為火紙〕、靈牌、靈牌套、烏紬帕、椅披、椅墊、辭生三牲〔雞、魚、豬〕、棺面紅緞被、安座酒席、人容酒席、安座檯、安座椅、錫香案一、較杯、安座五果食、銅燭剪、洋琉璃、茶船〔茶托、盞托。陶雅曰：「盞托，謂之茶船，明制如船，康、雍小酒盞則托作圓形而不空其中。宋窯則空中矣。略如今制而頗樸拙也」。〕、蓋盅、鑲盃、鑲碟、牙筷、鶴壺、定過河衣、紙大轎、小生魚、熟鴨蛋、日中所著衣服器物皿什物、吹手一副、葵墊數張、魂帛、親友坐夜飯菜餅粥等物、執事人十名。

張氏大翎曰：「棺內外即用各物，乃舉中人之家而言之，其法不過富有者從厚重，貧瘠者從簡薄，個人自當量家道之殷瘠酌情置辦，若富有及好花錢好熱鬧者，諸事必暨從豐厚，貧賤者則事簡，然而衣衾棺槨乃要緊之事，總期以努力從厚者為要。而繁文縟節一切虛儀，徒取悅生人，究於死者無異。棺槨之事為何從重？」張氏釋曰：「棺槨乃為先人所身受，別事將來尚可彌補，此事絕不可彌補，若一過薄，將來榮華富貴，豈不抱恨終天？」此言即吾曾祖所謂附於棺者，必誠必信，勿之有悔。

封棺法

入棺後，令漆匠將□□熟，細末羅篩上過，用好生漆調勻刷棺口，蓋口并拴榫及鑿孔，令周。乃加蓋槌，按極緊，然之□上下交口，接縫處用生漆刷匀備要言亦用油紙三張，用菽末三升，乾燥做末，和水用紙以粘油紙，所以貼棺縫處，幹極，又加刷，封□綢絹。若貧不能具，即以石灰柚調匀塗之，封以皮□亦可也。

入棺忌時

巳、酉、醜命忌子、酉時；寅、午、戌命忌酉、亥時；申、子、辰命忌卯、戌時；亥、卯、未時忌亥時。

禮文備錄言入棺吉時：子日甲、庚，醜日乙、辛，寅日丁、癸，卯日丙、壬，辰日丁、申，巳日乙、庚，午日丁、癸，未日乙、辛，申日甲、癸，酉日丁、壬，戌日庚、壬，亥日乙、辛。即甲子日：入棺甲、庚時吉。乙丑日：入棺乙、辛時吉。丙寅日：入棺乙、癸時吉。丁卯日：入棺丙、壬時吉。戊辰日：入棺丁、甲時吉。己巳日：入棺乙、庚時吉。庚午日：入棺丁、癸時吉。辛未日：入棺乙、辛時吉。壬申日：入棺甲、癸時吉。癸酉日：入棺丁、壬時吉。甲戌日：入棺庚、壬時吉。乙亥日：入棺乙、辛時吉。丙子日：入棺甲、庚時吉。丁醜日：入棺乙、辛時吉。戊寅日：入棺乙、癸時吉。己卯日：入棺丙、壬時吉。庚辰日：入棺丁、甲時吉。辛巳日：入棺乙、庚時吉。壬午日：入棺丁、癸時吉。癸未日：入棺乙、辛時吉。甲申日：入棺甲、癸時吉。乙酉日：入棺丁、壬時吉。丙戌日：入棺庚、壬時吉。丁亥日：入棺乙、辛時吉。戊子日：入棺甲、庚時吉。己醜日：入棺乙、辛時吉。庚寅日：入棺乙、癸時吉。辛卯日：入棺丙、壬時吉。壬辰日：入棺丁、甲時吉。癸巳日：入棺乙、庚時吉。甲午日：入棺丁、癸時吉。乙未日：入棺乙、辛時吉。丙申日：入棺甲、癸時吉。丁酉日：入棺丁、壬時吉。戊戌日：入棺庚、壬時吉。己亥日：入棺乙、辛時吉。庚子日：入棺甲、庚時吉。辛醜日：入棺乙、辛時吉。壬寅日：入棺乙、癸時吉。癸卯日：入棺丙、壬時吉。甲辰日：入棺丁、甲時吉。乙巳日：入棺乙、庚時吉。丙午日：入棺丁、癸時吉。丁未日：入棺乙、辛時吉。戊申日：入棺甲、癸時吉。己酉日：入棺丁、壬時吉。庚戌日：入棺庚、壬時吉。辛亥日：入棺乙、辛時吉。壬子日：入棺甲、庚時吉。癸醜日：入棺乙、辛時吉。甲寅日：入棺乙、癸時吉。乙卯日：入棺丙、壬時吉。丙辰日：入棺丁、甲時吉。丁巳日：入棺乙、庚時吉。戊午日：入棺丁、癸時吉。己未日：入棺乙、辛時吉。庚申日：入棺甲、癸時吉。辛酉日：入棺丁、壬時吉。壬戌日：入棺庚、壬時吉。癸亥日：入棺乙、辛時吉。

〔結魂帛〕。

魂帛之具，有白絹；箱；帕。

用漂生白布一丈。

宜為苧麻布或白生絹，一丈至一丈二尺，蓋折半後似人身長。前半書死者姓名。男書某公諱某字某大人之真魂，女書某母某孺人之真魂，後半右垂書歿年月日時，左垂書年月日時，折為長條。

中半摺之以為五尺至六尺，恰人之身長，氣絕後則覆蓋於屍上。

結之如世之所謂結同心者，上出似首，旁出似兩手，下垂似兩足。

所以結魂帛者，其制有二，或束帛或同心結。束帛之制，用絹一匹，卷兩端，相向而束之，結之制，褶帛為長條而交互穿結，上出其首，旁出兩耳，下垂，其餘為兩足，有肖人形，二者俱可。

即古束帛依神意也。檀弓曰：「既虞之後，乃始埋重。」今人以魂幡代之魂帛，待葬後虞祭，埋於潔地，蓋神主稍後則成，神有所依，則帛不需用。魂幡不見於古禮，考厥由來，則始而為重。繼而為魂帛，終則由魂帛歧而為魂幡。

鄭玄曰：「少牢饋食，大夫祭禮也，束帛依神。特牲饋食，士祭禮也，結茅為菆。」吾學錄言，始而為重，繼而為魂帛也。考束帛形制；卷兩端相向而束之；其後又改束帛為結帛。結帛形制，至明時已無可考。丘濬輯家禮，惟見摺帛為長條，交互穿結，上出其首，旁出兩耳，下垂其餘為兩足，肖人形；清時尚用其式，于左書死者生年月日時，右書卒年月日時。

按魂帛即古之重，依神意也。考士喪禮曰：「祝取銘置於重下。」孔疏曰：「必且置於重者，重與主皆錄神之物也。重以木繼橫交貫，縱一，橫二，懸物焉；更以葦席屈兩端交於上，用以依神。蓋以人之死也，未葬神麗於棺，既葬神麗於主。當其未立主時，神原有棺可麗，而又設此縱橫交貫之木，以為依神之具；神麗於棺，複麗於重，實屬重復，故名曰重。」

徐健菴曰：「神像之設或以為可或以為不可。然若有畫像，則無魂帛亦可。」呂坤亦曰：「神像當揆諸人情，影堂繼視也，此無聲之親也。旦暮瞻依，死而凝睇，長望終古，不復見焉。孝子無奈思何也，故塑之鄰壁，偶聞行道，偶見形容，仿佛乎吾親也，猶傷心隨涕焉。真邪？幻邪？夢邪？瞑而在目邪？恍然失矣。像之不猶似乎？視主不猶親乎？」

徐氏健菴之讀禮通考曰：「初喪，設魂帛，所以代重，然古禮之廢於後世者多矣，何獨重之一事乎？今世俗未有不用畫像者，若復用魂帛，將使神依於畫像乎？依於魂帛乎？兩者皆後世之禮，既有畫像，則無魂帛亦可。由此觀之，人情之所不能免者，聖人不禁。」萬斯大以為神像之設，似於人心未安，揆之於人情而已。度今之世，無有不用像者，眾皆用之，而吾獨矯情焉，於我心獨慊乎？否也。況圖形之說，其來舊矣。文翁之講堂，為土偶以像聖賢，人不以為非也。土偶猶可，而繪畫獨不可乎？先聖賢猶可，而吾先人獨不可乎？人子當親沒之後，亡矣喪矣，不可複見已矣。歲時享祀，一展視而儀容如在，若親其笑語焉，若聆其咳唾焉。悽愴悲懷之意，益於是而深。雖歲月已久，而吾親固猶然在目也。是亦見似目瞿之義也，謂非人子之至情哉！奈何其欲去之也。

故林氏家儀不備魂帛考曰：「不設魂帛，則畫像不可廢也。初死，猶以人道事之，故未立主，恐神之無所依，故古禮設重，後世禮有魂帛，本於司馬公書儀及朱子家禮。而鄉俗罕用其喪，巫為人家設魂旛，又全非魂帛之式，蓋魂帛與靈牀相依，室狹則靈牀無位置之處而魂帛為具文，故罕用也。」

洪武三年，帝詔天下城隍止立神主，稱某府州縣城隍之神，前時爵號，一皆革去，神像皆不用。

明史禮志曰：「三年，詔去封號，止稱某府州縣城隍之神。又令各廟屏去他神。定廟制，高廣視官署廳堂。造木為主，毀塑像舁置水中，取其泥塗壁，繪以雲山。」

〔招魂〕。

復者一人，有司招魂復魄也。

招魂葬非古禮，漢、魏之術，皆妄作，葬之為言藏也，仁人於其親掩藏歸穴，不豐不儉，必約於禮，延陵季子曰：「魂無不之，此言葬形非葬魂，禁之禮也」。宋太宗淳化中有言，昭成太子嬖妾張氏於都城西佛寺，招魂葬其父母，逾制，帝怒，遣昭宣使王繼思驗問。明李濂招魂葬答問：「嘉靖丁酉冬十二月十日汴馬生北赴南宮，試渡河走冰壞，其舟溺而死，求其屍，踰月不可得，其家請招魂葬」。乃質於李子，李子曰：「史傳有之，禮家之所不取也。吾聞葬者，藏也，所以藏其形於地下以安厝也，故槨周於棺，棺周於身，非身無棺，非棺無槨，苟無其身而招魂葬之，則於義為窒，於德為悖，於禮為不物。何也亡者不可以假存，無者不可以偽有也」。是故，禮經無招魂葬之文。延陵季子曰：「骨肉復歸於土，命也，若魂氣則無不之也，是故聖人制為殯葬之禮，本以掩厥形骸，不以安魂為事。既葬之日，迎神而返於家，蓋孝子之心不思一日離也。若閉靈爽於沉魄之域，是為不仁樹松楸於空槨之冢，是為不知仁知亡而人之道熄，豈孝子事其親之心哉？曰：然則當如之何，曰：闔宅眷屬宜於遭溺之地，備迎神之禮，括髮徒跣，呼號於途，而迎之以歸，祠廟以妥之，木主以依之，祝辭以告之，牲醴以享之，擗踴以哀之，三年而除其服，歲時舉祀，如常儀，則庶乎其可也」。以上俱欽定續通典之招魂議。

執事者設香幾於門外，孝子捧帛就位，跪，焚楮。

吾學錄考楮即紙錢，及金銀楮錠也。喪葬之焚紙錢，起於漢世之瘞錢也。其禱神而用寓錢，則自王嶼始矣。考唐書王璵傳云，漢以來，喪葬皆有瘞錢，後世以紙寓錢，為鬼神事。五代史記云晉祭顯陵，焚紙錢於南莊。周世宗慶陵用楮錢，大如盞口，雕印文字。黃曰「泉臺上寶」，白曰「冥遊亞寶」。唐封氏（演）見聞記云，今代送葬，鑿紙錢積為山，盛加雕飾。古者亨祀鬼神，有圭璧幣帛，事畢則埋之，魏晉以來，始有紙錢。今自王公逮於匹庶，通行之矣。李濟翁資暇錄云邵康節（雍）春秋祭祀，約古今行禮，亦焚楮錢。伊川程子怪而問之，曰：「明器之義，脫有益，非孝子順孫之心乎？法苑珠林考曰紙錢起於殷長史。宋戴氏埴（仲培）鼠璞曰：南齊東昏侯剪紙為錢，以代束帛，今儒家以為釋氏法，於喪禮皆屏去，余謂不然，漢文帝園陵瘞錢為盜所發，近於之死而致生之，是不知也。且足以貽禍，以紙寓錢，亦明器爾，與塗車芻靈何以異？所謂不知神之所為也，若謂果資於冥塗則可笑耳。明洪武十一年五月，禮部上論曰：「祭用錢紙，出於近代，殊為不經。故而去之。」

楮錢之制，君筵十有五席，羊七，楮四萬；侯筵十有三席，楮三萬六千；伯筵十有二席，楮三萬二千，均羊六；一品官筵十席，羊五，楮二萬八千；二品官筵八席，羊四，楮二萬四千；三品官筵六席，楮二萬；四品官筵五席，楮萬有六千，均羊三；五品官筵四席，楮萬有二千；六品、七品官以下筵三席，楮萬，均羊二。庶人筵二、羊一、楮六千。

斟酒，獻果，遣親熟人持死者平日常服之衣，左執領，右執腰，曰「某復」，如是者三次，祝詞曰：「天開地辟，魂帛何歸，招爾歸來，結帛依魂，呼其速來。」

祝畢，孝子興，將衣附帛，裝影，安於靈座前，人死魄降，魂升魄則藏於棺矣，而魂尚倉皇飄渺，無有定在。宜招魂論曰：若五服有章，龍旂重旒，事存送終，班秩百品，即生以推亡，依情以處禮，則近代之數密，招魂之理通矣。招魂者何必葬乎，蓋孝子竭心盡哀耳，**茲故酌仿楚辭招魂之法**招魂曰：「宋玉所作也，招者，召也，以手曰召，魂者，身之精也，招魂者，欲以復其精神，延其年壽，外陳四方之惡，內崇楚國之美，以諷諫懷王，冀其覺悟而還之矣」，**用帛招之，以為魂之附麗，亦於此求陰求陽之意也。**道教科儀，招魂幡為色白，左上書「左三魂」，右上書「右七魄」，中上則書三清道祖，中下書「奉敕令攝故考（或云祖考、妣）某公（母）之一位正魂反家堂受領」，旁書「一炷心香通法界、九泉使者引魂來」，或書「金童指引西方路、玉女隨行極樂天」云云。佛之招魂幡為色黃，書曰「佛力超薦攝故考（或云祖考、妣）某公（母）之一位正魂反家堂受領」，旁書亦同。招魂者，有招死者之魂，古人招魂後施於柩前，南齊書曰張融遺令人捉麈尾登屋復魂，曰吾生平所善。今人多用竹懸出於屋。陰陽家從而傳會之，以為死者之魂悠揚於太空，讓此以歸。有招生者之魂，朱子注楚辭曰，古人招魂之禮，不專施於死者。公詩如「剪紙招我魂」、「老魂招不得」、「南方實有未招魂」，與詩「魂招不來歸故鄉」皆招生時之魂也。

〔置靈座〕。

靈座之具，有椸，幾案也；帕；遺衣；椅；坐褥；桌；香爐；香盒；盞；酒果；盥盆；櫛；帨。

置靈座儀注

孝子就位，跪，稽顙二，興，詣靈座前，跪，焚香，斟酒，獻果，告詞曰：「親魂附帛，親心如結，衣冠儼然，來歆來格。」俯伏，興，復位，跪，稽顙二，興，焚香，禮畢，哀入喪次。

〔置銘旌〕。

士喪禮曰為銘，各以其物，亡則以緇，長半幅，赬末，長終幅。廣三寸，書銘於末曰：「某氏之柩。」

清人魏崧曰銘旌始於殷禮，銘旌注銘，書死者名於旌，殷禮也。周禮小祝置銘。檀弓曰銘，明旌也，以死者為不可別已，故以其旗識之，愛之，斯錄之矣；敬之，斯盡其道焉爾。

銘旌在先秦乃旗，可用於儀仗：周禮曰王之出入有五路，各有不同之旗。一曰玉路，錫，樊纓十有再就，建大常，十有二斿，以祀；金路，鉤，樊纓九就，建大旂，以賓，同姓以封；象路，朱，樊纓七就，建大赤，以朝，異姓以封；革路，龍勒，條纓五就，建大白，以即戎，以封四衛；木路，前樊鵠纓，建大麾，以田，以封蕃國。

飲宴：鄉射禮曰：「旌，各以其物，無物，則以白羽與朱羽糅，杠長三仞，以鴻脰韜上，二尋。」

祭祀：男巫曰：「大喪，贊湄，設熬，置銘……掌望祀，望衍授號，旁招以茅。」

駐蹕：孟春之月，天子居青陽左個，乘鸞路，駕倉龍，載青旗；孟夏之月，天子居明堂左個，乘朱路，駕赤馬，載赤旗；孟秋之月，天子居總章左個，乘戎路，駕白駱，載白旗；孟冬之月，天子居玄堂左個，乘玄路，駕鐵驪，載玄旗。

表1　五旗五路等差表

路數	旗等	旗形	旗色	斿數	功用	象徵
玉路	大常	日月、交龍	纁	12	祭祀	
金路	大旗	交龍	青	9	會客、分封同姓	大火
象路	大赤（旟）	鳥隼	赤	7	朝政、分封異姓	鶉火
革路	大白（旗）	熊虎	白	6	戎事、分封四衛	伐
木路	大麾（旐）	龜蛇	黑	4	田獵、分封藩國	營室

表2　天子駐蹕儀仗表

時間		地點		坐乘	駕乘	旗等
春	孟春	青陽	左個	鸞路	蒼龍	青旗（大旗為交龍，從虞青色）
	仲春		太廟			
	季春		右個			
夏	孟夏	明堂	左個	朱路	赤騮	赤旗（大旟為熊虎，從周色赤）
	仲夏		太廟			
	季夏		右個			
中央土，其日戊己		大廟大室		大路	黃騮	黃旗（大常纁色，象中黃之色）
秋	孟秋	總章	左個	戎路	白駱	白旗（大旗為鳥隼，從殷色白）
	中秋		大廟			
	季秋		右個			
冬	孟冬	玄堂	左個	玄路	鐵驪	玄旗（大麾為龜蛇，從夏黑色）
	仲冬		大廟			
	季冬		右個			

軍行：軍行所置旌旗於四方以法天，此旌置旒者皆放其星，龍旗則九旒，雀則七旒，虎則六旒，龜蛇則四旒。皆放星數以法天也，皆畫招搖於此四旗之上。

〔置銘旌〕。

表3　軍行銘旌所分五官星象圖

青龍（大火）
旗，色青，斿9

朱雀（鶉火）
旟，色赤，斿7

北斗
日月為常，招搖在上，斿12

玄武（營室）
旐，色黑，斿4

白虎（伐）
旗，色白，斿6

大司馬曰：「王載大常，諸侯載旂，軍吏載旗，師都載旜，鄉家載物，郊野載旐，百官載旟，各書其事與其號焉。」司常又曰：「王建大常，諸侯建旂，孤卿建旜，大夫、士建物，師都建旗，州裏建旟，縣鄙建旐，道車載旞，斿車載旌，皆畫其象焉。」孫氏（詒讓）以為司常之說「孤卿建旜，大夫、士建物」與大司馬之「百官載旟」別有二致，故疑其為孤卿所建乃旟之旜，大夫、士所建乃旟之物。蓋因旜、物者凡旗必有，啻辨尊卑爾；又司常之說「師都建旗」與大司馬之「軍吏載旗，師都載旜」別有二致，蓋帥乃一軍之將，故帥都所建乃旗之旜；又如司常之說「州裏建旟」與大司馬之「鄉家載物」別有二致，州裏即鄉，故州裏所建乃旟之物；又如司常之說「縣鄙建旐」與大司馬「郊野載旐」別有二致，亦謬矣。孫氏以為此謬乃不辨旜、物乃諸旗通制之故。然據司常、大司馬載：「常旂為王侯之旗，而旟、旗、旐三旗卿大夫士得通用之——卿以上建旜，而大夫以下建物」。司常又謂「九旗以旜物次常旂之後，旗、旟、旐之前言者，以旜尊物卑」，故旗加尊卑加注羽資以推五旗尊卑等差：

表4　五旗旜物等差表

旗等	旗名	流蘇	功用
常	常旜	不注羽	祭祀、賓客
	常旜旞	全羽	祭祀、出入
	常旜旌	析羽	田獵、戎事
旂	旂旜	不注羽	會客、分封
	旂旜旞	無	招魂、複魄
	旂旜旌	無	治兵、賓射
旟	旟旜	不注羽	朝政、分封
	旟旜旞	無	聘禮、喪葬
	旟旜旌	無	治兵、大閱
	旟物	注羽	無
	旟物旞	注全羽	招魂、複魄
	旟物旌	注析羽	治兵、大閱

〔置銘旌〕。

旗	旗旜	不注羽	戎事、分封
	旗旜旞	無	無
	旗旜旌	無	大閱、勞役
	旗物	無	無
	旗物旞	無	無
	旗物旌	無	治兵、戎事
旐	旐旜	不注羽	田獵、分封
	旐旜旞	無	無
	旐旜旌	無	田獵
	旐物	無	無
	旐物旞	無	無
	旐物旌	無	田獵、治兵

常旂為王侯之旗，旟、旗、旐三旗卿大夫士得通用之——卿以上建旜，而大夫以下建物，則大常有常旜、常旜旞、常旜旌，據巾車載「陳路玉路建大常」，夏采載「大喪以乘車建綏（旞）」，複於四郊」（或司常所言「道車載旞」）及司常所謂「斿車載旌」，祭祀、賓客、出入、戎事時皆得用之；大旂有旂旜、旂旜旞、旂旜旌，據巾車載「金路建大旂」，雜記載「諸侯行而死於道，以其綏

〔旞〕複」及鄉射記所言「國君射於郊，以旌獲。於竟，則龍旜」，分封、喪葬、賓射時皆得用之；大旟有旟旜、旟旜旞、旟旜旌、旟物、旟物旞、旟物旌據巾車載「陳路象路建大赤」、士喪禮載「薦乘車載旜」〔或聘禮載「使者載旜」〕，大司馬所言「大閱，孤卿建旜。治兵，百官載旟」、「州裏建旟」，雜記所言「大夫、士死於道，以其綏〔旞〕複」及司常所言「大夫、士建物、州裏建旟」，朝政、喪葬、治兵、大閱時皆得用之；大旗有旗旜、旗旜旞、旗旜旌、旗物、旗物旞、旗物旌，據巾車載：「陳路革路建大白」，大司徒所言「大軍旅田役」〔或大司馬所謂「振旅以旗致民」〕，鄉師所謂「時田以大旗致眾庶」、遂人所謂「以大旗致野役」〕，左傳載「少帛」及大司馬載「鄉家載物」，戎事、分封、大閱、勞役時皆得用之；大旐有旐旜、旐旜旞、旐旜旌、旐物、旐物旞、旐物旌，據巾車載「陳路木路建大麾」，王制載「小綏〔旞〕」、司常載「縣鄙建旐」及大司馬所言「郊野載旐」，田獵、分封、治兵時皆得用之。

銘旌肇自先秦旌旆之制，然旌與銘有二致，毛大可以為周制所言旌乃別劃官秩等級，別服命也，既有旌則官閥自明可也。然而士有命與不命故，故銘與旌不同。君卿大夫及命士凡生前有旌者，皆得就旌而書於銘，謂之「有銘與旌」；下士、庶人無旌，故只取緇帛長一尺寬三寸，赤帛長二尺寬三寸作銘，謂之「有銘無旌」。若士喪禮曰：乘車載旜，旜即崇也；司常曰：建廞車之旌，旌即旐也，則君卿大夫又別有二旌，士則有乘車之旌，而無廞旌，止一旌，庶人則並一旌亦無者，故謂「有旌但不銘者」。漢前旌制，天子名太常；諸侯建大旂，杠高七仞，七斿曳地；卿大夫建旜，杠高六仞，六斿至軫；命士建物，杠高五仞，五斿至較，自漢代而後，銘旌合為一體，竟有用實度者，且各代異制，或以命數為斿數，或以品數為斿數。

以絳帛為之。漢前旌制，天子名太常；諸侯建大旗，杠高七仞，七斿曳地；卿大夫建旜，杠高六仞，六斿至軫；命士建物，杠高五仞，五斿至較。按周禮日月為常，交龍為旂、通帛為旜，雜帛為物、熊虎為旗，鳥隼為旟、龜蛇為旐、析羽為旌。

廣終幅。儀禮曰「為銘，各以其物，亡，則以緇長半幅，赬末長終幅，廣三寸，書銘於末，曰『某氏之柩』」，竹杠長三尺，置於宇西階上」；爾雅曰：「緇廣充幅，長尋曰旐」，終幅長為八尺，充幅即為二尺四寸，一尋約合八尺。旐縿一尋，則旗長一尋半，旟長二尋，旂長二尋半，常長三尋，旐充幅二尺四寸，旗寬三尺六寸，旟寬四尺八寸，旂寬六尺，常寬七尺二寸。

圖7　常、旂、旗、旟、旐

〔置銘旌〕。

圖8　通帛為旜，雜帛為物

圖9　全羽為旞，析羽為旌

表5　漢代出土文物銘旌尺度表

出土地點	質地	文字	圖像	面積
武威磨咀子四號漢墓	紅色麻線	姑臧西鄉閹道裏壺子梁之口	日、月、龍、虎、雲紋	206*45
武威磨咀子十五號漢墓	絲質	姑臧北鄉西夜裏女子口寧死下世當歸塚次……水社毋口河留……年教如律令		
武威磨咀子二十二號漢墓	絲質	姑臧渠門裏張口口之柩		220*37
武威磨咀子二十三號漢墓	麻布	平陵敬事裏張伯升之柩過所毋哭	日、月、金烏、蟾蜍	115*38
武威磨咀子五十四號漢墓	絹地	姑臧東鄉利居裏出口	日、月、三足烏／九尾狐、蟾蜍／玉兔	
馬王堆一、三號漢墓	絲質		日、月、金烏、扶桑樹、蟾蜍／玉兔	
臨沂金雀山九號漢墓	絹地		日、月、金烏、玉兔／蟾蜍	

三品以上九尺，五品以上八尺，六品以下七尺，士庶人五尺。

漢制以絳帛為銘旌，三品以上長九尺，五品以上八尺，七品以上七尺；北齊制，一品九旒，二品、三品七旒，四品、五品五旒，六品、七品三旒；八品以下，達於庶人，唯旐而已；隋制，諸侯七仞，九旒，齊軫；大夫五仞，七旒，齊較；士三仞，五旒，齊首；唐制，三品以上長九尺，五品以上八尺，六品以下七尺，皆書某官封姓君之柩；宋制，三品以上長九尺，五品以上八尺，六品以上七尺，皆書某官封姓之柩，杠銘竿也，其長視絳，四品以上長九尺，六品以上長八尺，九品以上長七尺；明制，銘旌、絳帛，廣一幅，四品以上長九尺，六品以上八尺，九品以上七尺。據林氏家儀，清制凡有頂帶以上至七品官皆五尺，以水粉南京粉書紅帛，葬時鋪柩上，日久帛朽，粉迹猶存，尚是古意。天津則另於柩蓋上寫粉字書之。

圖10　武威磨咀子23、15、22號漢墓出土銘旌

表6 五旗縿斿度數表（長度：米）

旗名	斿數	斿長	縿長	縿廣	斿長		斿廣	面積
					孫炎說	銘旌說		
大常旗	12	7.99	7.99	2.40	7.99	15.98	2.38	19.18
大旗旜	9	6.66	6.66	2.00	6.66	13.32	1.80	13.32
大旟旜	7	5.33	5.33	1.60	5.33	10.66	1.40	8.53
旟物	7	5.33	5.33	1.60	5.33	10.66	1.40	8.53
大旗旟	6	4.00	4.00	1.20	4.00	7.99	1.20	4.80
旗物	6	4.00	4.00	1.20	4.00	7.99	1.20	4.80
大旐旜	4	2.66	2.66	0.80	2.66	5.33	0.80	2.13
旐物	4	2.66	2.66	0.80	2.66	5.33	0.80	2.13
旐旆附	4	2.66	2.66	0.80	2.66	5.33	0.80	2.13

歷代銘旌長度考證

北齊：宋孝武帝大明二年，其子劉業之妃薨，旗用九斿，後王儉〔仲寶〕以為銘旌之制因及喪禮，蓋此肇始。「斿本是命服，無關於凶事。今公卿以下，平存不能備禮，故在凶乃建耳。東宮秩同上公九命之儀，妃與儲君一體，義不容異，無緣未同常例，別立凶斿。大明舊事，不經詳議，率爾便行耳。今宜考以禮典，吉部自有旗輅，凶部別有銘旌。」杜佑釋曰：「北齊銘旌之制，官職與銘旌長度成正比，惟庶人只用旐，『一品九斿，二品、三品七斿，四品、五品五斿，六品、七品三斿；八品以下，達於庶人，唯旐而已。』」

隋：隋因北齊制，一品九斿，二品、三品七斿，四品、五品五斿，六品、七品三斿；八品以下，達於庶人，唯旐而已。其建旐，三品以上開國子、男，其長至軫，四品、五品至輪，六品至於九品至較，勳品達於庶人，不過七尺。即禮緯所謂「諸侯七仞，九斿，齊軫；大夫五仞，七斿，齊較；士三仞，五斿，齊首」。

唐：唐代皇帝銘旌長二丈九尺，大斂後，太常設銘旌於殿下，於殿廷之前分設十二斿，公卿以上，皆為龍首，書某官封之柩，唐代品官，「三品以上長九尺，五品以上八尺，六品以下七尺，皆書某官封姓君之柩。」

宋：宋史有載三品以上長九尺，五品以上八尺，六品以上七尺，皆書某官封姓之柩，杠銘竿也，其長視綘，四品以上長九尺，六品以上長八尺，九品以上長七尺。

明：明代銘旌多為親友所贈，至有孝子登學士大夫之門求銘旌，故又謂之藉銜題旌，借銜題旌者，「用另紙書題者姓名，黏於旌下，題曰某官某公，女則曰某封某氏，系題者之辭；不借銜者，則稱顯考，顯妣，系孝子之辭。」明代之旌仍以綘帛為之，廣一幅，四品以上長九尺，六品以上長八尺，九品以上長七尺。明史也載，「銘旌、綘帛，廣一幅，四品以上長九尺，六品以上八尺，九品以上七尺……施銘旌志石於壙內，掩壙複土，乃祠後土於墓。」

清：三品以上長九尺，五品以上八尺，七品以上七尺。據大清通禮載，銘旌統一以六七尺長為准：「今人用銘旌……率以長六七尺（杭俗高逾丈）之紅綢，翦絨布或紙為字，附其上，張於帶座之框架內，發引時舁之行，謂之明旌亭。未葬時不樹於柩右，（近發引時始制之）臨葬亦不加柩上。（南京粉書紅帛，葬時鋪柩上，日久帛朽，粉跡猶存，尚是古意。天津則另於柩蓋上寫粉字）。旌旗之本義，而誤認為旌表之引申義，（旌旗所以表明其人，故引申其義，訓旌為表）。用框，失其舊式。」

表7　位銘旌尺度表

	漢	北齊	隋	唐	宋	明	清
一品	6尺至9尺	9	9	9	9	9	9
二品		7	7	9	9	9	9
三品		7	7	9	9	9	9
四品		5	5	8	9/8	9	8
五品		5	5	8	8	8	8
六品		3	3	7	8/7	8	7
七品		3	3	7	7	7	7
八品				7	7	7	5
九品				7	7	7	5

男書某官某公諱某字某行幾先生〔官家則用府君二字〕之靈柩。

或書「恭旌大德望某翁老大人享年旬有勤勞儉樸之靈柩」。吾學錄言近代用絳帛粉書叙其官爵，曰

皇清誥授某某大夫或某某將軍原任某官之靈柩
姻愚弟或姻侍生某某某謹題

題者必為當世著人，中間一行字數，無論多少，不成雙。清季廈門有地方官父丘雲龍者死，其子之友曾玉士題銘旌曰：

皇清誥授通議大夫欽加知府四代大父享受七十有二齡諱雲龍丘公之銘旌 特授員外郎癸酉拔元禮部會試愚弟曾玉士頓首崇拜書

謹按張氏喪祭便覽清銘旌書式：

男則書：

皇清例封文林郎積閏壽壽幾十歲顯考某號某府君之靈柩 用顯者全銜年姻家姪某頓首拜題

皇清例封儒林郎積閏壽壽幾十有幾歲某號某公大人靈柩 用顯者全銜年姻家晚生某頓首拜題

女書某封某母某太夫人之靈柩。

或書「恭旌大淑德　老太君享年　旬有勤勞儉樸之靈柩」。儀禮僅言書「某氏之柩」。備要言凡婦人封號，從夫實職書之。秦氏可卿喪，銘旌即書

奉天洪運兆年不易之朝誥封一等寧國公家孫婦防護內廷紫禁道御前侍衛龍禁尉享強壽賈門秦氏宜人之靈柩

清制女則通書：

皇清敕封安人積閏享壽幾十有幾歲例旌節孝某老姻家某母太安人之靈柩 用顯者全銜姻家晚生某頓首拜題

其法上下具用橫木，橫木作二小幾，結紐用木，竹竿豎之，以紅絹細帛為之，懸於靈座之右。竹杠，所以為銘旌之杆，於杆頭刻木為鳳，垂以流蘇。

〔置銘旌〕。

附錄銘旌上書皇清滿漢官階稱號國制

正一品　大匡輔國崇祿大夫、議政稱輔國崇祿大夫、宗親顯祿大夫、儀賓邃祿成祿大夫；宗親大君妻府夫人。

文職品級：正一品初授特進榮祿大夫，陞授特進光祿大夫，加授特進光祿大夫，左右柱國。

武職品級：正一品初授特進榮祿大夫，陞授特進光祿大夫，加授特進光祿大夫，左右柱國。

從一品　崇祿崇政大夫、宗親昭德嘉德大夫、儀賓光德崇德大夫；以上文武官妻貞敬夫人、宗親妻郡夫人。

文職品級：從一品初授榮祿大夫，陞授光祿大夫，加授光祿大夫，柱國。

武職品級：從一品初授榮祿大夫，陞授光祿大夫，加授光祿大夫，柱國。

正二品　正憲資憲大夫、宗親崇憲承憲大夫、儀賓奉憲通憲大夫。

文職品級：正二品初授資善大夫，陞授資政大夫，加授資德大夫，正治上卿。
武職品級：正二品初授驃騎將軍，陞授金吾將軍，加授龍虎將軍，上護軍。

從二品　嘉義嘉善大夫、宗親中義正義大夫、儀賓資義順義大夫；以上文武官妻貞夫人、宗親妻縣夫人。

文職品級：從二品初授中奉大夫，陞授通奉大夫，加授正奉大夫，正治卿。
武職品級：從二品初授鎮國將軍，陞授定國將軍，加授奉國將軍，護軍。

正三品　通政大夫折動將軍、通訓大夫禦誨將軍、宗親彰善大夫、儀賓正順大夫、宗親明善大夫、儀賓奉順大夫、文武官妻淑夫人、宗親妻慎夫人。

文職品級：正三品初授嘉議大夫，陞授通義大夫，加授正議大夫，資治尹。
武職品級：正三品初授昭勇將軍，陞授昭義將軍，加授昭武將軍，上輕車都尉。

從三品　中直中訓大夫、建功保功將軍、宗親保信資信大夫、儀賓明信敦信大夫；以上文武官妻淑人、宗親妻慎人。

文職品級：從三品初授亞中大夫，陞授正中大夫，加授大中大夫，資治尹。

武職品級：從三品初授懷遠將軍，陞授定遠將軍，加授安遠將軍，輕車都尉。

正四品　奉政奉列大夫、振威昭威將軍、宗親宣徽廣徽大夫。

文職品級：正四品初授中順大夫，陞授中憲大夫，加授朝議大夫，資治尹。

武職品級：正四品初授明威將軍，陞授宣威將軍，加授廣威將軍，都尉。

從四品　朝散朝奉大夫、定略宣略將軍、宗親奉成光成大夫；以上文武官妻令人、宗親妻惠人。

文職品級：從四品初授朝列大夫，陞授朝議大夫，加授中議大夫，資治尹。

武職品級：從四品初授宣武將軍，陞授顯武將軍，加授信武將軍。

正五品　通德通善郎、果毅忠毅校尉、宗親謹節慎節郎；以上文武官妻恭人、宗親妻溫人。

文職品級：正五品初授奉議大夫，陞授奉政大夫，加授奉政大夫，修正尹。

武職品級：正五品初授武德將軍，陞授武節將軍，加授驍騎尉。

從五品　奉直奉訓郎、顯信彰信校尉、宗親謹節慎節郎；以上文武官妻恭人、宗親妻溫人。

文職品級：從五品初授奉訓大夫，陞授奉訓大夫，加授奉直大夫，協正庶尹。

武職品級：從五品初授武畧將軍，陞授武毅將軍，加授飛騎尉。

正六品　承儀承訓郎、敦勇進勇校尉、宗親執順從順郎；妻順人。

文職品級：正六品初授承直郎，陞授承德郎。

武職品級：正六品初授昭信校尉，陞授承信校尉，加授雲騎尉。

從六品　宣教宣務郎、勵節秉節校尉；以上文武官妻宣人。

文職品級：從六品初授承務郎，陞授儒林郎。

武職品級：從六品初授忠顯校尉，陞授忠武校尉，加授武騎尉。

正七品　務功郎迪順副尉。

文職品級：正七品初授承事郎，陞授文林郎。

武職品級：正七品初授忠翊校尉，陞授忠勇校尉。

從七品　啟功郎奮順副尉；以上文武官妻安人。

文職品級：從七品初授從事郎，陞授徽事郎。

武職品級：從七品初授敦武校尉，陞授修武校尉。

正八品　通仕郎承義副尉。

文職品級：正八品初授迪功郎，陞授修職郎。

武職品級：正八品初授進義校尉，陞授保義校尉。

從八品　承仁郎修義副尉；以上文武官妻端人。

文職品級：從八品初授迪功佐郎，陞授修職佐郎。

武職品級：從八品初授進義副尉，陞授保義副尉。

正九品　從仕郎效力副尉。

文職品級：正九品初授將仕郎，陞授登仕郎。

從九品　將仕郎展力副尉；以上文武官孺人。

文職品級：從九品初授將仕佐郎，陞授登仕佐郎。

〔謚法〕。

古謚，以爵位而定，故逸周書謚法解曰：「謚者，行之迹也；號者，功之表也。」即貴者有謚，生有爵者，則死無謚，以期一也。賤者無謚，生無爵者，則死無謚。若命婦與妾無謚者，卑賤也。貴者有上謚，嘉賞之意，如謚「文」、「慈」、「德」，賤者有下謚，又曰惡謚，如謚「戾」、「蕩」、「惑」。又有中謚，中謚者，執中之謚。有謚封者，「敬謹寡過自愛其鼎乃能得之。」歷代皆重賜謚。

考謚法肇於周，逸周書謚法解曰：「唯三月既生魄，周公旦、太師望相嗣王發，既賦憲受臚於牧之野，將葬，乃製作謚。」又穀梁傳桓公十八年載，昔武王崩，周公製謚法。又檀弓曰：「死謚，周道也。」又郊特牲曰：「古者生無爵，死而謚。」清制，尚書大學士乃得賜謚，然翰林院掌院學士喇沙裏公以講筵舊勞，又勤王事以死，特贈禮部尚書，謚文敏；掌院學士葉公方藹以講筵舊勞，特加禮部尚書，尋遷刑部侍郎，仍帶掌院學士，加禮書舊銜，卒亦謚文敏；掌詹學士沈公荃亦以講筵舊勞，加禮部侍郎，仍掌府事，卒謚文恪。皆異數，非常例也。俱王士禛池北偶談。

汪受寬先生謚法研究考西漢賜謚臣凡五百三十人；東漢賜謚臣凡五十二人；晉賜謚臣凡六十二人；南朝賜謚臣凡二百四十九人；北朝賜謚臣凡六百一十九人；隋賜謚臣凡八十四人；唐賜謚臣凡四百二十人；五代賜謚臣凡二十四人；宋賜謚臣凡五百一十八人；遼賜謚臣凡十五人；金賜謚臣凡六十二人；元賜謚臣凡三百八十七人；明賜謚臣凡一千零六十一人；清賜謚臣凡一千五百四十九。

逸周書上謚凡一百二十八字，中謚凡三十五字，下謚凡十八，俱錄如左：

上諡

安好和不爭曰安；兆民寧賴曰安；寬容平和曰安；寬裕和平曰安；所保惟賢曰安；中心宅仁曰安；修己寧民曰安；務德不爭曰安；莊敬盡禮曰安；敬而有禮曰安；貌肅辭定曰安；止于義理曰安；恭德不勞曰安；靜正不遷曰安；懿恭中禮曰安；凝重合禮曰安。**比**擇善而從曰比；事君有黨曰比。**成**安民立政曰成；刑民克服曰成；佐相克終曰成；制義克服曰成；禮樂明具曰成；持盈守滿曰成；遂物之美曰成；通達強立曰成；經德秉德曰成；民和神福曰成；道兼聖智曰成；夙夜警戒曰成；曲直赴禮曰成；仁化純被曰成；不忘久要曰成；德備禮樂曰成；德見於行曰成；久道化隆曰成；內德純備曰成；坤寧化洽曰成。**誠**純德合天曰誠；從容中道曰誠；推心禦物曰誠；秉德純一曰誠；明信率下曰誠；肫篤無欺曰誠；實心施惠曰誠。**崇**能修其官曰崇。**純**中正精粹曰純；見素抱樸曰純；安危一心曰純；志慮忠實曰純；至誠無息曰純；內心和一曰純；治理精粹曰純。**慈**視民如子曰慈；愛慾必周曰慈；撫柔平恕曰慈。**聰**聲入心通曰聰；邇言必察曰聰。**達**質直好義曰達；疏通中理曰達。**大**則天法堯曰天。**戴**愛民好治曰戴；典禮不愆曰戴。**道**以德化民曰道。**德**綏柔士民曰德；諫爭不威曰德；謀慮不威曰德；貴而好禮曰德；忠和純備曰德；綏懷來人曰德；強直溫柔曰德；勤恤民隱曰德；忠誠上實曰德；輔世長民曰德；寬眾憂役曰德；剛塞簡廉曰德；惠和純淑曰德；富貴好禮曰德；功成民用曰德；修文來遠曰德；睿智日新曰德；善政養民曰德；尊賢親親曰德；仁而有化曰德；憂在進賢曰德；寬栗擾毅曰德；直溫強義曰德；諫諍不違曰德；周旋中禮曰德；澤及遐外曰德；懿修罔懈曰德。**定**大慮靜民曰定；安民大慮曰定；純行不爽曰定；安民法古曰定；純行不二曰定；追補前過曰定；仁能一眾曰定；嗣成武功曰定；踐行不爽曰定；審於事情曰定；德操純固曰定；以勞定國曰定；克綏邦家曰定；靜正無為曰定；大應慈仁曰定；義安中外曰定；鎮靜守度曰定。**度**心能制義曰度；進退可軌曰度；守法緯民曰度；從容有常曰度；禮儀咨善曰度；寬裕有容曰度；創制垂法曰度；懿徽足式曰度。**端**守禮執義曰端；聖修式化曰端；嚴恭涖下曰端；恭己有容曰端；秉心貞靜曰端；守禮自重曰端。**敦**善行不怠曰敦；溫仁忠厚曰敦；能記國善曰敦；溫仁厚下曰敦；篤親睦族曰敦；樹德純固曰敦。**剛**追補前過曰剛；強毅果敢曰剛；致果殺敵曰剛；強而能斷曰剛；自強不息曰剛；政刑明斷曰剛；威強不屈曰剛；強義果敢曰剛。**高**德覆萬物曰高；功德盛大曰高；覆幬同天曰高。革獻敏成行曰革。公立志及眾曰公。恭尊賢貴義曰恭；敬事供上曰恭；尊賢敬讓曰恭；既過能改曰恭；執事堅固曰恭；愛民長弟曰恭；執禮禦賓曰恭；芘親之闕曰恭；尊長讓善曰恭；淵源流通曰恭；夙夜敬事曰恭；知過能改曰恭；賢而不伐曰恭；率事以信曰恭；不懈於位曰恭；卑以自牧曰恭；不懈於德曰恭；治典不易曰恭；責難於君曰恭；正德美容曰恭；不懈為德曰恭；正己接物曰恭；昭事不忒曰恭；勤恤民隱曰恭；莊以蒞下曰恭；謙和不懈曰恭；遜順事上曰恭。光功格上下曰光；能紹前業曰光；居上能謙曰光；功烈耿著曰光。廣美化及遠曰廣；所聞能行曰廣。果好力致勇曰果；好學近智曰果；臨事善斷曰果。皓綜善典法曰皓。和不剛不柔曰和；推賢讓能曰和；柔遠能邇曰和；號令悅民曰和；敦睦九族曰和；懷柔胥洽曰和；溫厚無苛曰和。厚思慮不爽曰厚；強毅敦樸曰厚；敦仁愛眾曰厚。胡彌年壽考曰胡；保民耆艾曰胡；保民畏懼曰胡。桓辟土服遠曰桓；克敬勤民曰桓；辟土兼國曰桓；武定四方曰桓；克亟成功曰桓；克敵服遠曰桓；能成武志曰桓；壯以有力曰桓。徽元德充美曰徽。惠柔質慈民曰惠；愛民好與曰惠；柔質愛課曰惠；柔質受諫曰惠；施勤無私曰惠；慈仁好與曰惠；愛民好學曰惠；寬裕慈仁曰惠；和而不流曰惠；慈哲遠識曰惠；能綏四方曰惠；子愛困窮曰惠；儉以厚下曰惠；淑質受諫曰惠；恩能及下曰惠；寬裕不苛曰惠；遺愛在民曰惠；分人以財曰惠；利而不費曰惠；撫字心殷曰惠；興利裕民曰惠；德威可懷曰惠；澤及萬世曰惠；仁恕中存曰惠；慈恩廣被曰惠。**基**德性溫恭曰基。**簡**一德不懈曰簡；平易不訾曰簡；治典不殺曰簡；正直無邪曰簡；易從有功曰簡；平易無疵曰簡；至德臨下曰簡；仕不躁進曰簡；能行直道曰簡；執要能固曰簡。**節**好廉自克曰節；不侈情欲曰節；巧而好度曰節；能固所守曰節；謹行節度曰節；躬儉中禮曰節；直道不撓曰節；臨義不奪曰節；艱危莫奪曰節。**景**由義而濟曰景；耆意大慮曰景；布義行剛曰景；致志大圖曰景；繇義而成曰景；德行可仰曰景；法義而齊曰景；明照旁周曰景。**敬**夙夜警戒曰敬；令善典法曰敬；夙夜恭事曰敬；象方益平曰敬；象方益年曰敬；夙興夜寐曰敬；眾方克就曰敬；齊莊中正曰敬；廣直勤正曰敬；廉直勁正曰敬；難不忘君曰敬；受命不遷曰敬；畏天愛民曰敬；陳善閉邪曰敬；威儀悉備曰敬；戒尊師傅曰敬；戒懼無違曰敬；小心恭事曰敬；戒慎幾微曰敬；肅恭無怠曰敬；齊莊自持曰敬；應事無慢曰敬。**靖**柔德安眾曰靖；恭己鮮言曰靖；寬樂令終曰靖；柔德教眾曰靖；柔直考終曰靖；虛己鮮言曰靖；緝熙宥密曰靖；式典安民曰靖；仁敬鮮言曰靖；慎以處位曰靖；政刑不擾曰靖；綱紀肅布曰靖；厚德安貞曰靖；律身恭簡曰靖；以德安眾曰靖。**開**通道輕仕曰開。**康**淵源流通曰康；溫柔好樂曰康；安樂撫民曰康；合民安樂曰康；豐年好樂曰康；安樂治民曰康；好樂怠政曰康；能安兆民曰康；俊民用章曰康；久膺多福曰康；壽考且甯曰康；保民迪吉曰康；務德不爭曰康；寬裕和平曰康；敬而有禮曰康；保衛社稷曰康；造道自行曰康；動而無妄曰康；溫柔好善曰康；思善無逸曰康；溫良好學曰康；視履安和曰康。考大慮行節曰考；秉德不回曰考。克愛民在刑曰克；秉義行剛曰克；勝敵得俊曰克；勝己之私曰克。寬含光得眾曰寬；大德包蒙曰寬；御眾不近曰寬。匡貞心大度曰匡；以法正國曰匡；輔弼王室曰匡；彌縫災害曰匡；正君之過曰匡。曠審音知化曰曠。類施勤無私曰類；勤政無私曰類；不忝前哲曰類。禮奉義順則曰禮；恭儉莊敬曰禮；善自防閒曰禮；躬儉中節曰禮；審節而和曰禮；著誠去偽曰禮；納民軌物曰禮；恭儉合度曰禮；內則克修曰禮。理才理審諦曰理；政平刑肅曰理；措正施行曰理；表章道術曰理；才敏詳審曰理；治繁不擾曰理。良溫良好樂曰良；理順習善曰良；小心敬事曰良；溫敬寡言曰良；孝悌成性曰良；小心敬畏曰良；謀猷歸美曰良；竭忠無隱曰良；宅衷易直曰良。烈有功安民曰烈；秉德遵業曰烈；聖功廣大曰烈；海外有截曰烈；業成無兢曰烈；光有大功曰烈；戎業有光曰烈；剛正曰烈；宏濟生民曰烈；莊以臨下曰烈。密追補前過曰密；思慮詳審曰密。敏應事有功曰敏；明作有功曰敏；英斷如神曰敏；明達不滯曰敏；聞義必徙曰敏；才猷不滯曰敏；好古不怠曰敏。明照臨四方曰明；譖訴不行曰明；思慮果遠曰明；保民耆艾曰明；任賢致遠曰明；總集殊異曰明；獨見先識曰明；能揚仄陋曰明；察色見情曰明；容義參美曰明；無幽不察曰明；聖能作則曰明；令聞不已曰明；奉若天道曰明；遏惡揚善曰明；視能致遠曰明；內治和理曰明；誠身自知曰明；守靜知常曰明；至誠先覺曰明；遠慮防微曰明；懿行宣著曰明；智能晰理曰明；昭晰群性曰明。**穆**布德執義曰穆；中情見貌曰穆；賢德信修曰穆；德政應和曰穆；敬和在位曰穆；德化肅和曰穆；聖敬有儀曰穆；粹德深遠曰穆；肅容持敬曰穆；容儀肅敬曰穆。**寧**裕以安民曰寧；淵衷湛一曰寧；端重自毖曰寧。**平**治而無眚曰平；執事有制曰平；惠內無德曰平；治而清省曰平；布綱治紀曰平；克定禍亂曰平；理而無責曰平；布德均政曰平；無常無偏曰平；治道如砥曰平；分不求多曰平；政以行辟曰平；推心行恕曰平。**齊**執心克莊曰齊；資輔共就曰齊；輕轄恭就曰齊；執正克莊曰齊。**祁**治典不殺曰祁；經典不易曰祁；治定不陂曰祁。**遷**博物多愛曰遷；良史實錄曰遷。**欽**威儀悉備曰欽；敬事節用曰欽；克慎成憲曰欽；肅敬而承上曰欽；夙夜祗畏曰欽；敬慎萬幾曰欽；神明儼翼曰欽；小心勵翼曰欽；寅恭供職曰欽。**勤**溫年好樂曰勤；能修其官曰勤；服勞無怨曰勤；廣業不怠曰勤；勤行世業曰勤；好學力行曰勤；能修內職曰勤；夙夜匪懈曰勤；宣勞中外曰勤。**清**避遠不義曰清；潔己自愛曰清；潔己奉法曰清。

頃甄心動懼曰頃；敏以敬慎曰頃；祇勤追懼曰頃；慈仁和敏曰頃；隳覆社稷曰頃；震動過懼曰頃；陰靖多謀曰頃。**慤**行見中外曰慤；執德不惑曰慤；誠以致志曰慤；表裏如一曰慤；誠心中孚曰慤；率真禦下曰慤。**確**執德不惑曰確；執德不回曰確。**讓**推功尚善曰讓；德性寬柔曰讓。**仁**蓄義豐功曰仁；慈民愛物曰仁；克己復禮曰仁；貴賢親親曰仁；殺身成仁曰仁；能以國讓曰仁；利澤萬世曰仁；率性安行曰仁；功施於民曰仁；屈己逮下曰仁；度功而行曰仁；寬信敏惠曰仁；愛仁立物曰仁；體元立極曰仁；如天好生曰仁；教化溥浹曰仁；慈心為質曰仁；惠愛溥洽曰仁。**榮**寵祿光大曰榮；先義後利曰榮。**容**寬裕溫柔曰容。**柔**順德麗貞曰柔；至順法坤曰柔。**睿**可以作聖曰睿；深思遠慮曰睿；聖知通微曰睿；慮周事表曰睿。**商**昭功甯民曰商；文學博識曰商。**紹**疏遠繼位曰紹。**深**秉心塞淵曰深。**聖**揚善賦簡曰聖；敬賓厚禮曰聖；虛己從諫曰聖；敬祀亨禮曰聖；行道化民曰聖；窮理盡性曰聖；窮神知化曰聖；通達先知曰聖；大而化之曰聖；博施濟眾曰聖；極深研幾曰聖；能聽善謀曰聖；裁成天地曰聖；睿智天縱曰聖；百姓與能曰聖；備物成器曰聖；備道全美曰聖；神化難名曰聖。**勝**容儀恭美曰勝。**世**承命不遷曰世；景物四方曰世；貽厤奕葉曰世。**淑**言行不回曰淑；慮善從宜曰淑；溫仁咸仰曰淑；善行著聞曰淑。**順**慈和遍服曰順；慈仁和民曰順；柔質慈惠曰順；和比於理曰順；德合帝則曰順；受天百祿曰順；柔德承天曰順；德性寬柔曰順；淑慎其身曰順；德容如玉曰順；克將君美曰順；好惡公正曰順；德協自然曰順。**舜**仁聖盛明曰舜。**肅**剛德克就曰肅；執心決斷曰肅；威德克就曰肅；正己攝下曰肅；能執婦道曰肅；好德不怠曰肅；貌敬行祇曰肅；剛德克服曰肅；身正人服曰肅；法度修明曰肅；嚴畏自飭曰肅；攝下有禮曰肅；貌恭心敬曰肅。**素**達禮蔽樂曰素。**太**克啟行祀曰太。**泰**循禮安舒曰泰；臨政無慢曰泰。**能**物至能應曰通；事起而辨曰通。**威**猛以剛果曰威；強毅信正曰威；服叛懷遠曰威；強毅執政曰威；賞勸刑怒曰威；以刑服遠曰威；蠻夷率服曰威；信賞必罰曰威；德威可畏曰威；聲靈震疊曰威；莊以臨下曰威。**溫**德性寬柔曰溫；和順可即曰溫；仁良好禮曰溫；樂育群生曰溫；寬仁惠下曰溫。**文**經緯天地曰文；道德博聞曰文；慈惠愛民曰文；湣民惠禮曰文；賜民爵位曰文；勤學好問曰文；博聞多見曰文；忠信接禮曰文；能定典禮曰文；經邦定譽曰文；敏而好學曰文；施而中禮曰文；修德來遠曰文；剛柔相濟曰文；修治班制曰文；德美才秀曰文；萬邦為憲、帝德運廣曰文；堅強不暴曰文；徽柔懿恭曰文；聖謨丕顯曰文；化成天下曰文；純穆不已曰文；克嗣徽音曰文；敬直慈惠曰文；與賢同升曰文；紹修聖緒曰文；聲教四訖曰文。**武**剛強直理曰武；威強敵德曰武；克定禍亂曰武；刑民克服曰武；誇志多窮曰武；威強睿德曰武；除偽寧真曰武；威強恢遠曰武；帥眾以順曰武；保大定功曰武；剛強以順曰武；辟土斥境曰武；折沖禦侮曰武；除奸靖難曰武；拓地開封曰武；肅將天威曰武；安民和眾曰武；克有天下曰武；睿智不殺曰武；恤民除害曰武；赴敵無避曰武；德威遐暢曰武。**熙**允信庶績曰熙；敬德光明曰熙；隆稱赫奕曰熙。**賢**仁義合道曰賢；寵至益戒曰賢；行義合道曰賢；明德有成曰賢；內治隆備曰賢；內德有成曰賢。**顯**行見中外曰顯；受祿於天曰顯；聖德昭臨曰顯；百辟惟刑曰顯；有光前烈曰顯；中外仰德曰顯；德美宣昭曰顯。**憲**博聞多能曰憲；賞善罰惡曰憲；行善可記曰憲；在約純思曰憲；聖能法天曰憲；聖善周達曰憲；創制垂法曰憲；刑政四方曰憲；文武可法曰憲；聰明法天曰憲；表正萬邦曰憲；懿行可紀曰憲；儀範永昭曰憲。**獻**博聞多能曰獻；惠而內德曰獻；智哲有聖曰獻；聰明睿智曰獻；文資有成曰獻；敏惠德元曰獻；聖哲有謀曰獻；賢德有成曰獻；智能翼君曰獻；學該古訓曰獻；智質有理曰獻；智質有操曰獻；智質有禮曰獻。**襄**辟地有德曰襄；甲胄有勞曰襄；因事有功曰襄；執心克剛曰襄；協贊有成曰襄；威德服遠曰襄。**向**簡易多聞曰向。**孝**五宗安之曰孝；慈惠愛親曰孝；秉德不回曰孝；協時肇享曰孝；大慮行節曰孝；慈惠愛民曰孝；慈愛忘勞曰孝；從命不違曰孝；善事父母曰孝；遵義安仁曰孝；幾諫不倦曰孝；姻睦其黨曰孝；博於備養曰孝；敬慎所安曰孝；

尊仁愛義曰孝；能養能恭曰孝；幹蠱用譽曰孝；繼志成事曰孝；踐修世德曰孝；丕承先志曰孝；博施被物曰孝；教刑四海曰孝；德通神明曰孝；先意承志曰孝；能奉祭祀曰孝；志不忘親曰孝；富貴不驕曰孝；德加百姓曰孝；徽音克嗣曰孝。**信**守命共時曰信；出言可複曰信；周仁承命曰信；守禮不違曰信；寬仁孚眾曰信；政令劃一曰信。**修**勤其世業曰修；好學近習曰修；克勤世業曰修。**宣**聖善周聞曰宣；施而不成曰宣；善問周達曰宣；施而不秘曰宣；誠意見外曰宣；重光麗日曰宣；義問周達曰宣；能布令德曰宣；浚達有德曰宣；力施四方曰宣；哲惠昭布曰宣；善聞式布曰宣。**玄**含和無欲曰玄；應真主神曰玄。**遜**謙和善讓曰遜。**堯**翼善傳聖曰堯；大而難名曰堯。**儀**翼善傳聖曰堯；大而難名曰堯。**義**制事合宜曰義；見利能終曰義；先君後己曰義；除去天地之害曰義；取而不貪曰義；理財正辭曰義；仁能制命曰義；能成其志曰義；道無不理曰義；推功尚善曰義；以禮節行曰義；行禮不疚曰義；見利能讓曰義；以公滅私曰義；正身肅下曰義。**毅**致果殺敵曰毅；強而能斷曰毅；勇而近仁曰毅；善行不怠曰毅；溫仁忠厚曰毅；能紀國善曰毅；英明有執曰毅；經德不回曰毅；致果克敵曰毅。**翼**剛克為伐曰翼；思慮深遠曰翼；愛民好治曰翼；小心事天曰翼；小心昭事曰翼；贊宣德化曰翼。**懿**溫柔賢善曰懿；溫和聖善曰懿；體和居中曰懿；愛人質善曰懿；柔克有光曰懿；浸以光大曰懿；行見中外曰懿；愛民質淵曰懿；德浸廣大曰懿；文德充實曰懿；秉彝好德曰懿；尚能不爭曰懿；主極精純曰懿；柔德流光曰懿；賢善著美曰懿。**英**出類拔萃曰英；道德應物曰英；德華茂著曰英；明識大略曰英。**嬰**恭儉好禮曰嬰。**雍**居敬行簡曰雍。**勇**勝敵壯志曰勇；率義死國曰勇；致命為仁曰勇；奮身為義曰勇；持義不撓曰勇；知死不避曰勇；率義共用曰勇；以義死用曰勇；臨事屢斷曰勇；臨難不懼曰勇；見義必為曰勇。**友**睦於兄弟曰友。**俞**愚智適時曰俞。**禹**淵源通流曰禹；受禪成功曰禹。**圉**威德剛武曰圉。**裕**強學好問曰裕；建中垂統曰裕；寬仁得眾曰裕；性量寬平曰裕；仁惠克廣曰裕；寬和不迫曰裕；寬和自得曰裕。**譽**狀古述今曰譽。**元**能思辯眾曰元；行義說民曰元；始建國都曰元；主義行德曰元；道德純一曰元；遵仁貴德曰元；善行仁德曰元；宣慈惠和曰元；至善行德曰元；忠肅恭懿曰元；體仁長民曰元；茂德不績曰元；體乾啟祚曰元；萬邦以貞曰元；體仁內恕曰元；仁明道合曰元。**章**溫克令儀曰章；法度明大曰章；出言有文曰章；敬慎高亢曰章；文教遠耀曰章。**昭**容儀恭美曰昭；昭德有勞曰昭；聖聞周達曰昭；聲聞宣遠曰昭；威儀恭明曰昭；明德有功曰昭；聖問達道曰昭；聖德嗣服曰昭；德業升聞曰昭；智能察微曰昭；德禮不愆曰昭；高朗令終曰昭；遐隱不遺曰昭；德輝內蘊曰昭；柔德有光曰昭。**哲**知人曰哲；明知淵深曰哲；官人應實曰哲；明知周通曰哲；識微慮終曰哲；知能辨物曰哲。**貞**清白守節曰貞；大慮克就曰貞；大憲克就曰貞；不隱無屈曰貞；內外用情曰貞；憂國忘死曰貞；內外無懷曰貞；忠道不撓曰貞；保節揚名曰貞；履正中饋曰貞；守教難犯曰貞；幽閒專一曰貞；恒德從一曰貞；直道不撓曰貞；名實不爽曰貞；事君無猜曰貞；德性正固曰貞；率義好修曰貞；德信正周曰貞。**真**肇敏行成曰真；不隱無藏曰真。**正**內外賓服曰正；大慮克就曰正；內外用情曰正；清白守潔曰正；圖國忘死曰正；內外無懷曰正；直道不撓曰正；靖恭其位曰正；其儀不忒曰正；精爽齊肅曰正；誠心格非曰正；莊以率下曰正；息邪詎詖曰正；主極克端曰正；萬幾就理曰正；淑慎持躬曰正；端型式化曰正；心無偏曲曰正；守道不移曰正。**直**肇敏行成曰直；治亂守正曰直；不隱其親曰直；守道如矢曰直；言行不邪曰直；質而中正曰直；正人之曲曰直；折獄在中曰直；孝弟成性曰直；小心敬事曰直；敏行不撓曰直；率行無邪曰直；秉道正物曰直。**智**官人應實曰智；尊明勝患曰智；默行言當曰智；推芒折廉曰智；臨事不惑曰智；察言知人曰智；擇任而往曰智。**中**王心克一曰中；剛柔不偏曰中；因時致治曰中。**忠**危身奉上曰忠；慮國忘家曰忠；讓賢盡誠曰忠；危身利國曰忠；安居不念曰忠；臨患不反曰忠；盛衰純固曰忠；廉方公正曰忠；事君盡節曰忠；推賢盡誠曰忠；中能應外曰忠；殺身報國曰忠；世篤勤勞曰忠；善則推君曰忠；死衛社稷曰忠；以德複君曰忠；以孝事君曰忠；安不擇事曰忠；教人以善曰忠；中能慮外曰忠；廣方公正曰忠；肫誠翊贊曰忠。**莊**兵甲亟作曰莊；睿圉克服曰莊；勝敵志強曰莊；死於原野曰莊；屢征殺伐曰莊；武而不遂曰莊；真心大度曰莊；好勇致力曰莊；威而不猛曰莊；嚴敬臨民曰莊；履正志和曰莊；維德端嚴曰莊；恭敬端肅曰莊；端恪臨民曰莊；端一克誠曰莊；齊敬中禮曰莊；執德不矜曰莊；德盛禮恭曰莊；嚴恭自律曰莊；嚴恪有儀曰莊。**壯**威德剛武曰壯；赫圍克服曰壯；死於原野曰壯；勝敵克亂曰壯；好力致勇曰壯；屢行征伐曰壯；武而不遂曰壯；武德剛毅曰壯；非禮弗履曰壯。

中謚

哀早孤短折曰哀；恭仁短折曰哀；德之不建曰哀；遭難已甚曰哀；處死非義曰哀。**沖**幼少在位曰沖；幼少短折曰沖。**悼**肆行勞祀曰悼；中年早夭曰悼；恐懼從處曰悼；未中早夭曰悼。**鼎**追改前過曰鼎。壞執義揚善曰懷；慈仁短折曰懷；慈仁知節曰懷；失位而死曰懷；慈仁哲行曰懷；民思其惠曰懷。堅彰義掩過曰堅；磨而不磷曰堅。儉菲薄廢禮曰儉；節以制度曰儉；舉事有經曰儉。介執一不遷曰介。凱中心樂易曰凱。靈不勤成名曰靈；死而志成曰靈；死見神能曰靈；亂而不損曰靈；好祭鬼神曰靈；極知鬼神曰靈；不遵上命曰靈；德之精明曰靈。懋以德受官曰懋；以功受賞曰懋。閔慈仁不壽曰閔。湣在國遭憂曰湣；在國逢艱曰湣；禍亂方作曰湣；使民悲傷曰湣；使民折傷曰湣；在國連憂曰湣；佐國逢難曰湣；危身奉上曰湣。彭述而不作曰彭；信而好古曰彭。強和而不流曰強；中立不倚曰強；守道不變曰強；死不遷情曰強；自勝其心曰強。傷未家短折曰傷；短折不成曰傷。殤短折不成曰殤；未家短折曰殤；童蒙短折曰殤。神民無能名曰神；壹民無為曰神；安仁立政曰神；物妙無方曰神；聖不可知曰神；陰陽不測曰神；治民無為曰神；應變遠方、不疾而速曰神；能妙萬物曰神；道化宜民曰神；顯仁藏用曰神；則天廣運曰神。慎敏以敬曰慎；沉靜寡言曰慎；思慮深遠曰慎；謹飭自持曰慎；夙夜敬畏曰慎；小心克勤曰慎。聲不生其國曰聲；不主其國曰聲。舒舉事而遲曰舒；言行軌物曰舒。庶心能制義曰庶。思道德純一曰思；大省兆民曰思；外內思索曰思；追悔前過曰思；不眚兆民曰思；謀慮不衍曰思；柔能自勉曰思；通明爽顧曰思；深慮道遠曰思；念終如始曰思；辟土兼國曰思；追悔前愆曰思。**息**謀慮不成曰息。**僖**小心畏忌曰僖；質淵受諫曰僖；有罰而還曰僖；剛克曰僖；有過曰僖；慈惠愛親曰僖；小心恭慎曰僖；樂聞善言曰僖；恭慎無過曰僖。**熹**有功安人曰熹。**野**質勝其文曰野；敬而不中禮曰野。**夷**克殺秉政曰夷；安心好靜曰夷；隱居求志曰夷；失禮基亂曰夷。**逸**隱居放言曰逸。**隱**陷拂不成曰隱；不顯尸國曰隱；見美堅長曰隱；隱括不成曰隱；不尸其位曰隱；違拂不成曰隱；懷情不盡曰隱；不明誤國曰隱；威德剛武曰隱。**淵**不幸短命曰淵；沉潛用晦曰淵；德信靜深曰淵；沉幾燭隱曰淵。**原**思慮不爽曰原；植德開基曰原；慶流奕葉曰原。**遠**疏遠繼位曰遠。**質**名實不爽曰質；忠正無邪曰質；章義掩過曰質；言行相應曰質；恬淡無為曰質；直心靡他曰質；真純一德曰質；至治還淳曰質；宅心篤實曰質；淳茂無華曰質；靜正無華曰質；樸直無華曰質；強立守義曰質。**終**有始有卒曰終；克成令名曰終。

下謚

蕩好內遠禮曰蕩；狂而無據曰蕩。**幹**犯國之紀曰幹。**荒**凶年無穀曰荒；外內從亂曰荒；好樂怠政曰荒；昏亂紀度曰荒；從樂不反曰荒；狎侮五常曰荒。**惑**滿志多窮曰惑；以欲忘道曰惑；淫溺喪志曰惑；婦言是用曰惑；誇志多窮曰惑。**剌**不思忘愛曰剌；複狠遂過曰剌；暴戾無親曰剌；暴慢九卿曰剌；不思安樂曰剌。**厲**殺戮無辜曰厲；暴虐無親曰厲；愎狠無禮曰厲；扶邪違正曰厲；長舌階禍曰厲。**戾**不悔前過曰戾；不思順受曰戾；知過不改曰戾。**繆**名與實爽曰繆；傷人蔽賢曰繆；蔽仁傷善曰繆。**攜**怠政外交曰攜。**虛**涼德薄禮曰虛；華言無實曰虛。**煬**好內遠禮曰煬；去禮遠眾曰煬；好內怠政曰煬；肆行勞神曰煬；去禮遠正曰煬；逆天虐民曰煬。**幽**壅遏不通曰幽；動靜亂常曰幽；早孤有位曰幽；早孤隕位曰幽；早孤銷位曰幽；違禮亂常曰幽；暴民殘義曰幽；淫德滅國曰幽。**頗**思厚不爽曰頗；弱無立志曰頗；敗亂無度曰頗；忘德敗禮曰頗；柔無立志曰頗。**紂**殘義損善曰紂。**專**好功自是曰專；違命自用曰專。**縱**弱而立志曰縱；敗亂百度曰縱；忘德敗禮曰縱。通志略載凡六十七字，附錄如左：真、考、高、光、大、英、睿、博、仁、周、寬、凱、益、慈、深、讓、謙、廣、淑、儉、舒、賁、逸、退、訥、偲、宜、哲、察、儀、經、庇、協、休、悅、綽、恒、熙、洽、紹、沖、息、儆、蕩、亢、干、暴、慢、忍、殘、頑、昏、驕、侈、靡、溺、偽、妄、懦、覆、疵、費、饕。大清會典諡法共載凡七十一字，附錄如左：忠、孝、純、誠、文、獻、成、憲、宣、昭、明、哲、度、武、烈、勇、壯、剛、果、威、桓、毅、恭、敬、端、莊、恪、欽、穆、厚、安、泰、敦、裕、良、康、惠、和、順、溫、正、肅、簡、靖、清、介、節、愨、僖、平、貞、確、質、潔、思、慎、密、定、直、義、勤、襄、景、敏、理、通、達、榮、隱、愍、懿。

〔制杖〕。

為父杖。顧炎武曰：「古者之為杖，但以輔病而已，喪無二主，故無二杖。居父喪，服斬衰則用苴杖，凡子、女在室者為父、妻妾為家長、父為長子，臣為君，皆得用苴杖。」苴杖。據新定三禮圖，苴者，尚粗惡也，天然成之，周長七寸，於腰絰同。長與孝子心齊，象心哀之意。根本在下。據三禮圖，宋之苴杖，長有六節，與心齊。據三禮圖，明之苴杖，長有四節，與心齊，竹也，白虎通義曰父以竹，母以桐，何？竹者，陽也，竹斷而用之質，故為陽。圓而象天。荀子曰：「齊衰、苴杖、居廬、食粥、席薪、枕塊、所以至痛飾也」。龔氏〔端禮〕五服圖解釋曰苴者，有病自死之竹，子為父喪用竹杖者。父是子之天，圓象天，內外有節，能貫四時不變，象子內外之痛，亦經寒溫而不改。竹雖斬斷，不可接續，其性不改，孝子愛親哭泣無數，杖齊其心，存其節也。婦人童子不杖，謂不能病也。斬衰執杖用竹，朱子家禮謂苴杖用竹，高齊心，本在下，杖圍五寸餘。邱濬家儀謂斬衰之杖圍有九寸餘。**四時不變**。賈公彥曰：「竹能貫四時而不變，子之為父哀痛亦經寒溫不改，故用竹也」。

為母杖。居母喪。**削杖**。殺也，削奪其貌。禮書通故曰苴杖，明不削，留其皮，削杖，明去其皮，不苴黑，或說削之使方，或說上圓下方，皆臆言。**桐也**。明其外雖被削，而心本同也，且桐隨時凋落，此謂母喪，示外被削殺，服從時除，而終身之心當於父母同。**方而象地，長與心齊**。五服圖解釋曰削者，削之使下方取母象於地，子為母喪用桐杖者，桐者，同也，欲取其內心悲痛，一與父母以桐，外無節，象家無二親尊也。故桐之子隨枝葉而生，取母子無絕道也，蓋桐經時有變方，柔弱無根，能生斷而能接續。為母有別嫁別接人體，故持桐杖以助孝子哭泣無力，杖與心齊，以扶病，病從心起，故以心為斷也。又正義曰：杖有苴、削異者。苴者，黯也。夫至痛內結，必形色外章，心如斬斫，故貌必蒼苴，所以衰裳絰杖，俱備苴色也。必用竹者，以其體圓性貞，履四時不改，明子為父禮中痛極，自然圓足，有終身之痛故也。

圖11　苴杖

故斷而用之，而心本同也，以白皮紙包，貼剪縫於下，自成服日執杖起，俟小祥祭後，或麥於墓所，或焚於主前。或曰妻杖用梨，蓋以梨音近離，取離別之意也。

凡婦喪，夫主之，子不以杖，避父之尊。通典曰舊時夫為妻杖，居倚廬，服並如三年之制。按白虎通云，母喪用桐為之，謂無根能生。又桐子生而不離枝葉。禮云。桐，同也。取其同而有別，痛有致切也，敬親之道，故聖人以竹木別之。梧桐之子隨枝葉而生，取其母子無絕道也。政和五禮新儀曰：「父杖竹，長與孝子心齊，助孝子之哀朽無力，竹有節，孝子有節哀之文」。禮云，父喪杖竹，用自死竹為之，謂竹性不可改為，竹斬斷而不能接續，蓋母有接人之體，其杖用木，能接續之意也。

〔制杖〕。

〔成服〕。

成服之具，有衰裳布；竹；桐；冠梁紙；中衣布；纓武布；麻；繩；蓋頭布；管

古者三日而殯。王制曰：「天子七日而殯，七月而葬。諸侯五日而殯，五月而葬。大夫、士、庶人三日而殯，三月而葬。」檀弓引子思言曰：「喪三日而殯，凡附於身者，必誠必信，勿之有悔焉耳矣。」三月而葬，凡附於棺者，必誠必信，勿之有悔焉耳矣，殯之明日成服。喪禮，殯之明日，即死之第四日也，有服者，各服冠衰屨，謂之成服。士喪禮曰：「三日，成服。」鄭注，既殯之明日，全三日，始歠粥矣。儀禮正義曰：「凡有服者，各服其冠衰屨，斬衰者不括髮。齊衰以下不免，而去纚如故。婦人髽者，笄之而著總，亦去纚如故。全三日者。」士喪禮曰朝夕苦，不

辟子卯。鄭注，既殯之後，朝夕及哀至乃哭，不代哭也。俱三禮辭典。成服之日，先令孝子服斬衰，戴厭冠、束絞，著草履，執事杖，以俟行禮，五服之人各服其服。死之第四日，楊氏曰大殮雖畢，人子不忍死其親，故不忍遽成服，必四日而後成服，故大斂與成服不可同日。世人或以斂具未備，過三日而大斂，仍以其日成服，殊失禮意也。奔喪言三日成服，拜賓送賓皆如初。孔疏，堂下之東，拜賓成踴，送賓反位。厭冠。喪禮所謂小功以下喪服之冠。檀弓曰：「國亡大縣邑，公卿、大夫、士皆厭冠，哭於大廟三日」。鄭玄曰：「厭冠，今喪冠也。」明史品冠喪禮、家禮皆言五服之人各服其服，然後朝哭相弔。謹按，品官之喪，三品以上，三日成服，除去死日數，六品以下，則並死日為三日。按古禮成服不設奠，茲酌儀注，祗稽顙，焚香，不用酒果，於禮為當。通典謂，「三日成服及廬、堊室、苫塊、薦席變除之節，皆如在家之禮，唯不設奠祭（以其精神不在於此）。」

（成服）。

成服儀注

孝子扶杖出，次就位，鞠躬，拜、興二，詣盥洗所，擱杖，盥洗，授巾，盥畢，執杖，詣靈柩前，跪，擱杖，焚香，獻酒，獻果，誦文，獻楮，俯伏，興，執杖，復位，拜、興二，焚楮，焚文，禮畢。

成服文

痛惟我父母捐棄人世，停柩在堂，倏忽幾月。今蔔某月某日某時安厝於某處某山之陽，插作某山某向某日，開堂設奠，某日成主。發引於茲，吉成用衰服，聊備酒果，預申稟告。

成服文

痛惟我父母，純素之戒。曾幾何時，獻絺之娱。絺，粗葛布。鄉黨曰：當暑，袗絺、綌。那堪回首，佩玷佩㤐已矣。㤐，拭物大巾。玷，圭名。易冠易服，衰絰斬然。衰絰，喪服。雜記曰：「三年之喪，如或遺之酒肉，則受之，必三辭，主人衰絰而受之。」哀哉！三年之喪於茲伊始，終身抱恨，從此無窮。音問蒼茫，雪繪帳封。肝脹寸裂，淚染麻衣。

○釋「純素」。粹而不雜之意。莊子謂純素之道，唯神是守，守而勿失，與神為一。成玄英疏，純精素質之道，唯在守神。文選曰：「郎中溫雅，器識純素」。呂向注：「純素，謂與眾不雜」。司馬光為石昌言哀辭曰：「昌言為人純素忠謹，望之儼然。」

孝子執杖，出，次行成服禮，就位，跪，稽顙二，興，詣靈座前，跪，擱杖，焚香，讀文，俯伏，興，執杖，復位，跪，稽顙

二，興，焚楮，焚文，禮畢，哀入喪次。

按新唐書，三日成服，內外皆哭，盡哀。乃降就次，服其服，無服者仍素服。相者引主人以下俱杖升，立于殯，內外皆哭。諸子孫跪哭尊者之前，祖父撫之，對立而哭，唯諸父不撫，尊者出，主人以下降立阼階。

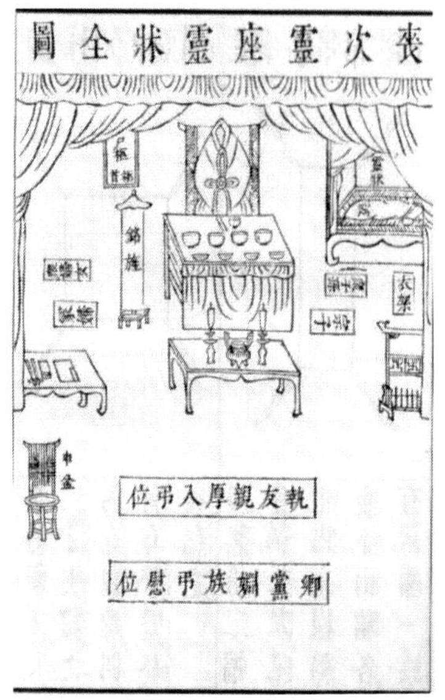

圖12　喪次靈座靈牀全圖

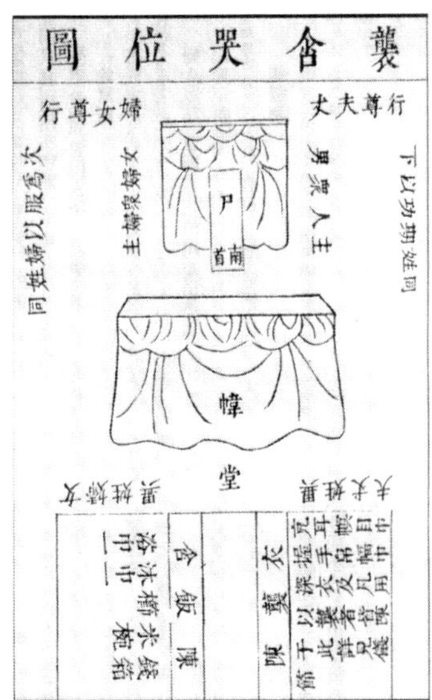

圖13　襲含哭位圖

〔五服制度〕。

明太祖曰：「人情無窮，而禮為適宜，人心所安。乃令定庶民喪服之制。」

俱明史禮十四，明太祖洪武七年，成穆貴妃孫氏薨，帝令有司定服制，敕宋濂等曰：「養生送死，聖王大政。諱亡忌疾，衰世陋俗。三代喪禮散失於衰周，厄於暴秦。漢、唐以降，莫能議此。夫人情無窮，而禮為適宜。人心所安，即天理所在。爾等其考定喪禮」。於是濂等考得古人論服母喪者凡四十二人，願服三年者二十八人，服期年者十四人。太祖曰：『三年之喪，天下通喪』。觀願服三年，視願服期年者倍，豈非天理人情之所安乎？又按洪武元年，御史高元曰：京師人民，循習舊俗。凡有喪葬，設宴，會親友，作樂娛屍，竟無哀戚之情，甚非所以為治。乞禁止以厚風化。帝乃立為定制。」

嘉靖十八年，又令禮部議喪服諸制奏之。畫圖注釋，並祭葬全儀，編輯成書備覽。

俱禮部志稿卷六喪禮之訓，嘉靖十八年正月，諭輔臣：「昨居喪理疾，閱禮記檀弓等篇，其所著禮儀制度俱不歸一，又不載天子全儀。雖曰『三年之喪，通乎上下』，而今昔亦有大不同者。皇祖所定，未有全文，每遇帝後之喪，亦未免因仍為禮。至於冠裳衰絰，所司之制不一，其與禮官考定之。自初喪至除服，冠裳輕重之制具為儀節，俾歸至當。」於是禮部議喪服諸制奏之。帝令更加考訂，畫圖注釋，並祭葬全儀，編輯成書備覽。

清代喪服考釋之論著宏大，有崔述五服異同考、程廷祚喪服瑣言、程瑤田喪服文足徵記、曹林喪服經傳彙編考證、單為鏓喪服古今通考、葉大莊喪服經傳補疏、汪士鐸喪服大功章考文、喪服經傳補疏、毛奇齡三年服制考、張爾歧儀禮喪服經傳並記、汪婉古今五服考異、喪服或問、陳天佑喪服圖、毛先舒喪服雜說、姜兆錫古今喪服考、蔣彤喪服傳異說集辨、張華理儀禮喪服輯理、王述曾喪服子夏傳、莊有可儀禮喪服經傳分釋圖表、吳嘉賓喪服彙通說、張錫恭喪服鄭氏學、俞樾喪服私論、朱建子喪服制度、嚴際昌喪服通考、華學泉儀禮喪服考、孔繼汾喪服表、汪喜孫喪服答問紀實、閻若璩喪服翼注等。

服分五等。開元禮稱，服分斬衰三年；齊衰三年、齊衰杖周、齊衰不杖周、齊衰五月、齊衰三月；大功長殤九月、大功中殤三月、大功成人九月；小功五月；緦麻三月。至明洪武七年始定。

斬衰三年。

斬者，取其痛之義。衰者，推也。用極䴥生麻布為之，長六存，寬四存，不緝。旁及下際皆不緝。裳前三幅，後四幅，衣縫外向，裳縫內向，前後皆不連，做三摺，衣長過腰，足以掩裳上際。衽用布三尺五寸，留上一尺正方不破，旁入六寸，乃向下斜裁之，一尺五寸，去下畔亦六寸，以兩正方左右相沓。綴於衣兩旁，垂之向下。狀如燕尾。掩裳旁際。冠比裳布稍細，廣三寸。跨頂前後。以糊為材。上裹以布。為三摺，皆向右從縫之，兩頭皆在下，外向反屈之。用麻繩一條，從額上約之，至頂後。交過前，各至耳，於武上綴之，各垂於頤下，結之。有子麻紐為首絰，其大一扼，左本在下，五分去一以為腰絰。兩股相交，兩頭結之。各存麻本，散垂三尺。其交結處，兩旁各綴細白絹帶。系之使不脫落。又以細繩帶繫其上。

喪服曰：「苴絰者，麻之有蕡者也。苴絰大搹，左本在下，去五分一以為帶。齊衰之絰，斬衰之帶也，去五分一以為帶」。大功之絰，齊衰之帶也，去五分一以為帶。小功之絰，大功之帶也，去五分一以為帶。緦麻之絰，小功之帶也，去五分一以為帶，此制，即下級喪服之絰乃上級之五分取四。

圖14　苴絰

為父，截竹為杖，長於心齊，本在下。著麤麻屨、婦人亦用極麤生布為大袖及長裙。布頭惡竹髮，不蓋頭。麻屨。眾妾以背子代大袖。子為母，杖上圓下方，亦本在下，布帶。婦為姑，亦緝其衣裳。無子，麻為絰，餘皆如父與舅。餘親，齊衰以布稍麤者為寬袖襴衫。稍細者為布四腳，其制如幅巾，前綴二大腳，後綴二小腳，以覆髻，自額前向頸後，以大腳擊之，大暑則屈後小腳於髻前，擊之，為之。

正服。謂正先祖之體本族之服。**子為親、養父母**。〔周制，父在，則為母服齊衰杖期，父卒，為母服齊衰三年。唐制，皆服齊衰三年。明制，服斬衰。清制，服斬衰〕。

若女未嫁、已許嫁者、被出而歸者，亦服斬衰。〔周、唐、明、清制為父則皆同，服斬衰。為母，明初服齊衰三年。後服斬衰。清服斬衰〕。女子子在室者，布總箭笄髽衰三年。傳曰：總六升，長六寸，箭笄一尺。此妻妾女子子喪服之異於男子，程瑤田釋曰女子亦服斬衰，與男子同，然而男女有冠纓笄髽之別，男子冠纓，女子笄髽也。又女嫁反在父之室者，即曾子問之所謂女在塗而女之父母死則女反。蓋遭喪而後出。**父為長子。**經傳曰：何以三年？正體於上。又將所傳重也。庶子不得為長子三年，不繼祖也。**母為長子。**傳曰：何以三年？父之所不降，母亦不敢降也。程氏釋曰：降服者，妻從夫降、子從父降、若夫、父不降，妻、子亦從之，不降。故夫若不降，則母不敢降，父若不降，子亦不敢降也。**子為繼母、為慈母、為養母。**繼母〔周、唐、明、清制與母同〕、為慈母〔周、唐、明、清制與母同〕。繼母如母，傳曰：繼母何以如母？繼母之配父，與因母同，故孝子不敢殊也。慈母如母，傳曰：慈母何以如母？妾之無子者，妾子之無母者，父命妾曰：女以為子，名子曰：女以為母，若是則生養之，終身如母。死則喪之三年如母，蓋貴父之命也。**庶子為所生母、為嫡母、適母。**〔周制，父在，為生母服齊衰杖期，父卒則服齊衰三年。宋制，皆服齊衰三年。明制，服斬衰。清同明制〕、為嫡母、適母〔周制，父在，為適母服齊衰杖期，父卒則服齊衰三年，明制，服斬衰。清同明制〕，子婦亦同。**婦為舅、姑**。〔周制，為舅、姑服齊衰不杖期。唐制，為舅服斬衰、為姑服齊衰三年。明制，為舅、姑服斬衰。清同明制〕。**為人後者為所生父母服，子婦亦同**。〔周制服齊衰三年。明服斬衰，清同明制〕。傳曰何以三年，受重者必以尊服服之。如何而可為之後？同宗則可為之後。如何而可為人後？支子可以。為所後者之祖父母妻，妻之父母昆弟，昆弟之子，若子。程氏釋曰祖父母妻，著所後者之正親，至其昆弟，則後人之叔父，當服用期。其昆弟之子，則後人之從父昆弟，當服大功，此處不見者，以其為旁親也。**為人後者為所後祖父母，子婦亦同**。周、唐、明、清制為後祖父則皆同。為祖母，周制服齊衰三年，明、清服斬衰。**妻、妾為夫**。周、唐、明、清制妻為夫、家長則皆同。妾於家長，古稱君，明稱主。清改成家長。傳曰何以三年？夫至尊也，君亦至尊也。**嫡孫為祖父母承重**。周、唐、明、清制為祖父則皆同，服斬衰。為祖母，明增適孫之妻同，祖在為

圖15　斬衰全服圖

祖母服同。周制服齊衰杖期。明服斬衰，為高曾祖承重亦同（祖父俱亡。周、唐、明、清制為高祖父則皆同。**為曾祖父母**。周制服齊衰三年。明、清服斬衰。

補〔斬衰變服〕

喪服曰衰三升，三升有半，其冠六升，以其冠受，受冠七升。虞、卒後，衰裳升數同冠之六升，受冠加變服前之六升為七升。易首、腰絰之麻為葛，減五分之一，女子則去首絰，易腰絰為葛。易絞為麻布帶，女子不易。易菅屨外納為內納。小祥後，衰裳升數同卒哭後之受冠七升，去衰、負版、適。易受冠為練冠。去首絰，易腰絰麻為練布帶，若女子則去腰絰。易喪屨為繩屨無絇。大祥後，非主喪者均素冠、吉屨無絇，月末從吉服。主喪者易衰裳為深衣，易練冠為素縞，去腰絰，易喪屨為麻屨無絇，去杖。禫祭後，主喪者易深衣為常服，易練布為革帶。

齊衰三年

齊，緝也。其衣裳冠制並如斬衰，但用次等麤生布，緝其旁及下際。冠以下為武及纓。首絰以無子麻為之，大七寸餘，本在右，末系本下，布纓。腰絰大五寸餘。絞帶以布為之，而屈其右端尺餘。丈以桐為之，上圓下方。婦人服同斬衰，但布用次等為異。後皆放此。

正服。子為親母。子為嫡母。嫡孫為祖母。母為長子。婦為姑。子為繼母、嫁母。繼母、慈母、庶母、養母、適母為長子。妾為主之長子。嫡孫祖父在為祖母。夫為妻。謹按，齊衰三年之制，自明已併入斬衰。妾為主之長子、母為適長子二則降為不杖期。

齊衰杖期。

但又用次等生布。正服。嫡子、眾子為庶母，子婦亦同。（為庶母，周制服緦麻。明服齊衰杖期。清同明制）。子為嫁母。（唐增子之妻，無服）。子為出母。（周、唐、明、清制為出母則皆同，服齊衰杖期）。夫為妻。（今若父母在，皆不杖。周制，父卒，服杖期，父在，不杖。唐、明、清因之）。嫡孫祖在為祖母承重。前夫之子從繼母改嫁於人為改嫁繼母。

齊衰不杖期。

又用次等生布。正服。祖為嫡孫、適孫。（為適孫，古今皆同。為曾孫、元孫之當為後者亦同）。父母為適長子（周制，父服斬衰三年，母服齊衰三年。明制，父母皆服齊衰不杖期。﹝清同明制﹞、子婦﹝周制，服大功九月。唐後，皆為齊衰不杖期﹞、眾子﹝古今皆同﹞、女在室﹝古今皆同。若雖適人而無夫者，與子同﹞、子為人後者﹝古今制皆同﹞。為改嫁繼母。﹝若不隨之則無服。周制，服齊衰杖期，唐、明因之，清服齊衰不杖期﹞。為養母、子婦同。﹝宋制，為服齊衰三年。明制，服斬衰，清制，降為齊衰不杖期﹞。為同居繼父。﹝古今制皆同，服斬衰不杖期﹞。繼母為長子、眾子。﹝周制為長子服齊衰三年，清制降為齊衰不杖期。為眾子亦同，清增﹞。姪、姪女在室者為伯叔父母。﹝古今制皆同，服斬衰不杖期﹞。為己之兄弟姊妹在室者﹝周、唐、明、清制為兄弟則皆同。為姊妹在室者系宋所增，後代延之﹞、為兄弟之子及女在室者﹝周、唐、明、清制為兄弟則皆同。為姊妹在室者繫宋所增，後代延之﹞。孫、孫女在室或出嫁為祖父母。﹝古今皆同。按，孫女雖出嫁亦服齊衰不杖期﹞。為人後者為其本生父母。﹝古今皆同﹞。庶子之為人後者為本生父母。

圖16　齊衰全服圖

〔同於子也。獨子之子，各為分祧父母，小宗子兼祧大宗，為所生父母，大宗子兼祧小宗，小宗子兼祧小宗，各為兼祧父母。均服齊衰不杖期〕。女出嫁為其本宗父母。〔古今皆同，服齊衰不杖期〕。女在室、雖適人而無夫與子者為其兄弟姊妹〔為姊妹古今皆同。為兄弟，宋增〕、姪〔宋增〕與姪女在室者〔明增〕。女適人為兄弟之為父母後者。〔古今皆同〕。婦為夫之親兄弟之子。〔古今皆同〕。女在室者〔明增〕。妾為正妻。〔古今皆同〕。妾為家長父母。〔古今皆同〕。妾為家長之長子〔周制，服齊衰三年。明制，服齊衰不杖期，清同明制〕、眾子、眾子所生之子〔古今皆同〕。姑在室者、姐妹在室者、女在室者、姐妹適人無夫與子者、姑適人無夫與子者。

齊衰五月

其正服則為曾祖父母女適人者，不降也。正服。曾孫、女為曾祖父母。（出嫁亦同。周制，服齊衰三月。唐制，服齊衰五月）。謹按，齊衰五月之制，周制無，唐增，後代襲之。

齊衰變服

齊衰降服：喪服月齊衰四升，其冠七升。以其冠為受，受冠八升。降服謂合服重，而從輕也。如男出繼、女適人、母被出之類。

虞、卒後，衰裳升數同成服冠之七升，受冠加成服前之七升為八升。易牡麻為葛，減五分之一，女子去首絰，腰絰易麻為葛。小祥後，衰裳升數同卒哭後之受冠八升。易受冠為練。去首絰，腰絰減五分之一。女子去腰絰。大祥後，非主喪者吉服，主喪者去腰絰、杖，素冠、衣，吉屨無絇。禫祭後，主喪者服同斬衰，月末吉服。

齊衰正服：虞、卒後，受衰與成服冠同，受冠九升。首、腰絰易麻為葛，女子變服同降服。小祥後，衰裳升數同受冠九升，其餘同齊衰降服。大祥後，夫為妻主服喪同降服，餘皆吉服，禫祭後服同降服，

齊衰義服：虞、卒後，受衰九升，受冠十升，其餘同齊衰降服。義服謂非本族因義共處者。如婿服妻之父母緦麻之類。小祥後，衰裳十升，其餘同齊衰降服。大祥後，主喪者服同齊衰降服，餘皆吉服。禫祭後，同齊衰降服。

大功九月

但用稍粗熟布，無負版、衰、辟領，首絰五寸餘，腰絰四寸餘。

正服。祖為眾孫（古今皆同）、孫女在室者（唐增）。祖母為眾孫、適孫、孫女在室者。父母為眾子婦（周制，服小功五月。唐制，服大功九月，後代襲之。按清會典，慈母、養母服同父母）、女已出嫁者（古今皆同）。伯叔父母為姪婦（即從子婦）、姪女已出嫁者（古今皆同）。

妻為夫之祖父母。（古今皆同）。妻為夫之伯叔父母。（古今皆同）。

為人後者為其兄弟（即從兄弟，古今皆同）、姑、姊妹在室者（唐增）。夫為人後，其妻為夫之本生父母。（古今皆同。其於本生餘親，則各從本服，悉降一等）。為己之伯叔父母之子女。為姑、姊妹已出嫁者。（古今皆同）。為兄弟之子為人後者。為兄弟之為人後者。（古今皆同）。為伯叔之為人後者。出嫁女為本宗伯叔父母。〔唐增〕。出嫁女為本宗兄弟〔古今皆同〕、及子〔唐增〕。出嫁女為本宗姑姊妹〔宋增〕、兄弟之女在室者〔宋增。在室之女與男子同〕。為人後者為本生之祖父母。為本生伯叔父母。姑出嫁者、姐妹出嫁者、女出嫁者、孫女在室者、婦為人後者、女為人後者。〔唐增〕。謹按，唐制，出母為女之適人者，服大功九月。宋制，女之適人者為出母，服大功九月。

大功變服

大功成人降服：齊衰七升，冠十升。

虞、卒後以冠為受，受衰十升，受冠十一升。首、

圖17　大功全服圖

腰絰易麻為葛。吉屨無絇，月底吉服。

大功成人正服：衰裳八升，冠十升。

虞、卒後以冠為受，其餘同大功成人降服。

大功成服義服：衰裳九升，冠十一升。

虞、卒後以冠為受，受衰十一升，受冠十二升，其餘同大功成人降服。

小功五月

服制同上，但用稍熟細布，冠左縫，首絰四寸餘，腰絰三寸餘。

正服。為伯叔祖父母。〔古今皆同〕。為從伯叔父母。〔唐增〕。為再從兄弟〔古今皆同〕、姊妹在室者〔宋增〕。為同堂姊妹出嫁者。為同堂兄弟之子、女在室者。〔明增〕。為親祖姑出嫁者。〔唐制〕。為父之同堂姊妹。〔唐制〕。為兄弟之妻。〔古無叔嫂之服，唐增〕。祖為嫡孫之婦。為兄弟之孫、女在室者。〔宋制〕。為從兄弟之為人後者。〔清增〕。為外祖父母。〔古今皆同，清會典有為人後者為本生外祖父母條，通禮改為服緦麻〕。為母舅。〔周制，服緦麻，唐制，服小功，唐制有為舅母服緦麻條，宋制，無服。後襲之〕、姨〔古今皆同〕。為姊妹之子〔周制，服緦麻，唐制，服小功〕、女在室者〔清增〕。婦為夫兄弟之孫、女在室者。〔宋制〕。婦為夫之姑、姊妹在室〔古今皆同〕、出嫁者。婦為夫之兄弟〔周制，服大功九月。唐制，服小功〕、妻〔唐制〕。婦為夫同堂兄弟之子〔宋制〕、女在室者〔明增〕。女出嫁為本宗堂兄弟、同堂姊妹在室者。為人後者為其姑〔唐增〕、姊妹出嫁者〔周制〕。曾孫女在室者、孫女出嫁者。適孫、眾孫為庶祖母。〔清增〕。祖為適孫之婦。為人後者

圖18　小功全服圖

為本生曾祖父母。曾祖父母為曾孫之為人後者妾。〔清增〕。為家長之祖父母。〔清增〕。謹按，周制有為孫女適人者條。唐制有為繼母適母之父母兄弟從母、為同母異父之兄弟姊妹二條。宋制有女在室及適人者為兄弟子女妻條。清皆刪。

小功變服

小功成人降服：衰裳十升，冠十升。

虞、卒後哀、冠不變，首、腰絰易牡麻為葛。

小功成人正服：衰裳十一升，冠十一升。

虞、卒後衰、冠不變，其餘同小功成人降服。

小功成人義服：衰裳十二升，冠十二升。

虞、卒後衰、冠不變，其餘同小功成人降服。

齊衰三月

正服。元孫、女為高祖父母。〔出嫁亦同〕。祖為孫之為人後者。為繼父先曾同居，今不同居者。〔即不同居繼父。古今皆同〕。為同居繼父而兩有大功以上親者。〔明增〕。

緦麻三月

用極細熟布，首絰三寸，腰絰二寸，並用熟麻，纓亦如之。祖為眾孫婦。〔古今皆同〕。曾祖父母為曾孫。〔古今皆同〕。高祖父母為元孫〔唐制〕、女〔清增〕、元孫之為人後者〔清增〕。祖母為適孫〔清增〕、眾孫婦〔古今皆同〕。子為乳母。〔古今皆同〕。為曾祖父母之兄弟〔古今皆同〕、妻〔唐增〕。為族伯叔父母、祖。再從兄弟為人後者。從兄弟之子為人後者。為母之兄弟為人後者。為姊妹之子為人後者。為族兄弟〔即三從兄弟，古今皆同〕、姊妹在室者。為曾祖之姊妹在室者。〔唐增〕。為祖之同堂姊妹。〔唐增〕。為父之再從姊妹。〔即族姊妹，唐制〕。為祖之同堂兄弟〔古今皆同〕、妻〔唐增〕。為兄弟之曾孫〔宋制〕、女在室者〔明增〕。為兄弟之孫、女出嫁者。〔唐制〕。為同堂兄弟之孫〔宋制〕、女在室者〔唐制〕、出嫁者〔宋制〕。為再從兄弟之子〔古今皆同〕、女在室者〔明增〕。為親祖姑〔即祖之姊妹，古今皆同〕、堂姑〔即父之堂姊妹，古今皆同〕、再從姊妹出嫁者〔明增〕。為父姊妹之子。〔古今皆同〕。為母兄弟姊妹之子。〔古今皆

圖19　緦麻全服圖

同〕。為岳父母。〔古今皆同〕。為子婿。〔古今皆同〕。為外孫〔古今皆同〕、女〔唐增〕。為女之子為人後者。〔清增〕。為姪孫之妻。〔唐制〕。為堂姪孫之妻。〔宋制〕。為堂姪之妻。〔宋制〕。為同堂兄弟之妻。婦為夫之高曾祖父母。〔唐制〕。婦為夫之伯叔祖父母〔古今皆同〕、夫之祖姑在室者〔宋制〕。婦為夫之堂伯叔父母〔唐制〕、堂姑在室者。婦為夫之同堂兄弟姊妹〔唐制〕、兄弟妻〔古今皆同〕。婦為夫再從兄弟之子〔唐制〕、女在室者〔清增〕。婦為夫同堂兄弟之女出嫁者〔清增〕。婦為夫從兄弟。〔宋制〕。婦為夫從兄弟子之妻。〔宋制〕。婦為夫同堂兄弟之孫〔宋制〕、孫女在室者〔宋制〕。婦為姪孫、妻。〔宋增〕。婦為姪孫女未出嫁者。〔清增〕。婦為曾姪孫、女。〔清增〕。女出嫁為本宗伯叔祖父母〔宋制〕、從姑在室者〔宋制〕。為本宗從伯叔祖父母。〔唐制〕。女出嫁為本宗堂兄弟之子〔宋制〕、女在室者、為人後者〔宋制〕。為本宗從姊妹之為適人者。〔明增〕。為本宗從兄弟之子、女在室者。〔明增〕。曾孫女出嫁者。為人後者為本生高祖父母。〔清增〕。謹按，周制有為夫之外祖父母、從母為外孫婦二條。唐制有為夫之舅、女為姊妹之子婦、為甥婦、為人後者為本生外祖父母、女適人者為姪孫五條。清皆刪。

無服喪服小記云：「為父後者，為出母無服。無服也者，喪者不祭故也。」

為母之祖父母。為堂姨之子。為堂舅之子。為姨之孫。為舅之孫。為姑之孫。夫為妻之祖父母。妻之姑。姨之女孫。妻之姨舅、娣妹、外祖父母、娣姊子、兄弟子皆無服。

本宗九族服制

為高祖服：

為高祖父母。〔服齊衰三月，出嫁者亦同，若曾、祖、父母皆卒，則承重服斬衰三年，高祖在，為高祖母服齊衰杖期〕。

為曾祖服：

為曾祖父母。〔曾祖乃祖之父，周制為曾祖父母服齊衰三月，唐後皆齊衰五月，若祖、父母皆卒，則曾孫承重，服斬衰三年〕。若曾祖在，為曾祖母。〔服杖期〕。為曾伯叔父母。〔服緦麻〕。為曾祖姑在室者。〔服緦麻，若出嫁，則無服〕。

為祖服：

為祖父母。〔齊衰不杖期，若父卒，為祖父母承重者，服斬衰三年〕。祖在為祖母。〔服齊衰不杖期〕。為伯叔祖父母。〔服小功〕。為從伯叔祖父母。〔服緦麻〕。為祖姑在室者。〔服小功，若出嫁，服緦麻〕。為從祖姑在室者。〔服緦麻，若出嫁，則無服〕。

為父服：

為父母。〔斬衰三年〕。同居繼父兩無大功以上之親者。〔繼父無子孫伯叔兄弟，己亦無伯叔兄弟〕。〔服齊衰三月〕。今不同居繼父亦服齊衰三月，若不同居者。〔無服〕。為嫡、繼、慈、養母。〔皆服斬衰三年〕。為嫁、出、庶母。〔皆齊衰杖期〕。為乳母。〔服緦麻〕。庶子為所生母。〔服斬衰三年〕。為伯叔父母服。〔齊衰不杖期〕。為從伯叔父母。〔服小功〕。為再從伯叔父母。〔服緦麻〕。為姑之在室者。〔服齊衰不杖期，若出嫁，則服大功，若出嫁且無夫、子者，服齊衰不杖期〕。為從姑在室者。〔服小功，若出嫁，則服緦麻〕。為再從姑在室者。〔服緦麻，若出嫁，則無服〕。

為己輩服：

為妻服。〔齊衰杖期，若父母在，則服齊衰不杖期〕。大夫為妾。〔服緦麻〕。士為有子之妾。〔服緦麻〕。為兄弟。〔服齊衰不杖期〕。為兄弟之妻。〔服小功〕。為從兄弟。〔服大功〕。為從兄弟之妻。〔服緦麻〕。為再從兄弟。〔服小功〕。為再從兄弟之妻。〔無服〕。為三從兄弟。〔服緦麻〕。為三從兄弟之妻。〔無服〕。為姊妹在室內者。〔服齊衰不杖期，若出嫁，服大功，若出嫁且無夫、子者，服齊衰不杖期〕。為從姊妹在室者。〔服大功，若出嫁，服小功〕。再從姊妹在室者。〔服小功，若出嫁，服緦麻〕。為三從姊妹在室者。〔服緦麻，若出嫁，則無服〕。為同母異父兄弟姊妹。〔服小功〕。兄弟之妻。〔無服〕。

為子服：

為嫡長子、子婦。〔服齊衰不杖期〕。為眾子。〔服齊衰不杖期〕。為眾子婦。〔服大功〕。為子之為人後者。〔服齊衰不杖期〕。為其婦。〔復大功〕。為女之在室者。〔服齊衰不杖期，若出嫁，則服大功，若出嫁而無夫、子者，服齊衰不杖期〕。為姪服。〔齊衰不杖期〕。為姪婦。〔服大功〕。為姪之為人後者。〔服大功〕。為其婦。〔服小功〕。為從姪。〔服小功〕。為其婦。〔服緦麻〕。為再從姪。〔服緦麻〕。為其婦。〔則無服〕。為姪女在室者，〔服齊衰不杖期，若出嫁，則服大功〕。為從姪女在室者，〔服小功，若出嫁，則服緦麻〕。為再從姪女在室者。〔服緦麻，若出嫁，則無服〕。

為孫服：

為嫡孫。〔服齊衰不杖期〕。為嫡孫婦。〔服小功〕。為衆孫。〔服大功〕。為姪孫。〔服小功〕。為姪孫婦。〔服緦麻〕。為再從姪孫。〔服緦麻〕。為婦。〔無服〕。為孫女在室者。〔服大功，若出嫁，則服小功〕。為姪孫女在室者。〔服小功。若出嫁，則服緦麻〕。為從姪孫女在室者。〔服緦麻，若出嫁，則無服〕。

為曾孫服：

為曾孫、曾姪孫。〔服緦麻，其婦，無服〕。為曾孫女、姪孫女在室者。〔服緦麻，若出嫁，則無服〕。

為玄孫服：

為玄孫，服緦麻。〔為玄孫婦，無服〕。為玄孫女在室者。〔服緦麻，若出嫁，則無服〕。

為外親服

為外祖父母及兄弟姊妹。〔服小功。其兄弟妻、姊妹夫則無服，為嫡母之父母兄弟姊妹亦同〕。庶子為其生母之父母兄弟姊妹。〔無服〕。姑舅兩姨兄弟姊妹。〔服緦麻〕。為岳父母。〔服緦麻，若妻亡，亦服，妻之親母雖出嫁，亦服〕。為子婿。〔服緦麻〕。為甥及甥女。〔服小功〕。為甥婦。〔服緦麻〕。為外孫、婦、女，〔服緦麻〕。

妻為夫黨服

為夫之高、曾祖父母。〔服緦麻〕。為夫之祖父母。〔服大功。若承重則按夫之為高、曾、祖父母服〕。為夫之父母。〔服斬衰三年〕。為夫之本生父母。〔服大功〕。為夫。〔服斬衰三年〕。為夫之兄弟及其婦。〔服小功〕。為夫之從兄弟及其婦。〔服緦麻〕。為夫之姊妹。〔服小功〕。為夫之從姊妹。〔服緦麻。若出嫁，亦服緦麻〕。為嫡子及其婦。〔服齊衰不杖期〕。為夫之眾子。〔服齊衰不杖期，其婦，則服大功〕。為女在室者。〔服齊衰不杖期，若出嫁，服大功，若出嫁而無夫、子者，服齊衰不杖期〕。為孫。〔服大功，為孫婦，服緦麻〕。為孫女在室者。〔服大功。若出嫁，服小功〕。為曾孫、曾姪孫、玄孫。〔服緦麻，其婦，則無服〕。為曾孫女、曾姪孫女、玄孫女在室者。〔服緦麻，若出嫁，則無服〕。為夫之姪。〔服齊衰不杖期，為其婦，則服大功〕。為夫之姪女在室者。〔服不杖期，若出嫁，服大功〕。為夫之姪孫。〔服小功，為孫婦，服緦麻〕。為夫之姪孫女在室者。〔服小功，若出嫁，服緦麻〕。為夫之從姪，服小功。〔為其婦，則服緦麻〕。為夫之從姪孫。〔服緦麻，為其婦，則無服〕。為夫之從姪孫女在室者。〔服緦麻，若出嫁，則無服〕。為夫之再從姪。〔服緦麻，為其婦，則無服〕。為夫之從姪女在室者。〔服小功，若出嫁，服緦麻〕。為夫之再從姪女在室者。〔服緦麻，若出嫁，則無服〕。為夫之伯叔祖父母。〔服緦麻〕。為夫之祖姑、從祖姑在室者。〔服緦麻。若出嫁，則無服〕。為夫之外祖父母。〔服緦麻〕。為夫之庶母〔服齊衰不杖期〕。庶子之妻為夫之所生父母。〔服斬衰三年〕。為夫之伯叔父母。〔服大功〕。為夫之從伯叔父母。〔服緦麻〕。為夫之姑。〔服小功〕。為夫之從姑。〔服緦麻，若出嫁，服緦麻〕。為夫之舅母、姨母。〔服緦麻〕。

妾為家長服

為家長之父母。〔服齊衰不杖期〕。為家長。〔服斬衰三年〕。為家長正室。〔服齊衰不杖期〕。為家長之長子、眾子及其子。〔服不杖期〕。為人後者為所後服。為所後之高祖父母。〔服齊衰三月〕。為所後之曾祖父母。〔服齊衰五月〕。為所後之祖父母。〔服齊衰不杖期〕。為所後之父母。〔服斬衰三年〕。〔若上述承重者，皆服斬衰三年〕。為所後之外祖父母。〔服小功〕。為本生祖父母。〔服大功〕。為本生父母。〔服齊衰不杖期〕。為本生伯叔父母。〔服大功〕。為本生姑在室者。〔服大功，若出嫁，服小功〕。為本生兄弟。〔服大功，其婦，則服緦麻〕。為本生姊妹在室者。〔服大功，若出嫁，服小功〕。為本生外祖父母。〔服緦麻〕。

出嫁女為本宗服

為高祖父母。〔服齊衰三月〕。為曾祖父母。〔服齊衰五月〕。為祖父母。〔服齊衰不杖期〕。為父母。〔服斬衰三年。上述服制皆同男子，不降〕。為伯叔父母。〔服緦麻〕。為祖姑在室者。〔服緦麻，若出嫁，則無服〕。為父母。〔服齊衰不杖期〕。為伯叔父母。〔服大功〕。為從伯叔父母。〔服緦麻〕。為姑在室者。〔服大功，若出嫁，則服小功〕。為從姑在室者。〔服緦麻，若出嫁，則無服〕。為兄弟。〔服大功，若兄弟為父後者，仍服齊衰不杖期，為婦，服小功〕。為從兄弟。〔服小功，為婦，無服〕。為姊妹。〔服大功〕。為從姊妹在室者。〔服小功，若出嫁，服緦麻〕。為姪。〔服大功，為婦，服小功〕。為從姪。〔服緦麻，為婦，則無服〕。為姪女在室者。〔服大功，若出嫁，服小功〕。為從姪女在室者。〔服緦麻，若出嫁，則無服〕。為姊妹之子女。〔服緦麻〕。

歷代父母說

按漢制六父十二母圖釋父如下：

一、親父，謂親生己，為之服斬衰三年。一、養父，謂過房同宗、乞養義子，為之服斬衰三年。一、同居繼父，謂與己無大功之親，從母適之，為之服齊衰不杖期。一、不同居繼父，謂與己無大功之親，從母適之，今不同己居，為之服齊衰三月。一、本生父，謂己過繼他人，據本族之圖，凡過繼者服制需降一級，為之服齊衰不杖期。一、繼母嫁繼父，謂謂與己無大功之親，從繼母適之，為之服齊衰杖期，若己不從繼母適，則無服。

又按漢制六父十二母圖釋母如下：

一、親母，謂父正室生己者，為之服齊衰三年。一、繼母，謂父再娶之妻，為之服齊衰三年。若改嫁，為之服齊衰不杖期，若不從其適，則杖期被出無服。一、嫡母，謂庶母之子稱父之正室。為之服齊衰三年，若改嫁，則杖期被出無服。一、慈母，無子之妾為之乳養，為之服齊衰三年，若改嫁，則杖期被出無服。一、養母，謂過房同宗、乞養義子，為之服齊衰三年。若改嫁，則杖期被出無服。一、乳母，謂父妾哺乳者，為之服緦麻。一、出母，謂生己之母而遭父出，為之服齊衰不杖期。一、嫁母，謂生己之母而父喪改嫁者，為之服齊衰不杖期。一、本生母，謂己過繼他人，據本族之圖，凡過繼者服制需降一級，為之服齊衰不杖期。一、庶母慈己，謂生己之妾亡，而無子之妾為之乳養，為之服小功。一、庶母生己，謂生己之妾，為之服齊衰三年。一、庶母非生己，謂非生己之妾，為之服緦麻。

謹按，龔端禮五服圖解謂三父八母之圖肇於唐。

按唐制三父八母圖釋父如下：

一、同居繼父，為之服齊衰不杖期。一、不同居繼父，為之服齊衰三月。一、從繼母嫁繼父，為之服齊衰杖期。

按唐制三父八母圖釋母如下：

一、嫡母，為之服齊衰三年。一、繼母，為之服齊衰三年。一、慈母，為之服齊衰三年。

一、養母，為之服齊衰三年。一、嫁母，為之服齊衰杖期。一、出母，為之服齊衰杖期。

一、乳母，為之服緦麻三月。一、庶母，為之服緦麻三月。

而宋又有四父六母之圖。四父者，繼父同居，兩無大功之親，繼父同居，兩有大功之親，從繼母嫁繼父，繼父不同居。六母者，嫡母、繼母、慈母、養母、乳母、庶母。

按宋制四父六母圖釋父如下：

一、繼父同居，兩無大功之親，為之服期年。一、繼父同居，兩有大功之親，為之服三月。

一、繼父先同後異居，為之服三月。四、繼父不同居，無服。

按宋制四父六母圖釋母如下：

一、嫡母，為之服齊衰三年。一、繼母，為之服齊衰三年。一、慈母，為之服齊衰三年。

一、養母，為之服齊衰三年。一、乳母，為之緦麻三月。一、庶母，為之服緦麻三月。

魏崧曰：「三父八母之名始於元」。徐乾學曰：「元典章一同居繼父，一不同居繼父，一從繼母嫁人夫（謂當定為五父十三母，五父者，親父、本生父、所後父、同居繼父、不同居繼父。十三母者，親母、嫡母、繼母、所後母、本生母、慈母、生母、養母、庶母、嫁母、出母、從繼母嫁母、乳母）」。陳瑚則謂是生父、嗣父、繼父。八母，親母之外，有嫡母、繼母、慈母、養母、嫁母、出母、庶母、乳母。吳榮光考三父八母圖創於元典章，自明至清皆襲之。吳氏曰：「因大清會典以三父八母為制，故清恪守之」。魏崧曰三父八名之名始於元，即元典章有三父八母之圖。三父者，同居繼父、不同居繼父、從繼母改嫁之繼父，合稱三父。八母者，嫡母、繼母、養母、慈母、嫁母、出母、庶母、乳母，合稱八母。吳榮光考三父八母圖創於元典章，故制清服制諸圖，據吾學錄之喪禮門一所載服製圖分一、喪服總圖。一、本宗九族五服正服之圖。一、妻為夫族服之圖。一、妾為家長族服之圖。一、出嫁女為本宗降服之圖。一、外親服之圖。一、妻親服之圖。一、三父八母服之圖。大清會典錄有喪服總圖、本宗九族五服正服圖、妻為夫族服圖、妾為家長族服圖、出嫁女為本宗降服圖、外親服圖、妻親服圖、三父八母服圖。惟削其不同居之服，易之以從繼母嫁。

〔朝夕奠〕。

皇清朝夕奠之禮，大斂之翌日，喪主以下夙興，侍者設頮水櫛具，於靈牀側，五服之人各服其服。就位，侍者收頮水櫛具，奉魂帛，出就靈座。朝奠，衆哭，執事者設果蔬酒饌，如生時，祝焚香、斟酒、點茶。喪主以下，詣案前再拜，哭盡哀，各以其服為序，皆男先女後。宗親先外姻後，復位，哭止。日中設果筵，奠酒。及夕又奠，均如朝奠儀。清代品官朝夕奠陳饌之禮，一品筵十席、羊五、楮二萬八千；二品筵八席、羊四、楮二萬；三品筵六席、羊三、楮二萬；四品筵五席、羊三、楮一萬六千；五品筵四席、羊二、楮一萬二千、六七品筵三席、羊二、楮一萬。

侍者詣靈牀，舒服衾枕，奉魂帛牀上，退諸子婦，哭盡哀，迺止，每奠皆如之。朔望則設奠具，盛饌於朝奠行之。遇新物則吉安，如朝奠儀，新物如春薦韭，夏薦麥，秋薦黍，冬薦稻，即瓜果之類皆是。薦新物之儀，先期主人夙興，率眾子弟盛服入，設案，每案果盤六、時羞六、香盤一、箸二，等。

朝夕奠文儀節

孝子扶杖出，次行朝夕奠禮。就位，跪，稽顙二，興。詣盥洗所，擱杖，盥洗，授巾，盥畢，執杖。詣香案前，跪，擱杖，上香三，酹酒，俯伏，興，執杖。詣素案前，跪，擱杖，獻帛，斟酒，祭酒，奠酒，獻箸，獻饌，陳餐，獻楮錢，點茶，俯伏，興，執杖，復位，跪，稽顙二，興，焚楮，焚文，禮畢，哀入喪次。

檀弓曰：「朝奠日出，夕奠逮日。」既夕禮引之謂時是朝夕之時。必朝奠待日出，夕奠須日日未沒者，欲得父母之神，隨陽而來故也。朝奠至夕徹之，夕奠至朝乃徹，是朝夕乃徹。其大遣亦朝設，至夕乃徹。孫氏集解曰朝夕奠，以象生人之朝夕食。生人日已出而朝食，日未入而夕食，故奠之時亦放之。

曾子問曰：「眾主人、卿、大夫、士房中皆哭，不踴。盡一哀，反位，遂朝奠。」正義曰：「按士喪禮每日之旦，於朝夕哭為先哭，而後行朝奠，朝奠了又哭。今因西階前哭畢，反此朝夕哭位，於位不更哭，即行朝奠禮，謂一時兼哭兩事，故云遂朝奠。按尋常朝奠，皆先哭後奠。」朱子曰：「每日晨起，主人以下皆服其服入就位。尊長坐哭，卑者立哭。侍者設盥櫛之具於靈牀側，奉魂帛出就靈座，然後朝奠。執事者設蔬果脯醢。祝盥手、焚香、斟酒。主人以下再拜，哭盡哀。」退溪曰，死喪大變之初，魂氣飄越不定。生者披髮哭擗，此時只以設奠，而其依神則以象平時之上食，非所以處大變也。故生者亦三日不食。遂庵曰，奠留酒果者，以為留神，仍存可也。南溪曰，雖有痘瘧疫，未可廢饋奠哭泣也。同春問人有父母喪，未畢身死，則其成服前，父母朝夕奠當廢否，義培曰依禮當廢也。

朝奠文

痛惟我父母，遽棄凡塵。昧爽而朝，飲食奚詢。晨省己矣，色笑莫存。感尊日期，祇益傷心。父母也有知，庶幾鑒歆。

補南川縣誌朝奠文：「哀哀父母，悠爾辭塵。值此一日，東方卯明。晨炊已熟，早奠當中。聊陳菲供，酌用清樽。俯伏一奠，曷勝傷情。伏祈不昧，靈式居歆。」

夕奠文

痛惟我父母，一朝拋離。日入而夕，某旨誰噬。昏已定矣，佐餕空思。感陳夕奠，曷勝哀悲。

補南川縣誌朝奠文：「哀哀父母，偶爾雲終。魂升魄降，未見音容。際此日夕，暮煙濛濛。幽明兩隔，想像何窮。敬申晚奠，爵獻一鐘。伏冀有知，鑒此寸哀。」

食時上食。

○釋「食時上食」。凡祭之時，薦之。鄉黨曰：「不時，不食。」鄭注，不時，非朝、夕、日中之時。文公朝夕哭奠，上食，凡奠除酒器之物，盡用素器，不用金銀稜裹之物，以主人有哀素之心故也。又，執事者撤去奠，陳設如前儀節，同朝奠，但不用出魂帛。

按庶人每日無三飯之理，故祗奠酒點，恭不用飯饌，其禮即于靈座前行之。

○釋「庶人無三飯」。秦漢以前，庶人只食兩飯。孟子曰：「賢者與民並耕而食，饔飱而始」。饔，即墨子謂朝食；飱，申時之食。

孝子就位，跪，稽顙二，焚香三，奠酒三，獻果，點茶，稽顙二，興，焚楮，禮畢，哀入喪次。

〔停葬〕。

葬不可久停。若山地未就，葬期未至，則必停柩在家。仍安靈位於柩前，每日設朝夕奠儀，孝子躬行拜跪，不必贊禮，夜宿柩旁，時加巡視。

停葬之制，歷代有禁。

南史記曰：時丹陽、溧陽、丁況等久喪而不棺葬，〔何〕承天議曰：禮曰「還葬」，當謂荒儉一時，故許其稱財而不求備。丁況三家數年中，葬輒無棺櫬，實由淺情薄恩同於禽獸者耳。竊以丁寶等同伍積年，未嘗勸之以義，繩之以法。十六年冬，既無新科，又未申明舊制，有何嚴切，欻然相糾。

或由鄰曲分爭，以興此言。如聞在東諸處，此例既多，江西、淮北尤為不少。若但謫此三人，殆無所肅，開其一端，則互相恐動。臣愚謂況等三家，且可勿問，因此附定制旨：「若人葬不如法，同伍當即糾言。三年除服之後，不得追相告引」。

宋司馬光曰：葬者，藏也。孝子不忍其親之暴露，故斂而藏之。齎送不必厚，厚者有損無益，古人論之詳矣！今人葬不厚於古，而拘於陰陽禁忌則甚焉！古者雖卜宅卜日，蓋先謀人事之便，然後質諸蓍龜，庶無後艱耳！無常地與常日也。今之葬書，乃相山川岡畝之形勢，考歲月日時之支干，以為子孫富貴貧賤、壽夭賢愚皆繫焉！非此地、此時不可葬也。舉世惑而信之。於是，喪親者往往久而不葬，問之，曰：「歲月未利也」。又曰：「未有吉地也」。又曰：「官游遠方未得歸也」。又曰：「貧未能辦葬具也」。至有終身累世而不葬，遂棄失屍柩不知其處者。嗚呼！可不令人深歎愍哉！人所貴於身後，有子孫者，為能藏其形骸也，其所為乃如是；曷若無子孫死於道路，猶有仁者見而葬之耶！先王制禮，葬期遠不過七月；今世著令，自王公以下，皆三月而葬。又禮未葬不變服，食粥居倚廬，哀親之未有所歸也；既葬，然後漸有變除。今之人背禮違法，未葬而除喪，從官四方，食稻衣錦，飲酒作樂，其心安乎！人之貴賤、貧富、壽夭繫於天，賢愚繫於人，固無關於葬。就使皆如葬師之言，為人子者，方當哀窮之際，何忍不顧其親之暴露，乃欲自營福利耶！昔者，吾諸祖之葬也，家甚貧不能具棺槨，自太尉公而下，始有棺槨；然金銀珠玉之物，未嘗錙銖入於壙中。將葬太尉公，族人皆曰：「葬者，家之大事，奈何不詢陰陽，此必不可」。吾兒伯康無如之何，乃曰：「詢於陰陽則可矣！安得良葬師而詢之」。族人曰：「近村有張生者；良師也，數縣皆用之」。兄乃召張生，許以錢二萬。張生，野夫也，世為葬師，為野人葬，所得不過千錢，聞之大喜。兄曰：「汝能用吾言，吾俾爾葬；不用吾言，將求他師」。張師曰：「唯命是聽」。於是，兄自以己意，處歲、月、日、時及壙之淺深廣狹，道路所從出，皆取便於事者，使張生以葬書緣飾之曰：「大吉」。以示族人，皆悅無違異者。今吾兄年七十九，以列卿致仕；吾年六十六，忝備侍從；宗族之從仕者二十有三人，視他人之謹用葬書，未必勝吾家也。前年，吾妻死，棺成而斂，裝辦而行，壙成而葬，未嘗以一言詢陰陽家，迄今亦無他故。吾嘗疾陰陽家立邪說以惑眾為世患，於喪家尤甚。頃為諫官，嘗奏乞禁天下葬書。當時執政，莫以為意；今著茲論，庶俾後之子孫，葬必以時。欲知葬具之不必厚，視吾祖；欲知葬書之不足信，視吾家。

元典章曰：延祐五年五月，福建閩海道肅政廉訪司，準本道廉訪司趙，奉訓牒檢會。至元十五年，欽奉條畫內一款節：「該提刑按察司官所至之處，省察風俗，宣明教化；若有不孝不悌，亂常敗俗，皆糾而繩之，開中御史臺施行，欽此。」竊見江南民俗，率多遠喪稽葬，習以成風，是省察宣明者有所未至耳。蓋嘗聞之，惟送可以當大事，而喪具稱家有無，所以使貧富之葬咸遂，人鬼之道俱安也。今閩中停喪不葬，動經一、二十年，有一家累至三、四柩者。問之，則曰：年月未利，下地未得，貧乏不能勝喪，案禮諸侯大夫士，葬皆有月數，是古者不擇年月矣！春秋九月丁巳，葬定公，雨不克葬；戊午日下昃，乃克葬，是不擇日矣！鄭葬簡公，司墓之室當路；毀之，則朝而窆；不毀，則日中而窆，是不擇時矣！古之葬者，皆於國都之北，兆域有常處，是不擇地矣！經曰：「喪與其易也寧戚」，苟能盡其哀痛之情，稱家有無，貧而薄葬，曷害於禮。且紙衣瓦棺，猶可全其孝愛，況留停於家者，已具有棺衣耶！而下貧之戶，不即營葬，輒作佛事，欲為死者妄徼冥福。先賢有言：「天堂無則已，有則君子登；地獄無則已，有則小人入」，今不以君子之道待其所親，而以小人目之，豈得為孝愛乎！移飯僧所費，為營葬之資，固不患不勝喪也。矧有附郭僧寺，係焚修之地，公然頓寄靈柩，尤為非宜。夫父子之親、兄弟之愛、夫婦之恩，人皆有之，不幸遇其死亡，隨家厚薄，以時而葬，則為盡孝愛之道；停柩不舉，曠歲歷月，使其流蟲出汁，過者掩鼻，於汝安乎！生者安，則死者亦安矣！掩骼埋胔，王政所先，今民間死者各有親屬，及至暴露不葬，深乖古者之典，尤傷天地之和，是宜明白開諭，限以月日，使依期埋葬，以厚人倫之道，以長孝愛之風，其於教化豈小補哉！咨請照驗施行，更為備申憲臺，照詳行下，各遵一體施行。

大學衍義補曰：古者置棺於坎而塗之謂之殯，後世無所謂塗之者，三日大斂之後入棺即以為殯也。王制通謂大夫、士、庶人三月而葬，而左傳則又分大夫三月、士逾月而不言庶人，蓋先王制禮不下庶人，人家貧富不同，事辦即葬，不拘日也。王制通以三月言而左傳謂士逾月，蓋士逾月即可葬，不得已而至於三月亦不為過，庶人事具即葬，然有故焉亦許至三月，然逾三月則不可也。所謂不得已或有故者，蓋以其間有貧窶或遠行未回，及適有疾病者，皆許延至三月，但不可出三月之外。近世江浙、閩、廣民間多有溺於風水之說，及欲備禮以徇俗尚者，親喪多有留至三、五、七年，甚至累數喪而不舉者，前喪未已，後喪又繼，終無已時，使死者不得歸土，生者不得樂生，積陰氣於城郭之中，留伏屍於室家之內，十年之中其家豈無昏姻吉慶之事，親死未葬，恬然忘哀作樂，流俗之弊莫此為甚。乞明為禁限，留喪過三月不葬者責以暴露之罪，若有遠行商宦及期不至者，明白告官方許逾限。仍行禮官申明舊制，凡民間殯葬之具皆為品節，禮不可為、分不得為者一切禁絕之，違者問以違制之罪。

嘉慶聖諭曰：「朕聞外省百姓有生計稍裕之家，每遇喪葬之事，多務虛文，侈靡過費；其甚者，至於招集親朋開筵劇飲，謂之鬧喪；且有於停喪處所連日演戲，舉殯之時，又復在途扮演雜劇者。從來事親之道，生事死祭，皆必以禮，得為而不為，與不得為而為之者，均為非孝；況當哀痛迫切之時，而顧聚集親朋，飲酒演劇，相習成風，恬不知怪，非惟於理不合，抑亦於情何忍，甚有關於風俗人心，不可不嚴行禁止等因」。

清代葬有律禁：

一、凡有喪之家必須依禮定限安葬，若惑於風水及托故停柩在家，經年暴露不葬者，杖八十，若毀棄死屍，又有本律。

一、其從尊長遺言，將屍燒化及棄之水中者杖一百，從早幼並減二等。

一、若亡歿遠方，子孫不能歸葬而燒化者，則聽便之。

一、其居喪之家，修齋設醮，若男女混雜，家長杖八十，僧道同罪。

一、民間喪葬凡有聚集演戲及絲竹管弦演唱佛戲者，該地方官嚴行禁止，違者照違制罪論。

一、凡停葬在家者，鄉鄰所當互相幫助，不得援以鄉例，索要豬牛酒食、阻人孝事，違者杖八十。

一、凡聞父母、夫婦之喪匿不舉哀者，杖六十，徒一年。

一、凡聞期親尊長喪匿不舉哀者，杖八十。

民國北方喪俗，長者停於堂，晚輩停於室或院內，然必以席棚障之，方向不向太歲，靈前設拜墊五供，靈下設牢盆，每燒紙必燒盆，取其焦脆，發引時兒摔之，碎者吉利，柩下必置水盆一具，停靈日期分老年、少年，老年年滿十七，或七七為止。中年五七，少年三七以為常。第一七前一日，謂之迎七，富家修經禮懺，貧家特率家人上供行禮，哀哭頻繁。

停柩文　儀如常

痛惟吾父母奄忽云亡。遵制殮賓，泣奠酒漿。宅兆未蔔，暫停在堂。吉神守護，呵禁不祥。男等朝夕巡視柩旁，伏惟　尊靈安處如常，勿驚勿布焉，允藏謹告。

○釋「呵禁不祥」。韓愈有送李願歸盤穀序，俱錄之。中有「鬼神守護兮，呵禁不祥」句，其意為鬼神看護。

太行之陽有盤穀。盤穀之間，泉甘而土肥，草木叢茂，居民鮮少。或曰：「謂其環兩山之間，故曰盤。」或曰：「是穀也，宅幽而勢阻，隱者之所盤旋。」友人李願居之。願之言曰：「人之稱大丈夫者，我知之矣：利澤施於人，名聲昭於時，坐於廟朝，進退百官，而佐天子出令；其在外，則樹旗旄，羅弓矢，武夫前呵，從者塞途，供給之人，各執其物，夾道而疾馳。喜有賞，怒有刑。才畯滿前，道古今而譽盛德，入耳而不煩。曲眉豐頰，清聲而便體，秀外而惠中，飄輕裾，翳長袖，粉白黛緣者，列屋而閒居，妒寵而負恃，爭妍而取憐。大丈夫之遇知於天子、用力於當世者之所為也。吾非惡此而逃之，是有命焉，不可幸而致也。

窮居而野處，升高而望遠，坐茂樹以終日，濯清泉以自潔。采於山，美可茹；釣於水，鮮可食。起居無時，惟適之安。與其有譽於前，孰若無毀於其後；與其有樂於身，孰若無憂於其心。車服不維，刀鋸不加，理亂不知，黜陟不聞。大丈夫不遇於時者之所為也，我則行之。伺候於公卿之門，奔走於形勢之途，足將進而趑趄，口將言而囁嚅，處污穢而不羞，觸刑辟而誅戮，僥倖於萬一，老死而後止者，其於為人，賢不肖何如也？」昌黎韓愈聞其言而壯之，與之酒而為之歌曰：「盤之中，維子之宮；盤之土，維子之稼；盤之泉，可濯可沿；盤之阻，誰爭子所？窈而深，廓其有容；繚而曲，如往而複。嗟盤之樂兮，樂且無央；虎豹遠跡兮，蛟龍遁藏；鬼神守護兮，呵禁不祥。飲且食兮壽而康，無不足兮奚所望！膏吾車兮秣吾馬，從子於盤兮，終吾生以徜徉！」

七朔日祭奠　儀節如朝夕奠

參俗禮，七日亡人回陽，家禮祭朔不祭望。文曰：我父母棄朔世，忽及初七朔。夙興夜寐，哀慕不寧。音容莫睹，痛悼傷情。敬陳不腆，唯異格歆。謹告。七朔日祭奠儀節：孝子扶杖出，次行朝夕奠禮，就位，跪，稽顙二，興，詣盥洗所，擱杖，盥洗，授巾，盥畢，執杖，詣香案前，跪，擱杖，上香三，酹酒，俯伏，興，執杖，詣素案前，跪，擱杖，獻帛，斟酒，祭酒，奠酒，獻箸，獻饌，陳餮，獻楮錢，點茶，俯伏，興，執杖，復位，跪，稽顙二，興，焚楮，焚文，禮畢，哀入喪次。

○釋「不腆」。猶言不豐厚。魯語曰：「不腆先君之幣器，敢告滯積，以紓執事。」左傳曰：「寡君聞吾子將步師出於敝邑，敢犒從者。不腆敝邑，為從者之淹，居則具一日之積，行則備一夕之衛。」

〔新喪生日〕。

值亡人之生日，未葬用此，既葬用虞，儀節如常，用三獻并侑食陳餐。生日之祭，出於明、清。宋之諸賢，皆不行之。凡祭有餕禮，而新喪生日則無餕，其不與親戚鄰人共其祭餘者，於此可見。凡主人不御酒肉，而親賓設之，世俗不免要賓飲食之，不足為法。

夙興，設酒饌，焚香燭，就考妣神位前，拜、興，拜、興，平身。主人斟酒，跪告，頌文，俯伏、興，拜、興，拜、興，平身。

〇釋「三獻禮」。擂鼓三通，啟門，序班，班齊，奏大樂，樂止，奏小樂，執事者各執其事，樂止，孝男俯伏，出孝幃。

主祭生就位，陪祭生就位，望靈舉哀，哀止，奏小樂，跪，陪祭生皆跪，稽顙，稽顙，稽顙，興，陪祭生皆興，行盥洗禮。

詣盥洗所，授巾，盥洗，淨巾，復位，樂止，迎靈，奏大樂，樂止，奏小樂，跪，陪祭者皆跪，稽顙，稽顙，稽顙，興，行降靈禮。

詣司樽所，司樽者舉幎酌酒，詣香案前，跪，陪祭生皆跪，酹酒，稽顙，稽顙，稽顙，興，復位樂止，瘞毛血，奠帛，奏小樂，行初獻禮。

詣酒樽所，司樽者舉幎酌酒，詣靈位前，跪，陪祭者就位，皆跪，進爵，獻果，獻牲醴，獻粢盛，獻帛，稽顙，祭祀昂，稽顙，興，陪祭者皆興，詣讀祝所，司祝生就位，跪，陪祭生皆跪，樂止，俯伏，誦文，舉哀，哀止，奏小樂，稽顙，稽顙，稽顙，興，陪祭生皆興，復位，樂止，行亞獻禮。

侑食，奏小樂，詣酒樽所，司樽者舉幎酌酒，詣靈位前，跪，陪祭生就位，皆跪，進爵，獻葷筵，獻素筵，獻圍碟，獻帛，稽顙，稽顙，稽顙，興，陪祭生皆興，復位，樂止，行終獻禮。

侑食，奏小樂，詣酒樽所，司樽者舉幎酌酒，詣靈位前，跪，陪祭生就位，皆跪，進爵，獻剛鬣，獻柔毛，獻羹食，獻茶，獻帛，獻寶，獻冠帶，稽顙，稽顙，稽顙，興，陪祭生皆興，復位，樂止，行送靈禮。

〔新喪生日〕。

奏大樂，樂止，奏小樂，跪，陪祭生皆跪，稽顙，稽顙，稽顙，興，徹饌，司祝生奉祝，司寶帛者奉寶帛，司冠帶者奉冠帶，各恭詣燎所，樂止，詣望燎所，跪，焚祝帛冠帶，舉哀，哀止，望燎，興，復位，樂止，禮畢，散班。

新喪生日文

痛惟父母不幸棄捐，去年此日。稱慶膝前，今歲茲辰。空拜靈筵，弧矢帨巾。徒設祝蝦無絲，懷思罔極。抱恨終天，敬陳薄奠。難盡哀言，惟我父母。鑒此菲筵，尚享。

〇釋「棄捐」。捐即棄也。說文曰：「棄，捐也。捐，棄也。」人死之婉辭也。司馬太史公曰：有先生〔扁鵲〕則活，無先生則棄捐填溝壑，長終而不得反。李翺之楊公墓志載，公〔素〕生六年，太保棄捐；未及成童，虢國又終。宋濂之故封承事郎給事中王府君墓版文，予生髮未燥，先公棄捐，一念及茲，肝膽為之拆裂。錢謙益之尚寶司少卿袁可立前母陸氏加贈宜人，新昏燕爾，中道棄捐。哀哉若人！趙翼之哭劉瀛坡總戎，如此相知忍棄捐，身騎箕尾竟登仙。

○釋「稱慶」。乾隆帝有御題曰：「熙春桃柳繪花村，稱慶高堂列子孫。別有賓朋盍荀裏，相於揖讓進於門，一時佳會神傳獨，六行芳目擊存。迪世化民深念，所希比戶此風敦。」丙戌新春御。

○釋「弧矢帨巾」。弧矢，男子大志之謂。帨巾，女子之謂。穀梁傳曰：諸母般申之曰：謹慎從爾父母之言。注曰般，囊也。所以盛朝夕所須，以備舅姑之用。疏曰男子般革，婦人般絲，所以盛帨巾之屬，為謹敬也。

弧矢。內則曰：「國君世子，告於君，接以大牢，宰掌具，三日，卜士負之，吉者宿齊，朝服寢門外，詩負之。射人以桑弧蓬矢六，射天地四方。」鄭注，桑弧蓬矢，本大古也，天地四方，男子所有事也。桑木為弓，蓬草為箭，故弧矢謂男子有大志。

帨巾。說文，帥，佩巾也。帨，或从兌。士昏禮曰：母施衿結帨。曰：「勉之敬之，夙夜毋違宮事。未婚女子之佩巾也。」

○釋「尚享」。冀死者享祭品之意。士虞禮曰：「卒辭曰：哀子某，來日某，隮祔爾於爾皇祖某甫。尚饗。」鄭注，尚，庶幾也。李翺陵廟時日朔祭議曰：敬修時享，以申追慕。尚享。蘇子祭歐陽文忠公文曰：「蓋上以為天下慟，而下以哭其私，嗚呼哀哉，尚享。」方苞祭王昆繩文曰：「子止於此，況於吾徒。嗚呼哀哉，尚饗。」

新喪忌日文

儀同生日，未葬用此，既葬用小祥。張子曰：「凡忌日必告廟，為設儲位，不可獨享」。程子亦曰：「忌日必遷主出，祭於立寢。蓋廟中乃尊者所據，又同室難以獨享故也。」

痛惟我父母，不幸捐棄。忌日復臨，歲序流易。追慕音容，昊天罔極。泣拜靈筵，陳茲薄獻。終身之悼，無窮風木之悲。曷既精爽猶存，鑒茲微意。尚享。

或曰：「伏以四時改易，忌日在辰。恭設几筵，仰思教誨。終身之慕，言不勝情。尚饗。此事曾門而繼家嫡者用之，若不逮事大考以上，則曰：恭設几筵，謹陳薄禮。庶或來格，克鑒微誠。尚饗。」

○釋「歲序流易」。朱子祭墓文曰：「歲序流易，雨露既濡，念爾音容，永隔泉壤。一觴之酹，病不能親，諒爾有知，尚識予意。」如祭禰之儀，祝辭云，「歲序流易，諱日複臨，追遠感時，不勝永慕」云云。考妣改「不勝永慕」為「昊天罔極」。旁親云，「諱日復臨，不勝感愴」。

凡忌祭者，只祭當忌之位。有眉山劉氏者，問於伊川先生曰：「忌日祀兩位否？」先生曰只祭一位。朱子亦曰只祭一位，若父之忌日，止設父一位，母之忌日，止設母一位。邱氏家禮亦曰忌祭只一桌一位。李退溪先生以為忌日不可並祭考妣，若考祭祭妣，似可得行。如妣祭祭考，則有卑援尊之義。然元人以為，忌祭仍當兼說考妣。若祖考忌日則祝辭末句增曰：「謹奉妣某氏夫人配。」妣忌日則曰：「謹奉以配考某公。」夫祭者，孝子所以饗親，義所以致嚴也。自漢、魏以來，諸家祭法，有迎神送神之儀，乃在廟中。禮雖樂以迎來，哀以送往，亦廟祭屍出入之事。今時薦，但以祝文致誠而已。忌祭考證諸說，皆為親忌而發。若於高、曾、祖，則當有減殺節文。然知其親忌之當行者而行之，然後可以推類於高曾祖矣。

新喪除夕文

痛惟我父母，奄棄塵區。日月不居，忽際歲除。念罔極之難酬，慨音容而莫睹。薄祭具陳，曷勝哀呼。尊靈在上，乞垂鑒諸。尚享。

〔新喪生日〕。

新喪中元 儀如前

痛惟我父母，奄忽棄世。日月不居，中元適至。徒悼游者之如斯，莫報天昊之罔極。泣拜靈筵，特陳薄祭。尚享。

本身生辰祝文 即孝子本身之生日也，儀用前。

嗚呼，不孝之托，有於今日者，伊誰之力。吾父母之誕生乎，不孝者，正此之日。饑寒兮，我食我衣。疾病兮，我搔我抑。百計調護，□養成立。鞠育之德難酬，勤勞之恩罔極。痛我父母之不存，欲追養以何及。肅陳醴饌，聊表草意。精爽如在，鑒此薄祭。伏乞 尊靈，永安貞吉。尚享。

〔祝文〕定式始於宋淳化三年。按宋史，舊制，郊廟祝文稱嗣皇帝，諸祭稱皇帝。著作局准開元禮全稱帝號。真宗以兼秘書監李至請，改從舊制。又諸祭祝辭皆臨事撰進，多違典禮，乃命至增撰舊辭八十四首，為正辭錄三卷。既復命知制誥李宗諤、楊億、直史館陳彭年詳定之，以為永式。祝版當進署者，並命秘閣吏書，上親署訖，禦寶封給之。凡先代帝王，祝文止稱廟號。凡親行大祀，則皇子弟為亞獻、終獻。

壹是記始亦曰：秘書監李至以新撰正辭錄三卷，上命著作局官屬臨事撰進，多不合典禮，向來所用之文，辭義淺進，罔依古式，至是乃撰成數百首上，永成定式。

○釋「精爽」。魂魄精神之意。左傳曰：「用物精多，則魂魄強，是以有精爽至於神明。」於蔣濟則有歡娛之躭，害于精爽；神太用則竭，形太勞則弊之言。楚語曰：「古者民神不雜。民之精爽不攜貳者，而又能齊敬衷正，其智能上下比義，其聖能光遠宣朗，其明能光照之，其聰能聽徹之〔聖〕，如是，則明神降之，在男曰覡，在女曰巫。」

〔補儀節內稽顙二字辨〕。

拜時頭叩地，凶事之拜中最重者。士喪禮主人哭，拜稽顙，成踴，鄭注稽顙，頭觸地，成踴，三者三。凌氏禮經釋例吉事之拜，以稽首為最重，凶事之拜，以拜稽顙成踴，為最重，皆見君之禮。稽首，頭至於地而不叩，稽顙者，頭至於地而叩。段氏釋拜，周禮，言頓首不言稽顙，禮經、禮記群經言稽顙，不言頓首，有二與？曰：無二也，何以知其無二也。鄭注周禮頓首，曰：「頭叩地也」，注士喪禮曰：「稽顙，頭觸地也，叩地，觸地之非有二可知矣。」

檀弓曰拜稽顙，哀戚之至隱也。稽顙，隱之甚也。又曰：稽顙而不拜，則未為後也。故不成拜，吳氏家典釋曰：「先稽顙而後拜，此所謂成拜。為後者成拜，所以謝弔禮之重。」喪服小記曰：「為父母，長子稽顙。」吳氏曰：「服重者，必稽顙而後拜。服輕者，必拜賓而後稽顙。」父母，尊也。長子，正體也，故從重。

孔子曰：「拜而後稽顙，頽乎其順也。稽顙而後拜，頎乎其至也。三年之喪，吾從其至者。」朱子釋曰：「拜而後稽顙，先以兩手伏地如常，然後引首向前叩地。稽顙而後拜者，開兩手，而先以首叩地。後卻交手如常也。」

梁茝林章鉅退菴隨筆云首者，髮以上之名，稽首謂以髮向地，首未至地，顙者，髮以下眉以上之名稽顙則以髮下眉上觸地也，毛大可奇齡祭禮通俗譜云稽者，留也。稽顙則兩手解而據地，而搏其顙于兩手之地間，稽首則以首至手，稽留不即起也。

鳳德隆應韶讀書瑣記云古人拜法，敷之經傳及儒先，男拜尚左手，先以右掌據地，乃以左掌交其上而俯伏焉，故郊特牲曰拜，服也，加敬焉，則俯首至手，太祝曰空首者也，對頓首稽首首至地，而此但至手，首猶空者然，彌加敬焉。則俯首頓地曰頓首，首頓地即舉也，稽首則首至地而稽留少頃乃舉，視頓首益敬，故郊特牲曰稽首，服之甚也，遭喪拜謝賓則尚右手，父母之喪，哭而以首觸地無容，遲遲舉首曰稽顙，致哀也。稽首以致敬，稽顙以致哀，其情即大殊，稽首者先拜，稽顙者後拜。

姚方立云頓首非常禮，倉促致情之儀。

〔告啟期〕。

凡屬親戚僚友，應宜會葬者，均當以書先啟之。

既夕曰：「請啟期告於賓」，告啟期之說，見既夕禮。既夕禮曰：「啟期告於賓。」鄭注，將葬，當遷柩於祖，有司於是乃請啟殯之期於主人以告賓，賓宜知其時也。是則告啟期在將葬啟殯之時，惟發引行帖得用之；中間開吊〔津每於發引前，開吊一次，謂之伴宿；開吊以後，再擇吉發引。〕帖不得用之。古人遭喪，於未發引前，埋柩於堂前西階之上，其埋柩之穴謂之殯；西階屬賓位，人死以賓禮遇之，故又謂之殯。將屆發引時，啟殯出柩，故發引又謂之出殯。其實今無殯，而仍稱出殯者，古之遺也。今不啟殯，而仍告啟期於人者，亦古之遺也。因其時發引無期，則啟殯亦無期也。今之人每不加分別，且寫告啟期為告期啟；舊訓啟為開者，今解啟為啟事；因之帖文末結以右啟請；﹝伏冀友誼戚誼屆期光送，右啟請。﹞相沿之誤也。俱婚喪禮雜說。告啟期於親賓亦有紓解哀痛，答謝襄助之意，故將答﹝祖﹞父母喪謝會葬與答﹝祖﹞父母喪慰疏補於此條之左。明、清答﹝祖﹞父母喪謝會葬式：﹝皮封書曰，答疏上某官座前，孤子，某稽顙謹封。母喪云哀子，俱亡云孤哀子，承重者則云哀孫孤哀孫﹞某稽顙再拜，言某罪逆深重，不自死滅。禍延先考﹝母云先妣，承重則云先祖考、先祖妣﹞，攀號擗踴。五內分崩，叩地叫天。無所逮及，日月不居。奄踰襄奉，酷罰罪若。幸而克襄大事，皆賴諸親﹝非親戚則曰諸賢﹞相助之力，既蒙下吊﹝若平交則云臨吊﹞，又賜助賻奠，逮其送往又辱寵臨﹝如不送葬則不書﹞，感德良深，莫知所報。哀疚在軀，末由面達﹝或曰尊慈俯賜慰問，哀感之至，無任下誠。末由號訴，不勝隕絕。﹞謹此代謝，荒迷不次。謹疏，年月日孤子姓名疏上某官座前。補明、清答﹝祖﹞父母喪慰疏：﹝皮封書同右﹞某稽顙再拜，言某罪逆深重，不自死滅。禍延先考﹝母云先妣，承重則云先祖考、先祖妣﹞，攀號擗踴。五內分崩，叩地叫天。無所逮及，日月不居。奄及卒哭，酷罰罪若。無望生全，即日蒙恩。祇奉幾筵，苟存視息。伏蒙尊慈，俯賜慰問。哀感之至，無任下誠，末由號許，不勝隕絕。謹奉疏，荒迷不次。年月日孤子姓名疏上某官座前。

〔作神主〕。

祭設像始於戰國，宋玉招魂，像設君室，蓋屍禮廢而像事興，後謂之影堂。張子曰：「古人不為影像，繪畫不真，世遠則棄，不免於褻慢也，故不如用主。」日人中川忠英釋神主系在正祠所立五代神主，正祠之上層正面立開祖之神主，五代神主順序排列，次稱之為薦座；至於伯叔兄弟、子孫姪婦等神主，則立置於祔祠中；十歲以下死去者稱為殤，不立神主，七歲之上之嫡子可立之；婦女與丈夫在世雖系正統，亦不得在正祠立主，而先立於祔祠，夫死後方可移至正祠。」

以周尺為度。王制曰：「古者周尺以八尺為步」，今以周尺六尺四寸為步。孔疏曰：「周尺之數，未得詳聞。」按禮制，周猶以十寸為尺，蓋六國時多變亂法度，或言周尺八寸，則步更為六十四寸。今經云以周尺六尺四寸為步，乃是六十四寸，則謂周八寸為尺也，故云蓋六國時多變亂法度。或言周尺八寸也，鄭即以古周尺十寸為尺，八尺為步，則步八十寸。鄭又以今周尺八寸為尺，八尺為步，則今步皆少於古步十六寸。是今步別剩十六寸。周尺比鈔尺，六寸四分，若鈔尺者，今裁以近之大約用裁尺量六寸四分，即周尺一尺也。其長準明通行寶鈔，今裁縫尺約八寸，古者指殷時，今指周時，殷、周之步，皆六尺四寸，但殷尺大於周尺五分之一，故殷之一步，以周尺計之，則為八尺。周猶以十寸為尺。戰國時變亂法度，或言周尺八寸。鄭玄以為不定周尺為八寸。孔疏更以八寸尺為數，是確信周尺為八寸。按說文，釋尺字，八寸為尺，周尺也，古以八寸為尺，周尺短於古尺五分之一，古八寸之尺，已為周十寸之尺。俱禮記偶箋。主用栗木為之，取栗木之幹。八佾曰：「哀公問社于宰我。宰我對曰：夏后氏以松，殷人以柏，周人以栗。」故用栗，乃取民戰栗之意。大枝衍中實不朽，不忘本也。身高一尺二存，象歲之十有二月。闊三寸，象月之三十日。厚一廿二分，象日之十有二時。上兩角各去五

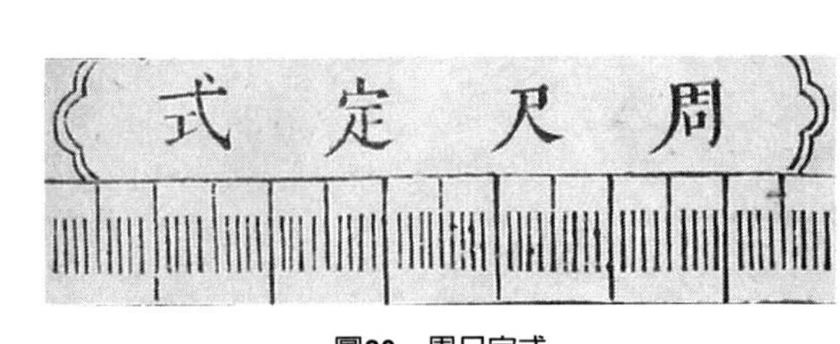

圖20　周尺定式

分，作圓前首象天之圓，一寸之下勒前四分為額，稍斜入而判之，後片分八于額下，當中鑿之長六寸，廣一寸，深四分，名陷中。窮其身旁，使通陷中。圓徑四分，居三寸六分之下，八寸四分之上，兩片合之植于趺，其趺方則象地，廣四廿象四時，厚一寸二分象十二辰。鑿之洞底，以受主身，不緊不鬆，是為合法。伊川程先生作神主式云，作主用栗。取法於時月日辰，趺方四寸，象歲之四時。高尺有二寸，象十二月。身博三十分，象月之日。厚十二分，象日之辰。〔身趺皆厚一寸二分〕剡上五分為圓首。寸之下勒前為額而判之。一居前，二居後。〔前四分後八分〕陷中以書爵姓名行〔曰某故某官某公諱某字某弟幾神主陷中長六寸圓一寸〕合之植於趺。、身出趺上一尺八分并趺高一尺二寸〕竅其旁以通中。如身厚三之一〔謂圓徑四分〕居二分之上〔謂在七寸二分之上〕粉塗其前。以書屬〔作神主〕。

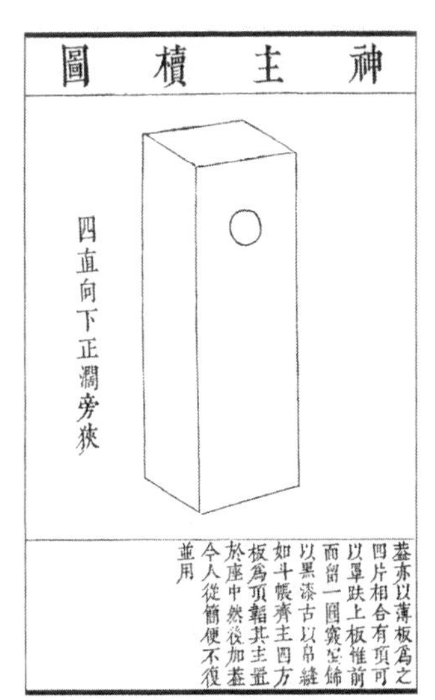

圖21　神主櫝圖

稱〔屬謂高曾祖考稱謂官或號行如處士秀才幾郎幾公〕旁稱主祭之名〔曰孝子某奉祀〕加贈易世則筆滌而更之。〔水以洗改之〕外改中不改。

又附錄吾學錄所載神主製法：

作主，用栗。趺方四寸，象歲之四時。高尺有二寸，象十有二月。身博三十分，象月之日。厚十二分，象日之辰。身趺皆厚一寸二分，剡上五分為圓首寸之下勒前為額，而判之。一居前，二居後，前四分，後八分，陷中長六寸，闊一寸，深四分，合之植於趺。除趺在七寸二分之上。竅其旁以通中。圓徑四分。粉塗其前面，而以書屬稱。屬謂高曾祖考，稱為官謚。旁題主祀之名。陷中書姓名字及行弟。左書生卒年月日時。右書葬地方向。加贈易世，則筆滌粉面改書之。以滌字之水，灑於牆壁上。外改中不改。櫝高廣以容主為度。唐宋主制，櫝外別有韜藉，今不用。

清製神主，大抵以吳氏之法，然孫承宗之天府廣記曰清代奉先殿之神主做法，略有二致，高一尺一寸，闊四寸，趺高二寸，用木為之，飾以金，鏤以青字。

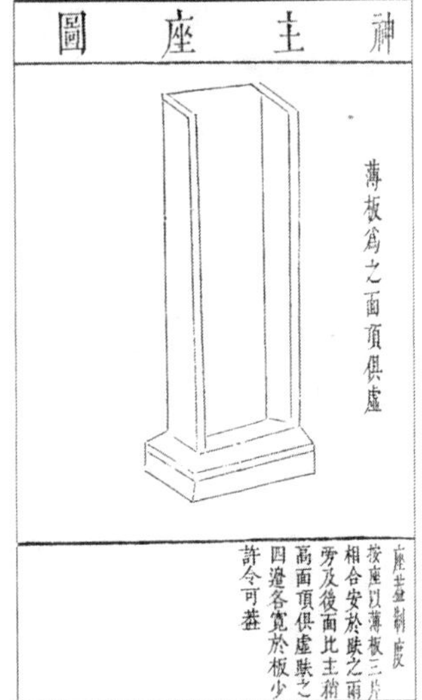

圖22　神主座圖

書主式

粉面，父〔母〕書顯考〔妣〕某公某字大人〔某母老孺人〕之神主　旁書男某奉祀。

通例應書　顯考某官某行某府君　神主。右下書孝子某奉祀。或書顯高祖考某官封謚府君神主，右下書孝玄孫某祀。鄭氏家儀又補曰禮經及家禮舊本於高祖考上皆用皇字，大德年間省部禁止，故今用「顯」可以。

清制通書父神主陷中

皇清故某官某姓某公諱某字某號行幾府君　神主
生於某年某月某日某時
歿於某年某月某日某時

清制通書母神主陷中

皇清故某封某氏諱某字行幾孺人　神主
生於某年某月某日某時
歿於某年某月某日某時

〔作神主〕。

陷中，父（母）書幾世考（妣）某公諱某字某號行幾（某母老孺人）神主。

右旁，書生於某年月日時歿於某年月日時。
左旁，書葬於某處某山某向取某年月日時。

清制通書父神主粉面　顯考某官某行某府君　神主（無官則書顯考處士某行府君　神主）
孝子某奉祀

清制通書母神主粉面　顯妣某封某氏　神主（無封則書顯妣某氏孺人　神主）
孝子某奉祀

〔作神主〕。

圖23　神主全圖

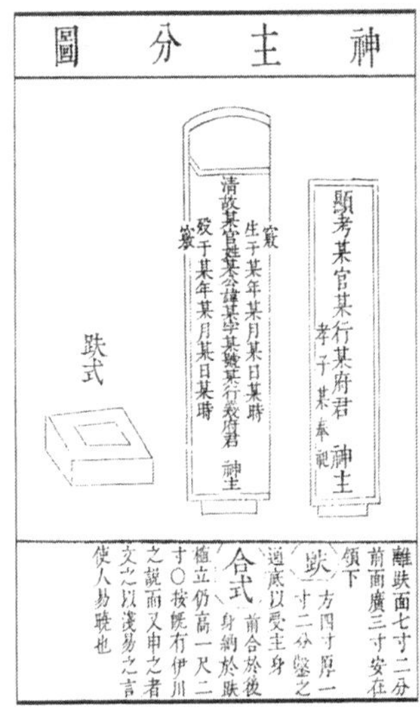

圖24　神主分圖

〔置功布〕。

用布三尺，如大功服之布，不粗不細者，故名功布出柩，引道執於柩前，使役望之，知道路之高低也。

功布之用有二，一曰經鍛漂灰治之布，即喪服大、小功布。士喪禮曰：「饌於東堂下，脯醢醴酒，冪奠用功布。」鄭注，功布，鍛濯灰治之布也。二曰葬時所用，以大功布掛於杆首，形如麾，商祝執之，行於柩車前，視道路高低，指揮柩車進止緩急。既夕禮曰：「商祝執功布以御柩。」鄭注，居柩車之前，若道有低仰傾虧，則以布為抑揚左右之節，使引者執披者知之。喪大記曰：「士葬用國車，二綍無碑，比出宮，御棺用功布。」鄭注，御棺，居前為節度也。孔疏，功布，大功布也。士用大功布為御也。

陶宗儀之南村輟耕錄有「功布」條，記云：

喪大記曰：「士葬用國車，二綍無碑，比出宮，〔御棺〕用功布。」舊圖云功布謂以大功之布長三尺，以御柩居前，為行者之節度，又隱義云，羽葆功布等，其象皆如麾，則旌旗無旒者，周謂之大麾，既夕禮云，商祝執功布以御柩，執披。賈釋云，謂以葬時乘人，故有柩車前執引者，及在柩車傍執披者，皆御治之。又注云，居柩車之前，若道〔路〕有低仰傾虧，則以布為抑揚左右之節，使執行者執披者知之也。道有低謂下阪〔坡〕時，道有仰謂上阪〔坡〕時也，傾虧，謂道路之兩旁在柩車左右轍有高下也。若道有低，則抑下其布，是執引者知其下阪〔坡〕，若道有抑，則揚舉其布，是執行者知其上阪〔坡〕也。若柩車左邊右邊或高下頃虧，亦左右其布，使知道有頃虧也，假令車之東轍下，則抑下其布向東，使西便執披者持之。若車之西轍下，則抑下其布向西，使東邊執披者持之，所以然者，使車不頃虧也。

其布上一畫先天八卦，一畫後天八

圖25　先天八卦圖

〔置功布〕。

卦，或即書「功布」二字亦可。

〇釋「先天八卦」。又名伏羲八卦，系辭說曰：「易有太極，是生兩儀，兩儀生四象，四象生八卦。」此八卦者，為先天八卦。說卦傳曰：「天地定位，山澤通氣。雷風相搏，水火不相射。八卦相錯，數往者順。知來者逆，是故易逆數也。天地定位者，乾南坤北，天居上，地居下，南北對峙，上下相對；山澤通氣者，艮為山居西北，兌為澤居東南，澤氣於山，為山為雨；雷風相搏者，震為雷居東北，巽為風居西南，相搏者，其勢相迫，雷迅風益烈，風激而雷益迅；水火不相射者，離為日居東，坎為月居西，不相射者，離為火，坎為水，得火以濟其寒，火昨得水以其熱，不相熄滅。」

〇釋「後天八卦」。說卦傳曰：「帝出乎震，齊乎巽，相見乎離，致役乎坤，說言乎兌，戰乎乾，勞乎坎，成言乎艮。萬物出乎震。震，東方也。齊乎巽。巽，東南也。齊也者言萬物之絜齊也。離也者，明也。萬物皆相見，南方之卦也。聖人南面而聽天下，向明而治，蓋取諸此也。坤也者，地也，萬物皆致養焉，故曰致役乎坤。兌，正秋也，萬物之所說也，故曰說言乎兌。戰乎乾。乾，西北之卦也，言陰陽相薄也。坎者，水也。正北方之卦也，勞卦也，萬物之所歸也，故曰勞乎坎。艮，東北之卦也，萬物之所成終。而所成始也。故曰成言乎艮。帝出乎震，齊乎巽，相見乎離，致役乎坤，說言乎兌，戰乎乾，勞乎坎，成言乎艮。萬物出乎震。震，東方也。齊乎巽。巽，東南也。齊也者言萬物之絜齊也。離也者，明也。萬物皆相見，南方之卦也。聖人南面而聽天下，向明而治，蓋取諸此也。坤也者，地也，萬物皆致養焉，故曰致役乎坤。兌，正秋也，萬物之所說也，故曰說言乎兌。戰乎乾。乾，西北之卦也，言陰陽相薄也。坎者，水也。正北方之卦也，勞卦也，萬物之所歸也，故曰勞乎坎。艮，東北之卦也，萬物之所成終。而所成始也。故曰成言乎艮。」

〔置功布〕。

圖26　後天八卦圖

〔置雲翣〕。

以本為框，如扇而方。高二尺四寸，上廣二尺，下廣一尺八寸，衣以白布，柄長三尺。《朱氏說文通訓定聲》以為翣有羽、布、席。《世本》武王作翣。漢制以木為框，廣三尺，兩角高二尺四寸，衣以畫布，柄長五尺。柩車行，持之兩旁以從。按如今之掌扇，疑古本以羽為之，與羽蓋同，後世以布，或以席。

君黼翣，上中畫斧形，用白與黑色，謂之黼。大夫黼翣，上中畫兩，以間為亞形，用黑與青色，謂之黻。士庶用雲翣，以紫畫為雲。

○釋「黼翣」、「黻翣」、「雲翣」。喪禮所用棺飾。喪大記言君飾棺，黼翣二，黻翣二，畫翣二，皆戴圭，大夫、士皆戴綏。又鄭注曰喪大記引漢禮，翣以木為之，筐廣三尺，高二尺，四存方，兩頭高，以布覆之，為白黑文則曰黼翣，以青黑文則曰黻翣，為雲氣則曰畫翣。畫者畫雲氣，其餘各如其象。

禮器曰天子八翣，諸侯六翣，大夫四翣，柄長五尺，車行使人持之，而從以障車，既窆，樹於壙中障柩，天子八翣加龍翣二，其戴皆加璧、垂羽。禮器云天子崩，七月而葬，五重八翣；諸侯五月而葬，三重六翣；大夫三月而葬，再重四翣。

周制棺飾，君龍帷，三池，振容，黼荒，火三列，黻三列，素錦褚，加帷荒，纁紐六，齊五采，五貝，黼翣二，黻翣二，畫翣二，皆戴珪，魚躍拂池。

唐制，一品引四、披六、鐸左右各八、黼翣二、黻翣二、畫翣二；二品三品引二、披四、鐸左右各六、黼翣二、畫翣二；四品五品引二、披二、鐸左右各四、黼翣二、畫翣二；六品至於九品披二、鐸二、畫翣二。

清制，五品以上四翣，六品七品二翣。清謂「亞字牌」者，即黻翣，兩己相背為黻，故形如亞字。黼翣畫斧形，雲翣畫雲〔置雲翣〕。

圖27　翣

氣。五品以上，黻二，雲二。六品以下，雲翣二，兩角高廣各二寸，框高二尺四寸，柄長五尺，士庶之喪，無此制。俱吾學錄。

其翣置柳外，如人之衣柳、喪車頁，故翣謂之柳衣。

釋喪制云，齊人謂扇為翣。翣與扇似。說文云，翣，棺羽飾也。羽制也。縫人曰喪，縫棺飾焉，衣翣柳之材，木制也。釋云翣即上注方扇是也，柳即帷荒是也。二者皆有材。縫人以采繒衣纏之，乃後張飾於其上，故云衣翣柳之材。通典釋云必先纏衣其木，乃以張飾也。柳之言聚也，諸飾之所聚。

又謂墻翣在路。

檀弓曰周人牆置翣。牆，謂帷荒，與柩為鄣，若牆然，故謂之牆。言置翣者，翣在道柩車傍，人執之入壙，置之於槨傍，故云置也。引之者，證飾既除，還入壙設之義也。周室以牆翣之飾，禮

圖28　四翣圖

記曰：「周人牆置翣。」盧植曰：「牆，載棺車箱也。」三禮圖曰翣，以竹為之，高二尺四寸，廣三尺，衣以白布，柄長五尺，葬時令人執之於柩車傍。牆翣之飾，公、侯六，三品以上四，五品以上二。

則障車入棺，則障柩如家，其中一畫河圖，一畫洛書。周以雲氣護之，或即書雲翣二字，云人死斯惡之矣。

○釋「障車」。障車為唐人候婚婦之用，封氏見聞記曰：「近代婚嫁，有障車、下壻、卻扇及觀花燭之事，又有卜地、安帳、並拜堂之禮，上自皇室，下至士庶，莫不皆然。故必使男子贈貲物，使與放行。」通典有載：士庶親迎之禮，備諸六禮，所以承宗廟，事舅姑，當須昏以為期，詰朝謁見。往者下俚庸鄙，時有障車，邀共酒食，以為戲樂，近日此風轉盛，上及王公。乃廣奏音樂，多集徒侶，遮傭道

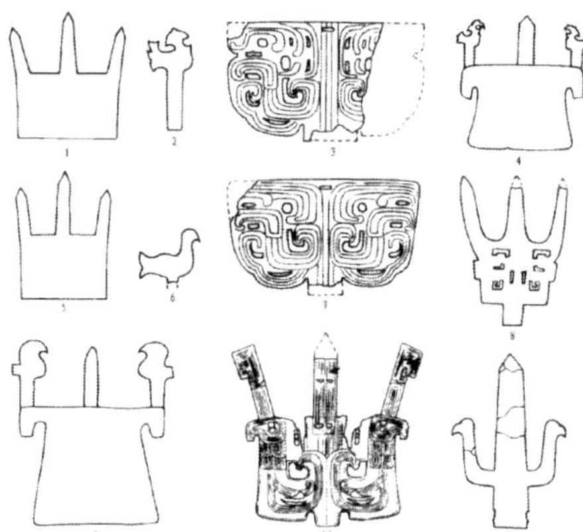

圖29　周代墓葬出土銅翣

路，留滯淹時，邀致財物，動逾萬計；遂使障車禮貺，過於聘財，歌舞喧嘩，殊非助感，既虧名教，又蠹風猷，諸請一切禁斷。今俗衍為納棺之車，障車入棺，即棺入障車之意。

○釋「障柩」。墻之謂，亦柳也，故云如家。檀弓曰：「孔子之喪，公西赤為志焉。公西赤，孔子弟子，字子華。志謂章識。飾棺牆，牆之障柩，猶垣牆障家。」正義釋曰：謂障柩之物為牆。障柩之物，即柳也。外旁惟荒，中央材木，總而言之，皆謂之為柳也。喪大記曰：「翣形似扇，以木為之，在路則障車，入槨則障柩也。」

系辭曰河出圖，洛出書，聖人則之。顧命孔安國傳曰：「伏羲王天下，龍馬出河，遂則其以畫八卦，謂之河圖。」

是故，設翣為使得人勿惡也，今喪家於出柩之際，每惴惴於死者之煞，即詩書之家亦間不免。茲酌于功布上畫八卦，雲翣上畫圖書，即于堂尊遷柩之時，備用亦不得已，假此以為靜鎮人心之計也。

〔開塋域祀土神〕。

執事者二人；盥盆；席；牀；盞；香盆；香爐；祝版；饌。

葬之先日，設案於塋域，備牲牢、雄雞等儀，請親友吉服行禮，孝子衰服以從所，以宗親或姻賓一人告於土神。執事者設案兆左，陳酒，置饌，祝文。告者吉服，至盥，詣案前立，執事者二人奉香，隨立。左右告者跪，上香，再拜，酹酒，如儀。祝奉文，跪於告者之左讀祝，讀畢，興，退。告者俯伏，興，復再拜，退。遂開壙，隨地所宜，使子弟幹事者一人留視，喪主以下還。

以上俱欽定大清通禮之品官庶人開兆祀土神儀節。

儀節

五禮之義，後世僅存，固非末學，所敢議及，乃若耳目所接，宴賀婚娶之文，地異家殊，得失互見，準經義以協人情，又覺質勝於文多多矣，故舉其什一，設為通人所笑亦無辭焉。俱趙執信禮俗權衡。

孝子就位，跪，代祭生就位，跪，叩首三，興，詣神位前，跪，上香三，獻酒三，獻牲牢，宰雄雞，獻楮錢，誦文，俯伏，興，復位，跪，叩首三，興，焚楮，焚文，焚牌位，禮畢，孝子興，代祭生退位，孝子稽顙，按告畢。

命役夫穿壙，其壙方正，量棺之大小，以為長短廣狹且必深淺得宜。穿地直下為壙，壙不可過大，以能容納棺槨為佳，蓋壙狹小，賊盜不易，壙若寬大，墳墓易遭發掘。

開塋域祀后土文

主祭生某，謹以牲醴之儀致祭於本山土地之神前曰：今為孝子某之某親某人，靈柩蔔葬，於是山之陽，定建宅兆，啟土開塋。神其默佑，俾無後難。鬱上佳城，千秋永固。繩上孫子，萬代昌榮。寅具菲儀，惟乞鑒格。

金沙溪備要之開塋域祀後土祝文式：

維年號幾年，歲次干支，幾月干支，朔幾日干支，某官某敢昭告於土地之神，今為某官姓名營建宅兆，神其保佑，俾無後艱，謹以清酌脯醢祗薦於神，尚享。

〔遷柩中堂〕。

遷柩文

痛惟吾父母，捐棄人世。停柩在堂，倏忽幾月。今卜某月某日某時安厝於某處某山之陽，插作某山某向，曰：「開堂設奠，某日成主，發引，謹以吉辰，遷柩堂中。伏以　親體安寧，勿怖勿驚，謹告。」或曰：「永遷之禮，臨晨不留。謹囑柩夫，式遵祖道。謹告！」

執事者焚河圖於柩首，焚太極於柩中，焚洛書於柩足，然後執翣、功布，繞棺三匝，同聲大呼曰：「太極分儀，圖書肇啟。奉柩遷移，神煞退位。」鳴金，遷柩，主人以下入哭。

宰牲文

痛惟吾父母，生我劬勞。追慕音容，曷勝哀號。茲值宰牲之後，理宜陳牲。祭以清酌酒，從以騂壯。柔毛剛鬃，其列左右。惟神鑒享，以妥以侑。謹告。

補宰牲文：痛吾父母，處赴冥郊；薌經開靈，悔無佳餚；茲購執牲，用執倫刀；以其啟毛，取其血旁；敢造靈次，酌之用醠，作以蘋蘩，聊表敬孝。

〔賑孤科條〕。

先書聖諭一章，祭外神文一篇，祭賑孤文一篇，夜靜時設壇於門外，壇宜北向，上設正席一案，一如祭時。擺設三牲，盛饌壇上，置閂座一雙，插紙牌位三塊，一書本邑城隍大帝神位〔居中〕，一書本境朝天廟主神位〔居左〕，一寫本裏福德土地神位〔居右〕，壇之下另設孤魂台，正向，壇上設米座一，紙牌一，上書本境無祀孤魂等眾神位，前設酒杯十雙，飯十盌，箸十雙，饌三盆，羹一盆，行禮時另著人於此執事，壇左另設拜敕位，桌上設香爐燭火〔牲用羊三、豕三、飯米三石、香燭酒紙隨用〕。

○釋「祭外神」。郊祭之謂，迎長日之至。曲禮曰：「外事以剛日，內事以柔日。」鄭注，出郊為外事。孔疏，外事，郊外之事也。孫希旦集解：愚謂外事，謂祭外神。田獵出兵，亦為外事。按家喪不敢只言家祭，國喪亦不止於宗廟之祭，祭天地之禮，自古以然，蓋春秋繁露曰：春秋之義，国有大喪者，止宗廟之祭，而不止郊祭，不敢以父母之喪，廢事天地之禮也。

朱子恤外神亦如神，敬愛當一，祭之當必誠必信。考朱子語類，水心先生羅開禮〔正甫〕有問朱子：「祭如在，祭神如神在。」朱子答曰：「祭先如在，祭外神亦如神在。愛敬雖不同，而如在之誠則一。吾不與祭，而他人攝之，雖極其誠敬，而我不得親致其如在之誠，此心終是闕然。」朱子又釋曰：「外神者，乃謂如天地、山川、社稷、五祀之類，山林溪穀之神能興雲雨者。雖神明若有若亡，聖人但盡其誠敬，儼然如神明之來格，得以與之接也。」

○釋「祭賑孤文」。賑孤，釋道之儀，齋祭孤魂野鬼之意。唐廣成天師有度亡祭祖賑孤科儀，為賑孤之始。常住於每年清明、七月十五、十月初一日。寮房於齋堂搭焰口台，值焰口法事殿主，備燒紙冥資等項，備斛食。書記備以應所須牒、劄、符、命。道友羽化，常住備棺木成殮，監院拈香致祭。寮房下普板，道眾、經師送靈至墳地入葬。觀今之家喪，賑孤之儀，僅台遵行之。吾鄉同治毛氏房譜錄時賑孤文一篇：

勸孤魂，生無樂，死多憂，人生在世一蜉蝣，誰能免得黃泉路，都落荒丘！勸孤魂，富莫喜，貧莫愁，一場空夢一時休，千年田地八百主，誰管到頭！勸孤魂，貴何顯，賤何羞，榮華無定等雲浮，東西南北皆荒塚，誰辨王侯！勸孤魂，分有定，事有由，冤報冤來仇報仇，為人莫作千年計，何等優遊！勸孤魂，莫亂想，莫強求，聽天由命度春秋，一念澄清成正果，便上瓊樓。

賑災全儀

內外肅靜，執事者各司其事，升炮，鳴金三次，擂鼓三通，奏小樂，合樂，樂止，主祭生詣盥洗所，盥洗，授巾，盥畢，孝子就位，跪，主祭生行拜敕禮，詣拜敕位，執事者張敕，焚香，跪，叩首三，興，跪，叩三首，興，跪，叩首三，興，拜敕禮畢，收敕，主祭生少退，侍孝子台下，跪，主祭生登壇就位，鞠躬，拜、興四，詣香案前，跪，獻帛，斟酒，祭酒，奠酒，獻箸，獻饌，獻楮錢，俯伏，興，詣讀文位，跪，誦文。

先期三日，主祭官齋沐更衣，〔用常服〕備香燭酒果，詣本處城隍發告文。通贊者贊鞠躬，拜，興，拜，興，平身。詣神位前、跪、進爵、獻爵、奠爵。俯伏，興，平身，復位，鞠躬，拜，興，拜，興，平身，焚告文，禮畢。至日、設城隍位於壇上。祭物用羊一、豕一。設無祀鬼神於壇下左右。〔如府、則曰本府境內無祀鬼神〕祭物用羊二、豕二、解置於器、同羹飯等鋪設各鬼神位前。執事者陳設畢。通贊唱執事者各就位。陪祭官各就位主祭官就位。鞠躬，拜，興，拜，興，拜，興，拜，興，平身。詣神位前、跪、三獻酒。俯伏。興平身。復位，讀祭文訖，鞠躬，拜，興，拜，興，拜，興，拜，興，平身。以祭文同紙焚訖，贊禮畢。參大明會典之祭厲儀注。

惟年、日、月，主祭生某謹以香楮酒殽之儀，敢告於本境朝天廟王，本邑城隍大帝之神位前曰：「伏維尊神下民之宰，本裏福德土地。四境咸崇，一方胥鎮。幽明并理，存歿均司。今有孝子某之某親某人出葬致祭，堂祭已景，外情宜周。謹遵皇教，設壇門外。賑濟孤魂，衣飯錢山。常儀既備，盂羹杯酒，幾案具陳。但恐鬼魂繁眾，強弱不齊。惠遍實難，尤深轉切。仰惟尊神，具所司之柄握，現在之權。令之惟行，禁之則止。凡夫鬼魂，悉皆歸伏。懇祈敕部下神差，著為監賑。俾幽徑咸欽，群魔拱服。所賑等儀，照常領去。無或焉奪，免生災殃。生者慰懷，死者蒙庥。沾思不盡，戴德靡涯，謹告。」

○釋「厲祭」。右為祀厲鬼、孤魂之祭儀節。厲者，陰陽之氣相乖不和之名。凡鬼皆應祭之，然而無子嗣之鬼，則無祭享，衣食無著，作祟人間，故怨恨幽深，或化為妖，其行聚祟，或衍為孽，其狀可怖。祭法曰：「大凡生於天地之間者，皆曰命。其萬物死，皆曰折，人死曰鬼，此五代之所不變也。無祭之鬼，漂泊無依，常奪他鬼祭品，鬼有所歸，乃不為厲。故自天子以至黎庶，皆得祭此厲鬼，使其勿作妖孽，以安先祖靈神。」

隋有冊封五瘟神之載，開皇十一年六月內，有五力士現於凌空三五丈餘，身披五色袍，各執一物。一人執勺子並罐子，一人執皮袋並劍，一人執扇，一人執鎚，一人執火壺。帝問太史居仁曰：「此何神？主何災福也？」張居仁奏曰：「此是五方力士，在天為五鬼，在地為五瘟，名曰五瘟。春瘟張元伯，夏瘟劉元達，秋瘟趙公明，冬瘟鐘士貴，總管中瘟史文業。」帝感之，則為之立祠，詔為將軍；唐制，開元中指禮，祭七祀，各因時享，祭之於廟庭，司命、戶以春，灶以夏，門，厲以秋，行以冬，中霤以季夏。宋制，祭司命、戶、灶、門、厲、行皆服鷩冕；明洪武設厲壇，祀無祀鬼神，有廳堂、神廚、神庫，歲以清明、中元十月朔日致祭，先期主祭官牒告城隍，屆期迎神位於壇上以主之；清制，凡不容入祠之厲，雖自作不興，念系一脈之親，情屬難忍，於祠門外設香燭祭品而告，幼殤無主者，情尤可憐，于祠門中設席奠。沈茂蔭之苗栗縣誌載清直省、府、州、縣，歲三月寒食節、七月望日、十月朔日祭厲壇於城北郊。前期，守土官飭所司具香燭、公服詣神只壇，以祭厲告本境城隍之位。至日，奉請城隍神位入壇，設于正中；守土官行禮畢，仍奉城隍位還神只壇，退。

俯伏，興，復位，鞠躬，拜、興四，平身，焚楮，焚文，揖二，撤饌，禮畢。將牌神向外，鳴金，插路燭，插畢，主祭生跪，宣勅：

湖廣、湖南等處承宣布政使司、布政司、某府、縣、都、鄉、裏、保、廟王土地分下，為祭祀合境，無祀魂魄等眾事，遵承禮部劄付欽奉。

聖旨：普天之下，後土之上。無不有人，無不有鬼。人鬼之道，幽明雖殊，其理則一。故天下之廣，兆民之眾，必立君以主之，君總其大，又設官分職於府、州、縣，以各掌之，各府州縣，又於每一百戶設一裏長以領袖之。上下之職，紀綱不紊，此治人之道如此。

故天子祭天地神祇及山川王國，各府、州、縣祭境內山及祀典神祇，士庶人祭先祖及裏社土穀之神，各有第等，此事神之道如此。尚念冥冥之中，無祀鬼神。

祭法曰：「王為群姓立七祀，曰司命，曰中霤，曰國門，曰國行，曰泰厲，曰戶，曰灶；王自為立七祀。諸侯為國立五祀，曰司命，曰中霤，曰國門，曰國行，曰公厲；諸侯自為立五祀。大夫立三祀，曰族厲，曰門，曰行。適士立二祀，曰門，曰行。庶人立一祀，或立戶，或立灶。」曲禮亦曰：「天子天地，祭四方，祭山川，祭五祀，歲遍；諸侯方祀，祭山川，祭五祀，歲遍。大夫祭五祀，歲遍。士祭其先。」故知天子為泰厲之祭，祭天下之鬼；諸侯為公厲之祭，祭山川之鬼，大夫為族厲之祭，祭本邑之鬼，士庶為灶厲之祭，祭坊內之鬼。法施於民則祀之，以死勤事則祀之，以勞定國則祀之，能禦大菑則祀之，能捍大患則祀之。

昔為先民不知何故而歿其間，有遭兵刃橫殤而戮死者；有被人搶奪妻子而鬱死者；有被人刑傷而負屈死者；有因天災流行而疫死者；有因生育產難而血污死者；有因猛獸毒蟲而害死者；有因顛覆流連而危急死者；有因凍餒而悶死者；有因忿氣而妒死者；有因墻傾樹壓而死於不覺者；有因雷擊鬼逐而死於無形者；有死於水火盜賊者；有死後無子孫者；此等孤魂或終於前代，或歿於近世，或兵戈擾攘徙於他鄉，或人烟絕斷，久缺於祭祀，姓氏泯歿於一時，祀典無傳而不載，此等孤魂，身無所依，精魂未散，結為陰靈，或依附草木，或作怪與妖，悲號於星月之下，呻吟於風雨之中。凡遇人間令節，心思陽世，魂杳杳而無歸身，墮沉淪遂懸懸而望祭。

言念及此，〔憐其慘悽〕。故敕天下有司，依時祭享。在京都有泰厲之祭，在一國有國厲之祭，在一府有郡厲之祭，在一縣有邑厲之

〔賑孤科條〕。

祭，在一裏有各鄉厲之祭。以神依人，敬而知禮，仍令本縣各官暨士庶等以主此祭。欽此。欽遵不敢有違。

補厲祭文闕部：

凡我一州〔縣〕境內人民，倘有忤逆不孝、不敬六親者，有奸盜詐僞、不畏公法者，有拗曲作直、欺壓良善者，有躲避差徭、靠損貧戶者，似此頑惡奸邪不良之徒，神必報于城隍，髮露其事，使遭官府，輕則笞决杖斷，不得號為良民；重則徒流絞斬，不得生還鄉里。若事未髮露，必遭陰譴，使舉家并染瘟疫，六畜田蠶不利。如有孝順父母，和睦親族，畏懼官府，遵守禮法，不作非為，良善正直之人，神必達之城隍，陰加護佑，使其家道安和，農事順序，父母妻子，保守鄉里。我等闔府官吏等，如有上欺朝廷，下枉良善，貪財作弊，蠹政害民者，靈必無私，一體照報。如此則鬼神有鑒察之明，官府非諂腴之祭。

此詔於明洪武二十六年敕令國內各府州、縣頒行，禮部附頒有定禮及欽定祭文。洪武十一年四月十四日，「永嘉侯謫人奏安東、沭陽二縣之野有鬼兵，夜持炬者數百，或成列，或四散。民人相驚逐之，不見，擊之，若有應者。高祖不明，便特致牲醴，會鬼神而敕問之。中原自有元失政，生民塗炭，死者不可勝計。有覆宗絕祀者，有生離父母妻子而死於非命者。爾持炬者豈無主孤魂而欲人之祀與？父母妻子之永隔而有遺恨與？無罪遭殺而冤未伸與？或有司怠於歲祀而有忿與？四者必有一焉。朕自即位以來，祀神未嘗缺禮，然非當祀者亦不敢佞。爾持炬者宜禍其宜禍者，而福其應福者，勿妄為民害，自詒天憲」。

故厲祭自斯始，詔中有厲祭，故此詔又名厲祭文，謹按張震邑厲壇記曰：「厲，謂古帝王無後者，好禍民，故祀以安之。鬼有所歸便不為厲。慮其無歸而病民，故祀之。此以防民患，仁之至也。」洪武三年帝敕令京都、王國、府、州、縣於城北郊各立厲壇，須祭厲及告城隍文與壇式，凡歲清明、七月望、十月朔三祭。命京尹主京師之祭，命守令主外之祭，先期牒城隍神，至日祀以為主。牒曰告城隍文，祀日，將城隍神奉于壇內，南向，「無祀鬼神名位」俸陪于左右兩側。

宣畢，興，主祭生詣孤魂台，行賑孤禮，就位，孝子跪伏台前，揖三，正立拱手，焚香，斟酒，獻箸，獻饌，揚羹一次，誦文：

惟年、月、日，主祭官文林郎，知某縣事某祭生某，謹以香楮酒殽之儀，致祭於本邑某都、鄉、裏、保、廟王土地分下，所有之孤魂等眾而言曰：嘗聞仁人利濟，先恤無依。義士激揚，尤憐同類。湖濱桃李，誤招泣露之魂。夜靜笙歌，雜引離愁之鬼。磷磷火現，怨納淒風，冷冷平原，臥吟寒雪。嗚呼，痛殘魂之已餒，白骨含羞，望吊祭之不至，青山無主。天地為之生悲，草木于焉增枯。今有孝子某之某親某人，出葬致祭。典禮既畢，余情當申。用是設壇北向，備列牲觴。旟旐翩翩，靈魂洋洋。凡爾無祀，來格來嘗。魂其逍遙，撤于徜徉。勿為災厲，安爾樂鄉。尚享。

揖三，正立拱手，斟酒，獻箸，獻饌，揚羹二次，揖三，正立拱手，斟酒，酒滿斟之，獻箸，獻饌，獻楮，揚羹三次，羹盡揚之，焚楮，焚文，焚紙牌，焚錢山，焚衣山，焚飯山，揖三，禮畢。孝子興，主祭生退位，孝子謝主祭生，執事者鳴金擂鼓，金鼓齊鳴，撤饌，撤案，拆壇。

清河張氏宗譜之祭義曰：凡成人為厲，則告以「爾生自絕于祀，系念同宗。因奠及爾，啟爾子孫。幹蠱蓋愆，以爾永祀」。若殤無主者，則告以「嗟爾無辜，不幸少亡。幼不立主，父母悲傷。非有罪孽，宜與烝嘗」。

清人最重厲祭，非為喪時方祭，若遇有病疾事，亦必建醮驅鬼，清稗類鈔載光緒時，某中丞方握江寧藩篆時，疹癘大作，夭箚頻聞，中丞愀然曰：「此鬼之為厲也。」命道士畫符鈐印系於煉上，於闤闠間曳之而走，琅琅作響。已而命備大船數艘，以煉纏將軍柱，派中軍押解至某鄉而止，謂之驅疫。且令各廟賽會，以五色塗人面，謂是周禮方相之遺。在大堂設壇建醮，令僧四十九人誦玉皇經，以保全四境。僧有逾卯時至者，罰跪丹墀。以是一屆黎明，鐘聲佛號，徹於遠近。中丞衣冠出，盥手拈香，口中喃喃祝禱，蓋自謂為民請命也；閩人亦信厲祭，其於子女初生也，即赴叢葬處招新死之鬼，虛奉而歸，永久祀之，以祈終身之福。更有所謂下爺者，曰地主，亦家祀之，實則所祀者乃病癘而死者也。每入市，必見肴饌滿地，或十簋，或八簋，以祀地主。祭品為豬魚雞鴨，品必兩簋，一烹一不烹，亦古血食義也；又光緒初，浙有候補縣令錢鍾麟者，字紫霞，吳江人，嘗宰新昌。有二子五女，僅長女出嫁，歸其裏人費軍門金組。紫霞歿，餘皆在室，夫人楊氏慟之甚。四女亦相繼殤，乃為四女設木主，與紫霞之木主合奉於一龕，朝夕祭之，歷數十年，迄宣統辛亥未已也。直督陳肖石制軍夔龍有愛女曰文官，以病卒，其夫人許氏慟之甚，謂女仙矣。設木主於寢室，昕夕祭之，既葬矣，不撤也，亦終宣統辛亥而未衰。

撤影文 儀同入棺

痛惟吾父母，幽明杳隔，徒行堂奠之禮，莫報罔極之德。奠期既周，靈須撤。敬陳薄儀，哀慕彌切。仰維尊神，來歆來格。謹告。

〔祭廟王土地儀節〕。

孝子就位，代祭生就位，鞠躬，拜、興二，詣盥洗所，盥洗，授巾，盥畢，詣神位前跪，焚香，獻帛，斟酒，獻箸，獻饌，獻楮，誦文，俯伏，興，復位，拜興二，平身，焚楮，焚文，揖二，禮畢，孝子謝代生。

祭廟王土地文

代祭生某，謹以香燭酒殽之儀，致祭於本境朝天廟王、本裏福德土地之神位前曰：「謹於某年某月某日於城北設壇，置備牲酒羹飯，享祭本境無祀鬼神等眾。然幽明異境，人力難為，必資神力，庶得咸通。今特移文於神，先期分遣諸將，召集本府闔境鬼靈等眾，至日悉赴壇所，普享一祭。神當欽承敕命，鎮控壇場，鑒察善惡，無私昭報。為此合行移牒，請照驗欽依施行」。

以上見大明會典之告城隍文，其制與厲祭同：某府遵承禮部劄付，為祭祀本府無祀鬼神。該欽奉皇帝聖旨：普天之下，後土之上，無不有人，無不有鬼神。人鬼之道，幽明雖殊，其理則一。今國家治民事神，已有定制。尚念冥冥之中，無祀鬼神，（昔為生民以下、至依時享祭。並與前同。但無在京都等七句）命本處城隍以主此祭，鎮控壇場，鑒察諸神等類。其中果有生為良善，誤遭刑禍，死於無辜者、神當達於所司，使之還生中國，永享太平之福。如有素為兇頑，身死刑憲，雖獲善終，亦出僥倖者，神當達於所司，屏之四裔。善惡之報，神必無私。欽奉如此今某等不敢有違，謹於某年某月某日於城北設壇，置備牲酒羹飯，享祭本府無祀鬼神等眾。然幽明異境，人力難為。必資神力，庶得感通。今特移文於神，先期分遣諸將，召集本府闔境鬼靈等眾，至日悉赴壇所，普享一祭。神當欽承敕命，鎮控壇場，鑒察善惡，無私昭報。為此合行移牒、請照驗欽依施行。

今有某之某親某人之靈柩，卜葬於某處某山之原。居期出殯，惟神佑之。以引以翼，不震不騰。不戒不虞，有載其所。率履不越，徒禦不驚，載錫之光，綏以多福，尚享。

附錄備要之祠土地祝文式：

維年號幾年，歲次干支，幾月干支，朔幾日干支，某官姓名，敢昭告於：

土地之神，今為某官封謚／某封某氏，窆茲幽宅，神其保佑，俾無後艱，謹以清酌脯醢，祗薦于神，尚享。

〔祭大舉儀節〕。

代祭生詣盥洗所，盥洗，授巾，盥畢，就位，孝子跪後，揖三，正立拱手，焚香，斟酒，獻箸，獻饌，獻楮，剪牲，執事者殺雄雞，灑其血於舉上，誦文揖三，焚楮，焚文，焚紙牌，揖三，禮畢，孝子興，稽顙叩謝，代祭生退位。

祭大轝文

代祭生某，謹以香楮酒殽之儀，致祭於大轝之神前曰：「今有孝子某之某親某人之柩，安厝於某山之原，托載於轝，戒行道路。惟爾有神，尚克佑之。事紼其牢，杠木其固。役夫陶陶，人人歡樂。履險如夷，負重若輕。勿側勿驚，屍體自若。謹以牲醴，祇薦於神。尚享。」

○釋「大轝」。大轝即發引時負載柩之牀，古者有柳車而無大轝〔詳「四翣圖」〕，家禮始曰大轝之制，用兩長杠，杠上加伏兔，附處為圓鑿，別作小方牀以載柩，足高二寸，旁立四柱，柱外施圓柄，令入鑿中，長出其外，柄鑿之間，頭極圓滑，以膏塗之，使其上下之際柩常適平，兩柱近上加橫扃，扃兩頭往外出，再加小扃。杠兩頭施橫杠，杠上施短杠，短杠可再上加小杠，多做新麻大索，以紮緊。又思棺制僅取容身之大小，大約不過二尺。若如舊制大轝，於兩杠間施以短杠，四人於中並行，局促迫窄，實難轉動，故新制大轝橫崗出兩長杠之外，庶幾寬敞可行。又棺中斂物不論多寡，枘鑿轉動多致偏重，臨載之際，或偏有低昂，須用他物稱墜方得適平，故又在方牀四隅各加一鐵環，而兩長杠之上亦如之，系繩於下，環而貫之於上，隨其低昂而操縱之，如此則通平也。又此轝可以行近地寬平之處，不可以遠足，故有損益新制大轝以為遠行大轝圖，其長杠俱截去兩頭，每頭出棺首位各留一尺五六寸，兩頭各施橫杠，從杠頭量入尺許，又施橫杠，卻於中分處加一直杠，俱用麻繩扎縛，然後加以短杠，中間除去兩長杠，柱不用兩頭，各施兩短柱，中加一柱，兩頭釘以鐵環，貫索於中以懸方之處棺柩俱平，以此行遠，水陸皆無礙。

〔祭路文〕。

路祭者，於喪家出殯之日，靈柩經過之衢衢，肆筵設席以奠之，亦曰公祭，蓋皆戚友聯合醵資以為之也。是時必擇一聲望較著者主祭，行一跪三叩禮，奠酒，讀祭文，餘皆跽於下。富貴之家，路祭有多至數十起者，俱清稗類鈔。

代祭生某，謹以香楮酒殽之儀，致祭於路神之前曰：「今有孝某之某親某人靈柩，安葬於某山之陽，輀駕既行，須由此道，神其保佑，役夫陶陶，履險如夷，負重若毛，親體自若，載歡載笑，惟神不棄，鑒此薄殽，尚享。」

補王登潭先生祭路神文一篇：

祭路神文

維　吉日良辰，發引歸程，錢馬酒奠，儒禮是行。告祭于路神之前曰：于戲惟神，職司顯威，護送陰陽兩途人，茲因靈柩之過，墾乞賜佑路暢通，過橋越嶺均平安，跨溝涉水要安然，順達葬地而壽終，敬行儒禮奠美酒，神靈來享顯感應。敬哉，尚饗。

或曰：恭維我祖，生面為策，死而為靈。大宗小宗，世系一派。群昭群穆，明德千秋。蓋春露秋霜，木水不忘乎本源，世人應篤於尊親。茲以某親之某人棄世，謹蔔某年某月某日升棺，出帛中堂，朝夕致奠迨。某日發引安葬，屢日經營，竊虞驚擾。為此縷情具告，仰惟神為匡扶。或曰：靈楯既駕，往既幽宅。從此一別，陰陽永隔，再陳造典，聊表寸心。謹告。或曰：父（母）既逝兮，兒心悲傷。祖傍安厝，道阻且長。輛車既發，昌勝蒼徨。茲當中道，酬酒敬漿。或飲或食，陡級高崗。履險如夷，靈魂安康。或曰：柩由道路，渡籍橋樑。祈神護佑，敬酬酒漿。穩步虹光，用保安康。

〔祭路文〕。

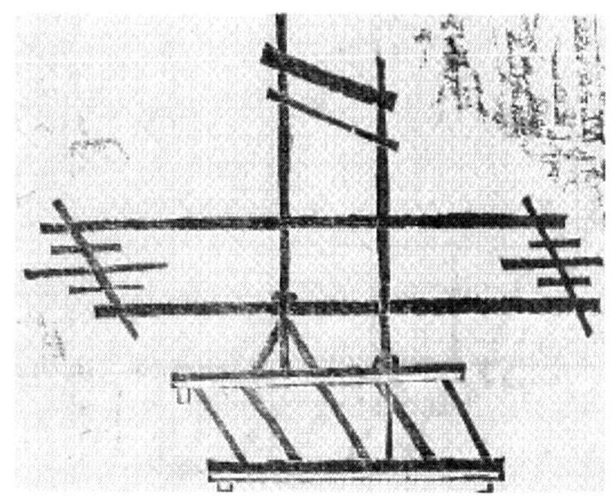

圖30　大舉舊圖〔八人抬〕

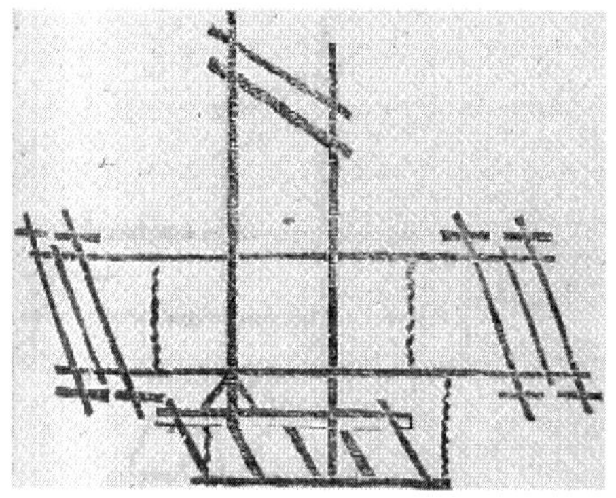

圖31　大舉新圖〔十六人抬〕

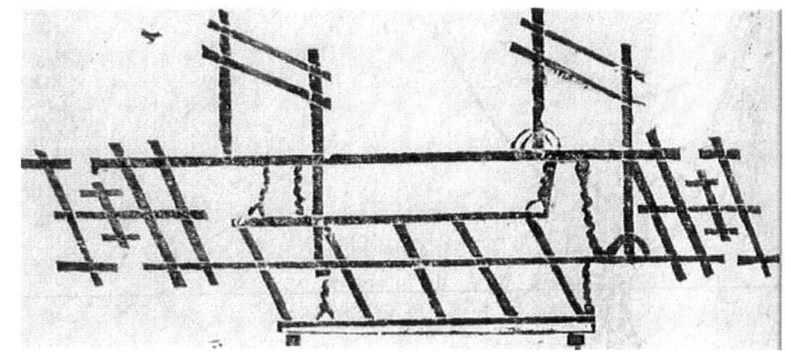

圖32　新製遠行舉圖〔二十四人抬〕

〔祭司命文〕。

代祭生某，謹以香楮酒果之儀，致祭於九天東廚司命府君之神前曰：「今有孝子某之某親某人之柩，葬於某山之陽。家設奠儀，居期歸窆。仰惟神庇，俾無後難。水土奠安，孔淑不逆。家室暢遂，洵美且都。謹告。」

○釋「孔淑不逆」。淑，順；逆，違。淮夷化於善，不復為逆亂也。言其從始至終，皆不逆也。國風曰：既克淮夷，孔淑不逆。式固爾猶，淮夷卒獲。

○釋「洵美且都」。國風曰：有女同車，顏如舜華。將翺將翔，佩玉瓊琚。彼美孟薑，洵美且都。

〔祭門戶文〕。

門神、戶尉者，謂守門之神也。喪服大記注曰：「君釋菜，以禮禮門神也」。漢書禮儀志曰：「東海有度朔山，上有二神人，一曰神荼，一曰鬱壘，主閱領眾鬼之惡，有害人者，執以葦索結之，而用飼虎」。荊楚歲時記：「正月一日繪二神貼戶左右，左神荼，右鬱壘以禦凶邪，俗謂之門神」。又風俗通曰：「上古之時，有神荼與鬱壘昆弟二人，性能執鬼」。古俗皆以神荼、鬱壘為門神，以禦鬼也。至唐代以後，更有以秦叔寶與尉遲敬德為門神者。三教搜神大全載：「戶神唐秦叔寶、尉遲敬德二將軍也」。按，傳云：「唐太宗不豫，夜聞寢門外鬼魅呼號，太宗以告群臣，秦叔寶奏云：願同尉遲敬德戎裝立門外以伺。太宗可其奏，夜果無事。因命畫工，繪二人之像懸宮門，邪祟以息。後世以襲之，遂永為門神」。

代祭生某，謹以香楮酒果之儀，致祭於門神戶尉之位前曰：「今有孝子某之某親某人靈柩，葬於某山之原，設奠已畢，居期安厝。惟神在宇，以赫厥靈。相協厥居，外禦其侮。庶缶罪悔，孔時孔惠。謹告。」或曰：吉日良辰，發引歸程。錢酒雲馬，儒禮是行。特致祭於門丞戶尉之神前曰，於戲惟神，文班鵠立。武烈鷹揚，職司出入。星列門光，除魔擋邪。晝夜繁忙，大顯威美。護送陰陽倆途人，茲因母靈歸安境，來以蕪文表寸心，伏乞神靈護佑。或曰：伏惟尊神，位顯九重。名參五祀，坤象闔，而乾象辟，道著易經；春祀戶，而秋祀門，禮祥月令。生人之出入由之，神鬼之往來藉矣。蹠磍亦為人祖，靈厲曾享蒸嘗，祈開方便為憐求食之忱，乞賜包容庶免向隅之泣，至若生有其地，死有其方，或隕刀兵，或戕水火，或投繯而絕命，或服毒而亡身，其生也既受欺淩，其死也復膺慘苦，皆可憫之冤魂，豈宜驅之厲鬼，猒鉌夜叩，幸施格外之仁，虎闑晨開，望指迷中之路。兩旁揮動金戈，勿使妖魔纏繞，一腳踢開鐵限，俾聞俎豆馨香。亡鬼亡魂不至遲疑門外，接引金童玉女仙府華幡。乘風以至施左右之周全，終朝啟閉招來瑞靄之千重，每歲春秋報以清香之一炷，尚饗。

〔朝祖〕。

喪禮，將葬，殯中出柩，遷柩於祖廟，然後遷至墓地下葬。既夕禮：「遷於祖，用軸。」鄭玄注：「遷，徙也。徙於祖，朝祖廟也。蓋象平生，將出必辭尊者。」檀弓上曰：「飯於牖下，小斂於戶內，大斂於阼，殯於客位，祖於庭，葬於墓，所以即遠也。」此言「祖於庭」，即遷柩朝祖廟之禮。檀弓下曰：「喪之朝也。順死者之孝心也。其哀離其室也，故至於祖考之廟而後行，殷朝而殯於祖，周朝而遂葬。」此言「朝」，亦指朝祖廟。據此，則殷禮在朝祖廟後，停柩敷月，然後葬。周禮則朝廟之明日，即行葬禮。下士祖禰同廟，故朝祖即包括祖禰。上士祖禰異廟，故先朝禰廟，後造祖廟。既夕禮曰：「其二廟，則饌於禰廟如小斂之奠。乃啟，朝於禰廟。祝及執事舉奠，巾席從而降，柩從，序從如初，適祖。」鄭玄注：「祖尊禰卑也。士事祖禰，上士異廟，下士共廟。」朱子曰：「發引前一日，因朝奠以遷柩告。奉柩朝於祖，遂遷於廳事，乃代哭。親賓致奠賻，陳器，日晡時，設祖奠。」

古禮行在遷柩中堂之先，古制，家多狹隘，遷轉困難，僅用魂帛代之靈柩。若屋寬敞，則便宜從事。今俗多行在遷柩就舉之時。茲特酌古准今，未遷柩則行告祖禮，將就舉乃行辭祖禮，更為安當。

朝祖儀節

代告嗣孫引孝子行朝祖禮，就位，孝子隨，後跪，鞠躬，拜、興四，詣盥洗所，盥洗，授巾，盥畢，詣祖宗神位前，跪，上香三，獻酒三，獻果，獻楮，誦文，俯伏，興，復位，拜興四，平身，焚楮，焚文，揖二，禮畢，孝興，代告退位，孝子謝代告禮。

行朝祖禮，擊鼓，鳴金，金鼓齊鳴，聲炮，奏大樂，奏小樂，孝子扶杖、詣神龕前，跪，擱杖，焚香，奠酒三，獻果品，讀告詞：「今以良辰，敬請朝祖」。稽顙四，扶杖起立，授遺像，詣朝祖所，代告嗣孫就位，孝子跪後，鞠躬，拜、興四，平身，詣盥洗所，盥洗，淨巾，盥畢，詣神龕前，跪，上香三，焚香，酌酒，酹酒，獻爵三，獻果品，獻楮錢，止樂，讀文，起樂，俯伏，升，平升，複位，辭神，鞠躬，拜、興四，平升，焚楮錢，焚文，禮成，孝子升，詣靈柩前，跪，擱杖，稽顙四，扶杖起立，禮成，退位。

朝祖文

堂下嗣孫某敢昭告於，本宗某氏歷代先親〔考妣〕之神前曰：「今為嗣孫某之柩，將安厝於某山之原，是日，往即幽宅，理宜稟命，謹遵出告之禮，用表辭祖之誠，今奉靈帛，代伸拜朝，謹告。」

喪主以下哀，祝盥，詣靈座前，喪主以下止哀，祝焚香奠酒畢，告曰：「永遷之禮，靈辰不留。今奉靈車，式遵祖道。」俯伏，興，喪主以下再拜，哭盡哀，親賓致奠，行禮如成服。

清末民初喪俗，即辭靈之禮也。謂靈柩將辭，祖餞而奠祭之，以征永訣，始則詣殯宮啟殯，古者凡大殮後，必奉棺入隧道中，謂之殯宮。為防火計也，至發引時，乃請柩由隧道出，所以謂之出殯，因在殯宮日久，柩上積有塵土，故拂柩，俗謂之掃材土。拂之猶恐不淨，故拭柩，功布，即用以拭柩者也。拭柩畢，然後移柩（即今之遷棺）。繼則向祖位前朝祖，由孝子恭代亡人行拜跪禮，以表辭別祖先之意，自此以後，次第行祖奠降奠、遣奠各禮，清末民初行此禮者甚寡，只士大夫之家偶有行之。

告祖文

維年月日堂下嗣孫某上敢昭告於：本宗某氏歷代先祖（考妣）之神前曰：「今以孝子某之某親某字氏，靈柩在堂，不敢就淹。謹蓟某日發引，扶柩歸窆。玆當開堂設奠，理宜稟命。聊陳酒果，敬告先靈。伏惟庇佑，俾無後難。謹告。」

〔遺奠〕。

補朝祖禮

葬之天明時，陳大遺奠祭品於中庭外，又稱葬奠。文獻通考曰：「小斂、大斂、朔月、月半、薦新、祖奠及遺奠時有牲體，大遺奠非直牛，亦有馬牲」。士用少牢五鼎，羊、豕、魚、臘、鮮獸各一鼎。陳設在柩車之東，用牛胃、蚌肉醬、醃葵菜、蝸肉醬四豆；用棗、米餅、栗、乾肉四籩。

清制，定遺奠為至陵翼日行饗奠禮。高宗皇帝以會典舊稱「遺奠」，稱名未當，命儒臣稽所自昉。大學士言：「遺奠之稱，禮經並無明文，唯見諸孔穎達士喪禮疏，唐以後相沿用之。蓋穎達第用儀禮，葬日將行苞牲體之車名為遺車，遂取遣字為奠名，牽合無當。復考儀禮，將行之祭，徹巾苞牲。鄭康成註：象既饗而歸賓俎也。又禮記雜記：「大饗既饗，卷三牲之俎歸於賓館，所以為哀也。」鄭註：「既饗歸賓俎，言孝子哀親之去也。是將行之祭，本用饗禮，舊稱遣奠，似不若作饗奠為長。」敕下部更正從之。

厥明，執事者具遣奠如殷奠。○釋「殷奠」。朝夕小奠，至月中而殷祭，朔望之祭謂之殷奠，所用殷眾也。畢沅以為大夫以上則朔望大奠，若士則朔而不望。士喪禮曰：士月半不殷奠。鄭注：「殷，盛也。士月半不復如朔盛奠，下尊者」。賈疏云：「云下尊者以下，大夫以上，有月半奠故也」。舉夫納大舉於聽事前中庭，執事者徹祖奠。有司先撤先日之祖奠祭品，改設在柩車西北。設五鼎於設重旁。牛胃在西南，蚌肉醬在北，醃葵菜又在其東，蝸肉醬在南，以豆為尊；四個籩也呈方形排列：棗在蝸肉醬南，米餅又在其南，栗在米餅之東，乾肉在栗之北，以籩為尊。祝奉遷靈座置旁，祝北面告曰：「今遷柩就轝，敢告。」婦人，避位，召舉夫遷柩，乃載，男子從柩，哭降視載，婦人猶哭於帷中，載畢，祝執事遷靈座於柩前，南向，乃設遣奠，惟婦人不在餘，如朝夕奠之儀，執事者徹遣奠，奉魂帛，升靈舁，焚香，婦人蓋頭，出帷，降階，立哭，有守家不送葬者，哭於柩前，盡哀而歸，卑幼則拜哭辭。以上俱欽定續通典。主人以下哭再拜，執事者撤脯納苞，置舁床上。遂撤奠，祝奉魂帛，昇車，焚香，別以箱盛主，置帛後，婦人蓋頭出帷，降階立哭，守舍者哭辭，盡哀，再拜而歸。補常禮便覽所錄之遣奠告詞：靈輀既駕，往即幽宅。載陳遣禮，永訣終天。或曰，永遷之禮，靈辰不留。今奉柩車，式遵祖道。

遣奠告詞

吉辰既居，神靈莫留，載陳遣奠，永訣終天，謹告。

此何以用詞不用文，以其食之急，故不暇作文以告也。然今俗亦有用文者，故并錄之，以任人之便耳。

遣祭文

痛惟吾父母奄棄凡塵。茲當出柩，往即佳城。靈輀既駕，昭告維先。載陳遣奠，永訣終天。父母耶，天地耶，急切莫留。式飲式食，萬古千秋。謹告。

〔發引〕。

先香案，焚香；次食案，載食；次銘旌，按今祭軸可次此後；次明器；次儀從；儀從一品鞍馬六，二品鞍馬五，三品鞍馬四，四品鞍馬三，五品下鞍馬二。次靈車，安主；靈車役夫，一品二品六十四人，三四五品四十八人，七八九品三十二人。次功布，引道；次大舉，旁以雲翣障之。孝子以下徒步，尊長次之，無服之親又次之，賓客又次之。喪主以下衰服，男在柩旁步從，女在柩後輿從，外親則執引布前導。台灣舊俗，發引時隨從：豬羊、開路神、草龍、銘旗、孝燈、吉燈、大鼓吹、五彩旗、地理師、銘旌、督旌、禮生轎、大牌執事、鼓吹、凉傘、點主官、挽軸、北管、香亭、花車、誥封亭、掌誥封亭、花圈、什音、像亭、魂轎、藝閣、南管、紙轎、柩旌、掌柩旌官、吹幼、道士、金童玉女、和尚、紙幡、靈柩、孝子以下徒步。

發引文

〇釋「發引」。執紼之另謂。曲禮上曰：「助葬必執紼」。鄭注，葬，喪大事也，紼，引車索。檀弓曰：「弔於葬者，必執引，若從柩及壙，皆執紼。〇釋「弔於葬者」。正義曰：弔葬本為助執事，故必相助引柩車也。」〇釋「若從柩及壙，皆執紼」。正義曰：「紼，引棺索。凡執引用人，貴賤有數，若其數足，則餘人不得遙行，皆散而從柩也。至壙下棺窆時，則不限人數，皆悉執紼，是助力也。」家禮釋發引條：柩行，方相等前導，如陳器之敘。主人以下男女哭步從，如朝祖之敘。出門則以白幕夾障之。尊長次之，無服之親又次之，賓客又次之，皆乘車馬。賓客或先待於墓所，或出郭哭拜辭歸。親賓設幄於郭外，道旁駐柩而奠，如在家儀。途中遇哀則哭。若墓遠，則每舍設靈座於柩前，朝夕哭奠。食時上食。夜則主人兄弟皆宿柩旁，親戚共守衛之。俱發靷條。

父母兮生我，鞠育恩深。某等不孝，無以娛親。多違定省，夙夜晨昏。萬期難老，永享遐齡。胡為一疾，遽而歸冥。嗚呼！愁枯菽水，望斷山雲。昊天罔極，抱恨終身。茲當發引，哭奠于庭。父母兮來歸，鑒此哀忱。

○釋「鞠育」。養育之謂。蓼莪曰：父兮生我，母兮鞠我，拊我畜我，長我育我。毛傳，鞠，養也。鄭箋，育，覆育也。蔡邕有「嚴考殞沒，我在齠年，母氏鞠育，載矜載怜」句。

○釋「娛親」。取悅父母，孝敬尊老之謂。清人嚴元照有娛親雅言一書。娛親者，著彩衣作嬰兒戲耍以娛父母，故有所謂斑衣采戲。虞世南有北堂書鈔載老萊子年七十，父母尚在，因常服斑衣，為嬰兒戲以娛父母。曹植靈芝篇贊曰：「伯瑜年七十，彩衣以娛親。」幼學瓊林並詩贊曰：「戲舞學驕癡，春風動彩衣。雙親開口笑，喜氣滿庭幃。」

圖33　發引全圖（一）

○釋「定省」。為父母朝夕請安，孝敬尊老之謂。曲禮曰：「凡為人子之禮，冬溫而夏清，昏定晨省。」正義曰：「冬溫夏清，是四時之法，今說一日之法。」定，安也。晨，旦也。應臥，當齊整牀衽，使親體安定之後，退。至明旦，既隔夜，早來視親之安否何如。先昏後晨，兼示經宿之禮。范成大有次韻陳融甫見贈之「歸驂不可駐，晨昏思定省」句。

○釋「難老」。猶長壽，頌辭。魯頌曰：「既飲旨酒，永錫難老。」鄭箋，已飲美酒，而長賜其難使老。難使老者，最壽考也。蘇子曰：「難老之祥，神人攸相。載更良日，益永壽祺。」

○釋「菽水」。孝敬尊老之謂。檀弓下載：「子路曰：傷哉，貧也！生無以為養，死無以為禮也。孔子曰：啜菽飲水，盡其歡，斯之謂孝。」叔或作菽，大豆也，熬豆而食曰啜菽。」正義曰孔子以子路傷貧，故答之以啜菽飲水。以菽為粥，以常啜之。飲水更無餘物，以水而已。雖使親啜菽飲水，盡其歡樂之情，謂

圖34　發引全圖（二）

使親盡其歡樂，此之謂孝。

〇釋「昊天罔極」。父母恩重，欲報之無門。蓼莪曰：欲報之德，昊天罔極。朱子曰：「言父母之恩，如天無窮，不知所以為報也。」

〔遷柩就轝儀節〕。

○釋「遷柩就轝」。轝夫納大轝於中庭，脫柱上橫扃。執事者徹祖奠。祝北向跪，告曰：「今遷柩就轝，敢告。」遂遷柩靈座置旁側，婦人退避。召役夫遷柩就轝，乃施扃加楔，以索維之，令極牢實。男子從柩哭降視載，婦人哭於帷中。載畢，祝帥執事者遷靈座於柩前，南向。俱家禮。

孝子扶杖出，次行遷柩禮，就位，鞠躬，拜、興二，詣盥洗所，擱杖，盥洗，授巾，盥畢，執杖，詣靈柩前，跪，擱杖，焚香，斟酒，獻果，獻楮，代宣告詞曰：今以良辰，奉柩升轝，道之所至，無怖無虞，謹告。俯伏，興，執杖，復位，拜、興二，焚楮，禮畢。

入棺後，作大轝、竹格、功布及雨具，其餘明器等物，至家始備。啟行前一日因朝奠以遷柩。告，就位。有服者各服其服。哭。祝，盥洗。焚香。斟酒。跪。告曰：「今擇以某日遷柩就轝，敢告」。俯伏。興。平身。主人以下拜哭。拜、興、拜、興、拜、興、拜、興。禮畢。

執事者執功布、雲翣繞棺三匝，下不交口，向下三揖，同聲叱曰：「輀車待駕，奉柩啟行，吉神擁護，喜氣遠揚。」叱畢，以功布、雲翣麾之曰：「啟柩」。執事者持功布、雲翣前，待役夫舉柩就轝，畢，乃退。

〔告柩文〕。

柩既升，舉乃設。香幾於舉前，行告載禮，禮儀與遷柩同，但用文不告詞。

告載柩文

痛惟我父母，奄忽棄世。茲當出柩，適彼樂土。吉辰既居，遷柩就舉，尚其往旃，道路安舒。

〔題主儀節〕。

執事者啟公案，設公座，設筆硯，設更衣所，設盥洗所，布席，通唱行題主禮，升炮，鳴金三，擂鼓三，奏大樂，奏小樂，合樂，樂止，叩請大賓，鼓樂尊導，孝子詣大賓前行叩請禮，跪，叩首三，興，少退，孝子二次詣大賓前，行叩請禮，跪，叩首三，興，請大賓出次稍待，贊引孝子詣靈座前，跪，焚香，告辭曰：「今以良辰，敬請題主，謹告。」

俯伏，興，執事者奉神主授孝子，詣題主所，請大賓詣盥洗所，盥洗，授巾，盥畢，請大賓升公座，孝子奉主詣公案前，執事者授主，置公案，孝子禮大賓，跪，叩首三，候題，執事者和墨，研硃，出主，分主，臥主，濡硃，奉大賓，請熏筆，祝筆，呵筆，請點主，先點內丒，次點粉面，擲筆，接筆，擱筆，濡墨，奉大賓，請蓋墨，先蓋粉面，此蓋陷中，擲筆，接筆，擱筆，執事者合主，竪主，納主，孝子叩謝大賓，叩首三，起立，執事者奉主授孝子還靈座，請大賓更服賀主，執事者撤公案，撤公座，禮畢。

點主贊唱儀節：

陳設公案，執事各項，用贊禮生二，執事左右各一，於親友中擇一人吉服，拜中如上旐注。

啟鼓，啟門，奏大樂，樂止，奏小樂，贊堂，請大賓升堂，詣盥洗所，盥洗，淨巾，復位，樂止，奏大樂，孝男請主出櫝，朝東跪，詣點主所，潤墨筆，點主，潤硃筆，樂止，贊主蓋紅，奏大樂，孝男請主反櫝，詣靈位前行賀主禮，樂止，奏小樂，上香，跪，叩首，再叩首，三叩首，興，平身，奏大樂，復公座，禮畢，退堂散班。

孝男俯伏，謝賓並謝各執事者。

點主贊唱：

日出東方，一照豪光。千秋奉祀，子孫繁昌。

又：硃點輝煌，神所依藏。享祀不忒，後祿綿長。

又：霞彩發豪光，金花伴兩旁。硃筆加一點，後嗣福無疆。

又：一點發豪光，生氣在東方。子孫開億兆，福祿壽綿長。

又：金花光射彩如虹，映照東方一點紅。百世榮華長享祀，子孫福祿壽攸同。

以上俱引張大翎喪祭便覽。

此題主儀節，甚為詳盡，古制，神主製成，只延善書者書主即可，然清代不知肇始何人，浸淫為書就之主，空其主上之點，喪家請顯官達貴或本族大賓於葬時點主，以示厚重，王氏寧儉編曰：夫主已書就，而獨留主字上一點，必邀請貴人於人子舉葬日，倉惶煩劇中補而足之，此亦何所取義乎？近來舊家故族，遲葬其親，甚至蹈水火盜賊之悔而莫追者，十九皆根於此等作俑淺夫，喜事鋪張，妄生枝節，造就此等繁縟儀節，而流俗相沿，並不知其奢而非禮。

鄭氏家儀載宋代題主儀節：

題主。善書者盥手於墓前。先題陷中：故某官諱某字某第幾神主。粉面：故某大夫或郎官某府君，若無官則以生時所稱顯考或祖考某府君神主。題畢。祝跪告曰：形居窀穸，神返室堂。神主既成，伏惟尊靈。舍就從新，是憑是依。畢。懷之興伏位。

附茗洲吳氏家典載明代題主儀節：

擇子弟善書者，題主，設桌子於靈床，東南，西向。置筆、墨、硯。對桌設盥盆，主人立於前，北向，盥洗，祝與題主俱洗。出主，祝開箱出木主，臥置桌子上。題主者盥手巾畢，西向立，題主，先題陷中，再題粉面，題畢。祝奉主置靈座，置畢，收魂帛，乃藏魂帛於箱中，置主後。祝焚香，斟酒，跪，主人以下皆跪。讀祝，畢，懷之不焚。興，復位，鞠躬，拜，興，拜，興，拜，興，拜，興，平身。主人以下哭盡哀。謝題主者，主人再拜，題主者答謝。

附大清通禮載清代題主儀節：

執事者設題主案於靈座東南。西向，筆墨具，對案設盥二，一為祝盥，一為題主者盥。喪主以下序哭於靈座側，祝盥，啟櫝，出木主，臥於案上。題主者盥，就位。書某封諡某官顯考某公神位，若母則書顯妣某氏神位。祝奉木主置於靈座案上，焚香奠酒。喪主以下再拜，祝跪，讀告辭於靈座右：哀子某謹告於先考某官封諡府君，若母則曰先妣某封氏。形歸窀穸，神返室堂。神主既成，伏惟精靈。舍就從新，是憑是依。

〔告主〕。

詞曰：「形將歸窆，主已告成。伏惟尊鑒，合舊從新。以妥以侑，是依是憑，謹告。」

年號幾年，歲次干支，幾月干支，朔幾日干支，孤子／母喪稱哀子，俱亡稱孤哀子，承重稱孤孫、哀孫、孤哀孫告於：顯考某官封諡府君，形歸窀穸，神返室堂。神主既成，伏惟尊靈。舍舊從新，是憑是依。

妥主

詞曰：「形將窆兮，神已依主。奠儀既兮，神情栩栩，春蘭秋菊，長無絕兮。終古，謹告。」

按古禮既葬之日，墓旁題主，題畢即以主載靈車而返。今俗雖不題於墓側，只在家題，然當出柩時亦必以靈車載主，送柩歸山，乃為合禮。稍知禮者，倘能遵行，先於主前行妥主禮，然後發引。若主不同柩歸山，則不得不行安主耳。古禮，祝當奉神主升車，魂箱在後，然而家禮並無題主奠，言形歸窀穸，神返堂室者，即神主於墓所題。沙溪曰返魂時不哭辭於墓者，專意於神主，哭辭於墓所恐非禮意。明齋曰，急於返虞，故無辭墓之節，不即返虞。留看畢役，哭辭於墓所，是委巷之禮。哭辭於墓所，人情不得不然。故知墓旁題主，題畢與靈車而返。

安主文

痛惟我父母，奄忽云亡。體魄無存，撫棺心傷。茲將出殯，安厝山陽。形歸窀穸，神反室堂。朝夕奉祀，虔備恭莊。神其安侑，憑依是將。宗佑永翟，明德馨香。惟靈不昧，俾熾俾昌。謹告。

補常禮便覽題主後祝合主，植趺安於櫝中，奉置椅上，藏魂帛於箱中，置其後，炷香斟酒，執祝版跪告於主人之右，讀安主文曰：維歲云云，哀子某敢昭告於〔妻曰謹告，弟以下但曰告於。按非所尊則，但去敢字足矣，昭明也，恐無逼尊之嫌〕顯考某官封謚府君〔母云顯妣某封某氏，承重云顯祖考、妣。若卑幼，則去府君二字〕窀穸禮畢，體魄永閟，神主既成，魂帛是替，伏惟尊霛〔卑幼則曰惟霛〕，來格來依，返安室堂〔書儀形歸窀穸，神返室堂。虞主既成，伏惟尊靈。舍舊從新，是憑是依。家禮因之，而但改虞主為神主〕。讀畢懷之，主人以下哭，再拜盡哀。

〔起棺文〕。

靈車啟動，謂之起柩。

痛念我父母，棄世歸冥。茲奉靈柩，往即佳城。丹旐既舉，昭告唯寅。輀車就道，勿側勿驚。謹告。

執事者持功布、雲翣，繞棺三匝，向前三揖，大聲叱曰：「告爾力士，同心同德。毋敢游移，風馳電掣」。叱畢，齊聲呼曰：「起舉。」

〔祭古廟橋梁道路江神文〕。

主祭生某，謹以香楮酒殽之儀，敢昭告於：

本境古廟橋梁道路江神前曰：「今有孝子某之某親某人靈柩，將安厝于某山之陽。輀車既駕，往即幽宅。道之所往，維神佑之。履道坦坦，履道平平。親體自若，悉除怖驚。謹以牲醴，只薦於神。謹告。」

若柩過祖墓，請尊長告服行禮。今以某諱某字之柩，歸窆於某山之原。道經我祖墓下，謹奉柩車告辭。伏惟尊靈，以妥以諭。謹告。

若柩過江河，請親賓行禮。

主祭生某，謹以香楮酒殽之儀，敢昭告於

水府河伯之神前曰：「惟　神浩蕩，澤沛靈淵。群生賴以共濟，輀車藉是遠遷。今為孝子某之某親某人，歸窆於某山之原。道經斯河，載登於舟。伏　望水伯澄清，俾扁舟以無恙。江波寧靜，載輀駕以安然。薦茲牲醴，祇告於神。尚享。」

〔路奠文〕。

柩至中途，或墓城尚遙，則駐柩路奠，儀同朝夕奠。痛惟我父母，游非一游。輀車迢迢，窀穸尚遙。行行且止，旅櫬蕭條。載陳菲奠，曷勝魂銷。

歸，請服內敬謹者奉主升靈車，遂反，至室，祝奉主置於靈筵，以俟虞祭。

〔下棺〕。

丈夫立於道東。主人及諸子以下立哭於輴東，西向南上；祖父以下立哭於輴東北，南向西上；異姓之丈夫立哭於主人東南，西面北上。婦人立於道西。婦人以次從降，妻、妾、女子子以下立哭於輴西，東向南上；祖母以下立哭於輴西北，南向東上；異姓之婦人立哭於主婦西南，東面北上。窆。役夫脫舉，去幃牀。執事者施銘旌於棺，藏誌石，覆土。喪主以下哭盡哀。祀土神，題主，祝讀告辭。喪主以下拜，哭盡哀。祝焚告詞，奉魂帛埋於墓側。奉主納櫝，置於靈車而返，喪主以下哭從。

告下棺文

痛惟我父母永矣長游。蔔兆以諧，窀穸在是。以今良辰，迎棺下殯。馬鬣將封，再睹無從。果體慘陳，靈其鑒此。告畢，命役夫舉棺下殯，施銘旌於棺上，安銘石，近棺一二尺。相禮者并立壙前，兩揖，齊聲贊曰：「樂哉斯丘，體魄無憂。悠游爾休，萬古千秋。山水悠揚，發達無疆。奕葉榮昌，桂馥蘭香。」贊畢，役夫遂如，發杆築成，豎牌結墓。主人以玄纁授祝，哭再拜，稽顙，祝奉奠於柩旁，在位者皆哭盡哀。補常禮便覽窆儀告詞曰維歲云云，今為某官某封謚（內喪則云某封某氏），窆茲幽宅。神其保佑，俾無後難。謹以清酌脯醢，祇薦於神，尚饗（考墓祔妣則云，今為某封某氏已祔窆於某官封謚塋內，妣墓祔考則云今為某官封謚某氏祔於某封某氏塋內）。

〔下棺〕。

封墳法

即作灰隔。窆葬之具，有石灰；黃土；細沙；炭末；松脂；隔板；磚；明器；小版；大轝；玄纁；神主；薄版；葬山所需什物：造明器、大轝、棺罩、功布、方相、雲翣、五穀罌、山券、路錢、神主、主龕、過頭小寶燭、運材火枝、定旐亭、定生花燈傘、請顯者祠后土，請顯者點主、定花轎鋪執事人夫、定鼓樂人夫、定招棺人夫、定整山工人、定搭山上篷寮、石灰、定碑石、女白布幃幙、人客酒席、祠后土犧牲。

將下棺，先用石灰二分，細砂、黃土各一分，拌勻厚鋪壙底。備要曰：「皆篩過，四牆灰廣各八寸許，上灰約厚三尺，當入千斗；四牆灰廣約七尺許，則入六百斗，餘皆推之。」次布明岩羔，然後下棺，四旁以薄板作隔離一寸，內填明岩石羔，外填三合土，使內外不相混雜，漸漸抽板，杵築極緊，抽築及棺口，上不用板隔，仍厚鋪明岩石羔，築緊，後以三合土築之，蓋明岩石羔可以護棺，石灰沙土膠粘固結，樹根水蟻皆不得入，此法極好，所當遵用。若雄黃性烈，壞棺朽骨，切不可用。

皇清品官墳級：一品九十步，封高一丈六尺，圍垣周三十五丈，守塋二戶，石獸六，碑高八尺五寸，廣三尺四寸，螭首高三尺，龜趺高三尺六寸；二品八十步，封高一丈四尺，圍垣周三十五丈，守塋二戶，石獸六，碑高八尺，廣三尺二寸，麒麟首高二尺八寸，龜趺高三尺四寸；三品七十步，封高一丈二尺，圍垣周三十丈，守塋一戶，石獸六，碑高七尺五寸，廣三尺，天祿辟邪首高二尺八寸，龜趺高三尺二寸；四品六十步，封高一丈，圍垣周三十丈，守塋一戶，石獸四，碑高七尺，廣二尺八寸，員首高二尺六寸，方趺高三尺；五品五十步，封高八尺，圍垣周三十丈，守塋一戶，石獸四，碑高六尺五寸，廣二尺六寸，員首高二尺四寸，方趺高二尺八寸；六品四十步，封高六尺，圍垣周十二丈，守塋一人，碑高六尺，廣二尺四寸，員首高二尺二寸，方趺高二尺六寸；七品二十品，封高六尺，圍垣周十二丈，守塋一人，高五尺五寸，廣二尺二寸，員首高二尺，方趺高二尺四寸；七品以下二十步，封高皆六尺，圍垣皆周十二丈，守塋皆一人。墓門勒石，書某官某公之墓，婦人則書某封某氏。以上發步，皆從塋心各數至四旁，五品以上許用碑，龜趺螭首，六品以下許用碣，方趺圓首，庶人塋地九步穿心，一十八步，止用壙誌。

唐代品官墳級：一品方九十步，墳高丈八尺。二品方八十步，墳高丈六尺。三品七十步，墳高丈四尺。四品六十步，墳高丈二尺。五品方五十步，墳高一丈。六品以下並方二十步，墳高不過八尺。其域及四隅，四品以上築闕，五品以上立土堠，余皆封塋而已。五品以上立碑，螭首龜趺，高不得過九尺。七品以上立碑，圭首，方趺，趺上高四尺。獸等，三品以上六事，五品以上四事。凡四品以上用方相，七品以上用魌頭，五品以上纛竿九尺，六品以上長六尺。明器，三品以上九十事，五品以上六十事，九品以上四十事。俱唐會要、開元禮。

宋代品官墳級：一品九十步，二品八十步，三品七十步，四品六十步，五品五十步，六品四十步，七品以下二十步，庶人九步。俱宋史。

明洪武三年定明代品官墳級：一品九十步，墳高一丈八尺，石獸六；二品八十步，高一丈四尺（明會典一丈六尺），石獸六；三品七十步，高一丈二尺（明會典一丈四尺），石獸六；四品四十步（明會典四品六十步，墳高一丈二尺）；七品以下二十步，高六尺（明會典五品五十步，墳高一丈，六品四十步，墳高八尺，七品三十步，墳高六尺），文武官員喪，皆由翰林院出文立神道碑。洪武五年重定墳級制：功臣歿後封王，塋地周圍一百步，墳高二丈，四圍牆高一丈，石人四，文武各二，石虎、羊、馬、石望柱各二，螭首高三尺二寸，碑身高九尺，廣三尺六寸，龜趺高三尺八寸。一品至六品塋地如舊制，七品加十步。一品墳高一丈八尺，二品至七品遞殺二尺。一品墳牆高九尺，二品至四品遞殺一尺，五品四尺。一品、二品石人二，文武各一，虎、羊、馬、望柱各二。三品四品無石人，五品無石虎，六品以下無。一品螭首，二品麟鳳蓋，三品天祿辟邪蓋，四品至七品方趺。首視功臣歿後封王者，遞殺二寸，至一尺八寸止。碑身遞殺五寸，至五尺五寸止。其廣遞殺二寸，至二尺二寸止。趺遞殺二寸，至二尺四寸止。俱大明會典、明史。

墳成設奠 儀同下棺文

嗚呼，自斂親體，男等之所日夜撫臨者，非靈柩也耶？今則藏而弗見，即欲拂之而無可撫矣。嗚呼，痛哉！惟是用棺，反壞斬板，成文不無震驚於體魄，用備肴酒，敬妥幽靈。冥冥不昧，來格來歆。

〔下棺〕。

既葬，祀土神於墳在

陳設如常儀，請老成尊長，吉服，行兩跪叩首。文曰：「承天載物，仰至德之含宏。」周官師氏曰：「一曰至德」。鄭注：「至德，中和之德，覆燾持載含宏者也。含宏，含弘也，恩德廣被也。」易曰：「含弘光大，品物咸亨。」孔疏曰：「包含宏厚，光著盛大，故品類之物皆得亨通。聚水藏風，賴坤輿之廣厚。今以孝子某之某親某人，韜魄茲山，潛靈攸託。潛靈，幽魂也」。文選曰：「潛邈其不反兮，殷憂結而靡訴。惟是開域，不無震驚。爰具牲醴，用神酬謝。伏維黜佑，謹告。」

修墳墓告土地

儀如常，請代告吉服行禮。

文曰：「虞土皆神所管，經營安敢不告。今為孝子某之某親某人，砌修墳墓，坐某向。神其庇佑，俾無後難。寅具菲筵，仰祈鑒格。」

修畢謝土地文

惟神之德，陰陽并理。凡有所祈，嘉祥萃止。今為孝子某之某親，修砌墳墓，興作告成。虔備牲醴，酬謝山靈。伏維尊神，永主憤塋。爰錫祚膺，克振家聲。綿綿爪瓞，世世昌榮。謹告。

〔皇清墓誌銘式〕。

徐師曾曰：「按志者，記也；銘者，名也。」

皇清誥授（六品以下曰敕授）某某大夫（六品以下曰某某郎，從八從九品曰佐郎，武官公侯伯一、二品曰某某將軍，三、四品曰都尉，五、六、七品曰騎尉，其從曰佐騎尉，八、九品曰校尉，其從曰佐校尉），某官某謚某公（無官者書姓字，曰某君某甫）之墓誌銘。誌首標題與蓋同，次列某人撰文，某人書丹，某人篆蓋（具書出身封階，京外官全銜）。誌云：公（名位著者稱公，同輩稱君，耆舊稱府君，或稱先生，友人則稱字）諱某字、某姓、某氏，某府、州某縣人（或云其先世為某處人，何時遷於某處，遂考為某縣人〕，曾祖諱某，祖諱某〔名位不著者從略，曾祖以上，有著名者則特書〕，諱某〔存則曰父名某，三代皆直書名諱，不得以字號代，仕者書其終官及封贈〕，妣某氏〔某封某贈，存則稱母。生曰封，死曰贈〕。生子幾人，公次第幾〔兄弟有著名者則書，餘則否〕。少時志趣若何，及長科第若何〔或以別途起家〕，治行若何〔書其一、二可傳者，餘從略。無官者，書其一、二遺事，足為鄉人法者〕，以某年號第幾年、歲次某甲子、某月某甲子〔古誌卒葬之日皆書甲子，而不書時〕，終於某官任所〔或終於家，則曰終於里第正寢。古誌不書生年、月、日，今多從俗，書於卒年之前，或書於卒年之後，則曰距生於某年、月、日〕。有謚者，書其謚〔謚制參見「謚法」〕，年若干歲〔齒尊者曰享年，或曰春秋〕，即以其年〔三月而葬，故曰其年；葬任隔歲，曰以明年〕某月，某甲子，葬於某鄉、某里、某山之原〔或祔於某處祖塋；若遷祔，則書某年、月、日，遷葬於某所。旅葬則書葬於某縣、某所。古志不書葬處坐向，今多從俗，故通禮仍之〕。娶某縣某氏某官某人之女〔祖及兄弟有著名者，則特書，繼娶亦如之。男子幾人，長某、次某；先卒者，書終官；子之婦，不書〕。生

〔皇清墓誌銘式〕。

子幾人〔女子亦子〕。長適某縣某人，次適某縣某人〔婿已仕者，書其官，不書何人之子，其父著名則特書。女在室者，書字某氏，或云未字。子女雖異母，而不分書所出。妻有祔夫葬者，則分書其子。庶子統於嫡，不書所生之母〕，孫幾人，曾孫幾人〔古誌不及曾孫，今但書其數，而不著其名；有求銘者、遷葬者，則書名。亦不書孫為某子所出，曾孫為某孫所出。爾雅曰：「姊妹之子謂之出」。左傳曰：「康公我之所自出，公子重耳秦出也」。凡出皆指母族言，不得屬於父祖〕。某人為請銘，銘曰云云〔銘有用韻者、有無韻者、有序與銘具者、有以序為銘者、有以銘為序者、有三言四言者、有用騷體者、有長短句者，不拘一格，惟以簡勁為要〕。婦人誌，婦從夫，蓋於標題書、皇清某官某公名某元配，若繼配，某封某氏之墓志銘〔夫無官，則書某君名某，妻某氏〕。誌中敘年若干，歸於某氏，以夫若子官，封某號，以某年、月、日，終於內寢〔或夫與子任所〕。子女幾人〔非所生者不書〕。餘與男誌式同。箋處見台灣私法人事編。

〔皇清墓誌銘式〕。

圖35　墓誌銘全圖

〔反哭〕。

葬禮既畢，主人以下，返室奉神主，哭於中堂，是謂反哭。

檀弓曰：「反哭升堂，反諸其所作也。反哭之弔也，哀之至也。」正義曰：「謂葬窆訖，反哭升於廟。所以升堂者，反覆於親所行禮之處。行禮者，謂平生祭祀冠昏在於堂也。主婦反哭，所以入於室，反覆於親所饋食供養之處，此皆謂在廟也。」朱子謂須知得這意思，則所謂踐其位，行其禮等事，行之自安，方見得繼志述事之事。既夕禮曰：「主人反哭，入，升自西階東面。」鄭注，反諸其所作，知反哭在廟。

近俗於題主後即行安主，則不以靈車載主至墓所，故反哭禮多不行耳。若主載至山地，此禮定宜遵行，必待反哭後乃行虞祭。

梁章鉅曰：古今既葬，有反哭之禮，今人不講久矣。虞祭雖曰安魂之祭，亦有慰於人心。凡葬，必奉神主反室而哭，日中而行虞祭。朱子曰，主人以下奉靈車在途行哭，至家哭，祝奉神主入，置於靈座，葬之日，日中而虞。反哭之禮不可或缺，清代定制，既葛葬，題主、虞祭如常儀，歸奉升祔太廟。常禮便覽曰主人以下奉靈車徐行哭，望門哭，執事者設靈座於故處，祝奉神主，昇自西階，入就位櫝之，出魂帛箱置主後，主人昇自西階，東面哭於聽事，婦人先入哭於堂，士儀今俗婦人不隨柩，當迎哭於門而入哭於堂。主人遂詣靈座前，哭盡哀止。四禮撮要曰期九月之喪者，飲酒食肉（期而終喪不食肉飲酒，父在為母為妻），不與宴樂，小功以下大功異居者可以歸。遂庵曰返魂不必他所，若他所則恐非神返室堂之義，而又失於諸其所，然則婦人雖餮於親家，返神則必以夫家可也。又曰，主櫝至家，櫝之似有微意。

〔虞祭〕。

未葬，奠而不祭，既葬而返虞，乃始設祭。虞者，安也，度也。鄭氏曰：骨肉歸於土，魂氣則無所不之。故三祭以安之，其云度者，謂度其神氣之返而祭之也。

孔子家語曰：吳延陵季子聘於上國，適齊，於其返也，其長子死於嬴博之間。孔子聞之曰：「延陵季子，吳之習於禮者也，往而觀其葬焉。」其斂，以時服而已；其壙，掩坎深不至於泉；其葬，無盟器之贈。既葬，其封廣輪揜坎，其高可時隱也；既封，則季子乃左袒右還其封，且號者三，曰：骨肉歸於土，命也，若魂氣則無所不之，則無所不之而遂行。孔子曰：延陵季子之禮其合矣。

資治通鑑載，己亥，葬文明皇后。有司又奏，既虞，除衰服。胡三省注曰：「葬日虞遇柔日再虞，而三虞用剛日。三虞必反而行之。」鄭氏曰：「虞，安神之祭也。骨肉歸於土，魂氣則無所不之，孝子為其彷徨，故三祭以安之。」

居家必用事類全集載，三虞祭，葬之日，日中而虞，或墓遠，則但不出是日可也，若去家經宿以下，則初虞於所館行之。鄭氏曰：「骨肉歸於土，魂氣則無所不之，孝子其彷徨三祭以安之，葬時奠而不祭，但酌酒陳饌再拜而已，虞始用祭禮。」

古者三月而葬，葬日即虞，虞必用辰正。辰正者，日之中也。此祭既行，朝夕奠，即罷孝子衰服，行禮儀用三獻，侑食陳餐。按初虞、三虞用剛日，甲、丙、戊、庚、辰、壬為剛，再虞用柔日，乙、丁、己、辛、癸、為柔。

雜記曰唯士葬與卒哭同月，天子至大夫卒哭皆後。葬二月先儒謂虞祭，間日舉，唯可言於士禮。士者，三虞、四日；大夫五虞、八日；諸侯七虞、十二日；天子九虞、十六日。為甲、丙、戊、庚、壬者為剛日，為乙、丁、己、辛、癸者為柔日。古者葬日必柔，首虞祭在葬日辰正，故初虞必柔日。

再虞之祭，間日，故三虞亦必柔日。初虞之二日再虞，故為剛日。

初虞文

士虞禮曰：「始虞用柔日，葬之日，日中虞，欲安之，柔日陰，陰取靜。」

痛惟吾父母，體魄安存。載主長征，葬事已成。神魂縹緲，不無震驚。茲歸靈座，虞事孔明。哀薦祫事，適爾皇祖。于焉妥侑，庶無式憑，尚享。

○釋「哀薦祫事」。共祭先祖也。士虞禮曰哀薦祫事，始虞謂之祫事，主欲其祫其先祖，以與先祖合為安。公羊傳文公二年曰：大祫者何？合祭也。合先君之主於大廟，祫者合也。

○釋「適爾皇祖」。士虞禮曰適爾皇祖某甫。爾，女也。女，死者。告之以適皇祖，所以安之也。皇，君也。某甫，皇祖，字也。凌廷堪曰：「死三日而殯，三月而葬，遂卒哭。將旦而祔則薦，卒辭曰：哀子某，來日某，躋祔爾子爾皇祖某甫，尚饗」。

通典載初虞文曰：「維年月朔日，子哀子某，（孫稱哀孫，此為母及祖母所稱也。父祖則稱孤子孤孫。）敢昭告於考某官封謚：（妣則云妣夫人某氏。孫為喪主，則稱祖。）日月遄速，奄及反虞，叩地號天，五情糜潰。」

補甫溪縣誌初虞文：「痛惟父母，魄葬郊墟。音容不見，其斯已坎。年華易逝，忽及初虞。既葬以禮，虞祭敢虛。爰備牲酌，肅陳粗蔬。跪英靈幾，尚其鑒諸。精靈如在，神安故廬。」

按未葬之先，奠而不祭，尤以人道事之也。葬事而虞始用祭禮，以人道事之也。奠止酌酒陳饌，祭則行三獻之儀，此奠與祭之所以別也。四品以上用潔牲柔毛、剛鬣、明粢、薌合、薌萁、嘉蔬、嘉薦、醴齊，四品以下用潔牲剛鬣、嘉薦、普淖、明齊、溲酒。再虞、三虞亦同。

再虞文　儀同初虞

痛惟吾父母奄棄塵途，日月不居。倏及再虞，夙夜悲慕。罔取自舒。敬陳薄奠，哀薦庭除。尚享。

補甫溪縣誌再虞文：「傷哉父母，倏然歸西。音容渺矣，日月逝今。初虞既過，再虞臨期。板油日悼，曷勝慘凄。陰陽雖隔，靈魂無虛。朝夕祭祀，若望雲霓。於此再祭，是憑是依。」

三虞文　儀同初虞

痛惟父母，奄棄塵途。日月不居，三虞驟至。夙興夜寐，思墓曷既。薦茲牲醴，聊表寸臆。父母靈有知，來格此祭。尚享。

補甫溪縣誌三虞文：「嗚呼父母，已棄塵埃。失估〔恃〕悲痛，哀哉暢哉。魄降於地，魂生天臺。奠祭不至，精靈准回。再度已過，三虞又來。愛陳牲禮，敬獻褚財。跪莫靈幾，莫覓親骸。其性來格，直步蓬萊。」

〔卒哭〕。

自三虞以前，哀至則哭，所謂卒哭者，謂卒去不時之哭，以殺其哀也。

古者孝子从父母始死至葬，哭無時；葬後，念及父母即哭，即哀生之則哭，故謂不時之哭，亦稱無時之哭。四禮翼曰哭無時，哀至則哭，此真情也，制為哭，情乎。禮，始死不哭。既含，乃哭，奔喪望其州境、縣境、其城、其家皆哭，又入門拜興而後擗踴皆以禮為情，最失自然之初意。至於奔喪未成服，入門再拜，而後擗踴，既成服，四拜而後擗踴，尤為無謂。三虞祭後，止無時之哭，變殯後阼階下朝夕哭，盧中思憶則哭，曰不代哭也，名為卒哭。既夕禮曰三虞卒哭。鄭注曰：「卒哭，三虞之後祭名。始朝夕之間，哀至則哭，至此祭，止也。朝夕哭而已。」孔疏曰：「至此為卒哭祭，唯有朝夕哭而已，言其哀殺也。」檀弓下曰：「卒哭曰成事。」鄭注曰：「既虞之後，卒哭而祭，其辭蓋曰哀薦成事。祭以吉為成。」孔疏曰：「以虞祭之時，以其尚凶，祭禮未成。今既卒無時之哭，唯有朝夕二哭，漸就於吉，故云成事。」雜記曰：「士三月而葬，是月也卒哭。大夫三月而葬，五月而卒哭。諸侯五月而葬，七月而卒哭。」鄭注曰：「尊卑恩之差也。故謂天子以至庶人，皆死後百日，又曰百日祭。通禮仍其百日之期，而易其祭於三虞之後。」吳氏曰凡品官之喪，是日喪主及諸子皆薙髮，入奉幾筵，用哀服，有故用出，易墨衰，冠冬線緯，夏朱氂，去頂戴，終喪皆如之，至是始以吉祭易喪祭。

古禮三虞後遇剛日行〔卒哭〕禮。

士虞祭曰：「三虞卒哭，他用剛日。」鄭注曰：「用剛日，剛日，陽也，陽取其動。」曲禮曰：「外事以剛日，內事以柔日。」孔疏曰：「剛，奇日也，十日有五奇五偶。甲、丙、戊、庚、壬五奇為剛也，外事剛義故用剛日也。古者以十幹記日。甲、丙、戊、庚、壬五日居奇位，屬陽剛，故稱剛日。」朱子曰：「三日後遇剛日而卒哭。因大夫以上卒哭者，去虞校兩月，則虞祭既終，不得與卒哭相接。」

儀同〔虞祭〕。先期陳器，秉燭焚香，宰牲省牲，縝明方始行事，執事者取前期毛血瘞於兩階間，然後孝子衰服行禮，儀同虞祭。

卒哭乃成事之祭，以吉易喪也，儀同於虞。吳氏以為曰百日卒哭，儀同虞祭，祝文改虞，事為成事。士虞禮曰：「將旦而祔，則薦。」卒辭曰：「哀子某，來日某，隮祔爾於爾皇祖某甫。女子曰皇祖妣某氏。」鄉辭曰：「哀子某！圭為而哀薦之，鄉！」此即宋栗庵曰卒哭須改虞祭儀節：「日月不居，奄及卒哭。叩地號天，五清糜潰。謹以清酌庶羞，哀薦成事。來日躋祔於祖考某官某府君，尚饗。」

卒哭文

痛哉，吾父母一自離塵，愴號無已，曾日月幾何而遂以卒哭也耶？故情雖無窮而哀不過節，成事既修，凡筵宜設。親靈有知，伏維鑒格，尚享。

按古禮卒哭在虞祭後，今若能合三月之期而葬，則如古禮而行，然近俗多擇地而葬，三月之期甚有遲之數年者。

乾隆三十年正月，奉巡撫部院定憲牌照得：養生送死，人子本有同心；生寄死歸，魂魄皆思得所。蓋葬者，藏也，謂藏體歸魄，永安長夜也。禮有云：「大夫、士、庶人三日而殯，三月而葬」。律載：「有喪之家，若惑於風水，及託故停柩在家，經年不葬者，杖八十」等語。是凡有父祖之喪，務必蚤營窀穸，以免暴露，即下而期功親屬，棺柩亦宜量力經營，及期安厝，庶死者之體獲安，即生者之心無愧。乃本部院訪聞：閩省陋習相沿，富家巨室，則惑於風水，而觀望遷延；小戶編氓，則絀於貲財，而因循耽誤。往往一室停數世之喪，一棺經數十年之久，遲回未葬，相習成風。豈知風水一說，事屬渺茫，蔔之地理，誠不如求之人心天理之安；徼福忘親，庸復能邀鬼神之庇。至於喪葬豐儉，原可稱家之有無，尤不在務求美備，崇尚虛華；若以讀書明理之人，而甘為術士所惑；以天倫骨肉之戚，而忍託貧窘為詞；俾屍居陽宅，既非所宜；風水靡常，悔將安及。上年冬間，會城居民失火，屢致延燒棺柩，是其明戒。凡在仁人孝子，目見耳聞，自必惻然心動，不復踵循陋習；惟其中或實有力不從心，欲葬無地，欲厝無資，以及無主孤骸，拋露堪憫者，則又在地方牧令，行收骼埋胔之政，而敦型仁教孝之風也。本部院現在率同省會司道府廳縣，查有侯官縣屬三十八都梅亭地方，土名鹿鹿山場，毘連兩處，及西湖近邊一帶，均堪為義塚，以備貧民營葬，並將無主骸襯一體捐資收埋外，合行出示曉諭。為此示仰撫屬紳士軍民諸色人等知悉：凡屬有力之家，停柩未葬，各宜感發天良，恪遵令典，限三月內自行擇地安埋，切勿託故停留，致幹按律重懲；其能葬而無葬地者，即許埋於現在官地，以次鱗列，毋得紊爭；如有實在無力窮民，並客死無歸，及查無子孫親屬，孤襯骸罐，許其報明地方官代為出資抬埋官地，統限於清明前埋葬完畢。總期生順死安，遠災弭患，勿存邀福之心，勿尚虛文之事，此即本部院所殷殷誥誡，願吾民之共相勸勉者也。地保差役，倘敢藉端滋擾，並許稟官嚴究不貸。其各凜遵，毋違，等因。將未虞而朝夕奠不罷乎？則失之煩。又有未卜佳城，或貧困不能久存，有不及三月之期，甚有數日即葬者。將既葬而虞，遂罷朝夕奠乎，則失之忍。茲酌過期而葬者，百日卒哭，罷朝夕奠，俟既葬而後行虞祭。不及期而葬者，葬畢，遂行虞祭，朝夕奠，至百日乃行卒哭，庶免煩與忍之失矣。張爾岐辨曰：「葬之習於侈也，於是有久而不克葬者。是徒知備物豐儀之，為厚其親；而不知久而不葬之，大悖於禮也。」先王之制，喪禮：始死而襲，襲而殮，三日而殯，殯而治喪具。其葬也，貴賤有時：天子七月，諸侯五月，太夫三月，士庶踰月。先時而葬者，謂之渴葬；後時而葬者，謂之怠葬。其自襲而殮，自殮而殯，自殯而葬，中間皆不治他事，各視其力，日夕拮據，至葬而已；以為所以計安親體者，必至乎葬而始畢也。襲也、殮也、殯也，皆以期成乎葬者也。殯則不可不葬，猶之襲則不可不殮，殮則不可不殯，相待而為始終者也，故不可以他事間也。今有人親死，踰日而不襲，踰月而不殮，踰時而不殯，則人必訾之矣！其人非狂即癡，必有痛乎其心者矣！至於累年而不葬，則相與安之，何也。殯者必於賓位，所以賓之他，父母而賓之，人子之所不忍也，而為之者，以將葬，故賓之也，所以漸即乎遠也。殯而不葬，是使其親退不得反於寢，進不得即於墓；不猶之客而不得歸，歸而未能至者歟！此非人事之至難安，而人子之大不忍者歟！喪服小記曰：「久而不葬者，唯主喪者不除」。疏曰：「久而不葬，謂有事礙；不得依月葬者，則三年冠服身，皆不得祥除也」。陳氏曰：「主喪者不除，謂子於父，妻於夫，孤孫於祖父母，臣於君，未葬不得除衰絰也」。乃知古之人有不幸，有故不得葬其親者，雖踰三年，不除服，其心所痛，在於未葬，以為與未及三月者同實也。與未及三月者同實，斯不得計時而即吉矣，何也？喪之即吉，始於虞而成於禫。虞之為禮，起於既葬，送形而往，迎精而返，故為虞以安之；未葬則無所為而虞；不虞則卒哭與祔，皆無所為而舉；卒哭與祔不得舉，又何為而可以練，何為而可以祥且禫。日月邁於上，殯宮淹於下，故雖踰三年，與未及三月者同實也。未及三月，而欲舉祥、禫之禮，行道之人弗忍矣！斯其所以可以除而弗除歟！斯其所以寧殯形旋葬，縣棺而封，而必不敢為溢望奢求，以至於久而不葬也歟！不然，古之人豈不欲厚其親者哉？盡人皆子也，生事顯榮，死葬華盛，盡人之子，皆有是心也。尊卑制乎分，盈絀限乎力，斯誠不可如何者耳。孟子不云乎，不得不可以為悅，無財不可以為悅，奈何以欲厚其親之心，反使其親久客而不得即於安，豈非所謂去其小不備，而就大不備者乎？盍亦思所以變計乎？

〔卒哭〕。

〔小祥〕。

小祥之具，冠、衣裳、首絰、腰絰、絞帶、杖、中衣、屨、祝文。

自喪至此，不計閏凡一十三月，今只十二月為期年。

張子曰：「大功以下，筭閏月期已上，以期斷不筭閏月」。開元禮曰：「閏月亡者，祥及忌日皆以閏所附之月為正」。

小祥，祭名，又練祭之謂。士虞禮曰：「期而小詳，曰薦此常事」。釋曰：「自祔而後，至十三月小祥，故云期而小祥。謂常事者，期而祭，禮也。祝辭之異也，謂小祥辭與虞、祔之辭異也。異者，以虞、祔之祭非常，一期天氣變易，孝子思之而祭，是其常事，故祝辭異也」。

用初忌日，祭前期一日陳器有省牲，如卒哭之儀。

主人帥眾丈夫灑掃滌濯，主婦帥眾婦女滌釜鼎，具祭饌。前期一日，喪主及諸子皆沐浴，具饌陳器，設次，陳練服於其所。其日夙興，祝入整，拂几筵，以出。內外衰服。喪主以下倚杖於階東，俱升就位，哭盡哀。贊者引喪主杖就次。主婦以下各就次。乃陳練服。贊者引喪主倚杖如初，乃升，內外俱升，就位哭。贊者引喪主盥手奠酒。祝進立于靈座右。內外止哭。祝讀祝文曰：「維年月朔日辰，孤子某敢告于考某人之靈：歲月驚迫，奄及小祥，攀慕永遠，重增荼裂。謹以清酌庶羞，祗薦祥事。尚享」。祝興。喪主哭再拜，退復位。內外哭盡哀。喪主以下出，杖，降自西階就次。妻妾女子子還別室。自小祥之後，止朝夕哭。俱禮學拾階。

質明，孝子披斬執杖，禮同虞祭，祭畢，易練服斷杖，焚于主前，以練熟之布為冠服也，去首絰，以麻繩為帶。

丈夫、婦人各設次於別所，置練服於其中。男子以練服為冠，去首絰、負版、辟領、衰，婦人截長裙，不令曳地。

〔小祥〕。

○釋「首絰」，實也，萬斯大曰：「此明經之義實者，誠信之謂也，人子於親喪附身附棺，必誠必信。故因經著義，欲人之顧名而自盡也」。

按喪服之制，〔小祥〕除斬服而服練服。

釋名曰：「期而小祥，亦祭名也，孝子除首服，服練冠也。祥，吉也，加小善之飾」。檀弓曰：「練，練衣黃裏，源緣」。鄭玄注，小祥練冠，練中衣，以黃為內，源為飾。孔穎達疏，練衣者，練為中衣。黃裏者，黃為中衣裏也，正服不可變，中衣非正服，但承衰而已。曾子問孔子曰：「聞之小祥者，主人練祭而不旅，奠酬於賓，賓弗舉，禮也。昔者，魯昭公練而舉酬行旅，非禮也。孝公大祥，奠酬弗舉，亦非禮也」。孔穎達疏，練，小祥祭也。旅，謂旅酬。故奠無尸。虞，不致爵，至小祥，彌吉。但得致爵於賓，而不得行旅酬之事，大祥乃得行旅酬，而不得行無算爵之事，此言小祥奠後可致酒於賓，而不行眾賓旅酬之禮。

〔大祥〕則去練服而服釋，至中月而禫，乃除禫服而服吉服，此禫服者，縞素之服也。

應服期者改吉服。然猶盡其月，不服金珠錦繡紅紫。唯為妻者猶服禫，盡十五月而除。

小祥祭文

痛惟我父母，去明就幽。音容杳忽，天運一用。死不可忘，生者漸祥，志有所至，禮自宜恃。禮練冠去，經拜奠堂。父母也有知，來格來嘗。

四禮便覽小祥祝文式曰：年號幾年，歲次干支，幾月干支，朔幾日干支，孝子某敢昭告於〔妻曰謹告，弟以下但曰告於〕顯考某官府君，日月不居，奄及小祥。夙興夜寐，哀慕不寧。謹以清酌庶羞，哀薦常事，尚饗。十一月而練，前旬卜日或丁或亥行祀如小祥儀，十三月而祥行祀如大祥儀。補四禮撮要練祭祝辭：維歲云云，某官昭告於喪室某封某氏，日月不居，奄及練祭〔初期云祥祭，禫除云禫祭〕。悲悼酸苦，不自勝堪。茲以清酌庶羞，陳此祥事〔初期云祥祭，禫除云禫祭〕。尚饗。

〔小祥〕。

〔大祥〕。

自喪至此，不計閏凡二十五月，計兩期年，用再忌時。元豐八年，宋神宗曰：「今群臣雖易月，而人主實行喪，故十二日而小祥，期而又小祥；二十四日而大祥，再期而又大祥」。祭前期一日，陳器省牲，如〔卒哭〕儀，質明孝子練服行禮，禮同小祥，及〔虞祭〕，祭畢易祥服。前期一日，喪主及諸子俱沐浴，具饌陳器，陳禫服於次。乃告遷於祠堂。告畢，改題神主而遞遷之，虛東一龕以俟厥明。祝先入拂几筵，降出。內外於次哭盡哀。掌事者設饌於靈座前。內外俱就位哭。贊者引喪主盥手，奠酒。祝立於靈座右，跪讀祝文曰：「維年月朔日辰，孤子某敢昭告于考某人之靈，日月逾邁，奄及大祥，攀慕永遠，無任荒踣。謹以清酌庶羞，祗薦祥事。尚享。」祝興。喪主哭再拜，退復位。內外哭盡哀。

祝奉神主入於祠堂。喪主以下哭送。掌事者徹靈座。斷杖棄之屏處。始飲酒食肉而復寢。

大祥祭文

痛惟我父母，體魄安之。自離膝下，兩載於茲。〔大祥〕倏屆，觸景興思。薦茲祥事，拜獻以時。父母靈不昧，降鑒在茲。

四禮便覽大祥祝文式曰：年號幾年，歲次干支，幾月干支，朔幾日干支，五代孫〔承重稱六代孫，繼曾祖以下之宗，隨屬稱。若喪主非宗子而宗子告，則稱孝玄孫某官〕某敢昭告於顯五代祖考〔妣〕某官府君〔某封某氏。高祖考、妣至祖考、妣列書，承重則自六代祖考、妣至曾祖考、妣列書。父先亡，母喪則自高祖考、妣至考列書，祔位不書〕。茲以先考〔妣。若承重則云先祖考、妣。若妻則云亡室。若宗子告則隨屬稱〕某官〔內喪云某封某氏〕大祥已屆，禮當祔於顯曾祖考〔屬稱隨改〕某官府君〔內喪云某封某氏〕，不勝感愴，謹以酒果，用伸虔告。尚饗。

〔告祔文〕。

嗚呼，我父母喪制祭既終，理宜祔祀祖考廟，將以翼日遷於宗祊，爰具菲儀，用行告祔，伏惟我父母鑒此枕愫。

祖考廟，大祖之廟，周制即後稷之廟。祭法曰：「王立七廟，一壇一墠。曰考廟，曰王考廟，曰皇考廟，曰顯考廟，曰祖考廟，皆月祭之，遠廟為祧，有二祧，享嘗乃止」。孔疏曰祖考廟者，祖，始也。此廟為王家之始，故云祖考也。王制天子七廟，三昭三穆，與大祖之廟而七。鄭注，此周制，七者，大祖及文王、武王之祧，與親廟四，大祖，後稷。俱三禮辭典。

○釋「祔」。祔在虞卒之後，立主祔祭於祖廟。並列昭穆之位。祭畢，反寢。既夕禮曰：「卒哭，明日以其班祔。班，次也，祔，尤屬也」。喪服小記曰：「祔必以其昭穆，亡則中一以上，故卒哭之明日而為之祔祭，祔屬也。若父，則祔於父之祖考，母則祔於祖妣，妾則祔於妾祖姑。以孫祔祖為正者，故祖孫同昭穆也。若無祖，則祔於高祖，蓋取同昭穆之主。若婦則祔於夫之所祔之妃。若妾祔，亦祔於夫之所祔之妾，無則易牲祔女君也」。雜記曰：「大夫祔於士，士不祔於大夫，祔於大夫之昆弟。無昆弟則從其昭穆」。注曰：「大夫祔于士，不敢以己尊自殊於其祖也，士不祔於大夫，自卑，別於尊也。大夫之昆弟，為士者也，從其昭穆中一以上，祖又祖而已。祔者，祔於先死者。雖王父母在，亦然。」注曰：「謂孫死後，應和祔於王父，王父見在，無可祔。然，猶如是也，亦如是祔於高祖也。婦祔於其夫之所祔之妃，無妃，則亦從其昭穆之妃。妾祔於妾祖姑，無妾祖姑，則亦從其昭穆之妾。」注曰：「夫所祔之妃，於婦則祖姑。孔疏曰：無妃，亦從其昭穆之妃者，其孫婦祔祖姑，祖無妃，謂無祖姑，則亦從其昭穆之妃，謂亦間一以上，祔於高祖之妃。高祖無妃，則祔於高祖之祖妃。若其祖有昆弟之妃，班爵同者，則亦祔之。男子祔於王父之配，女子祔於王母則不配。」注曰：「王母不配，則不祭王父也。有事於尊者，可以及卑，有事於卑者，不敢援尊。配與不配，祭饌如一，祝辭異，不言以某妃配某氏耳。」

設案出主，備酒果香燭，主人祥服行禮。

祔祭，先期於祠堂陳器，具饌，設位，器如卒哭。若無祠堂，則於廳事設亡者之祖考祖妣為於中

〔告祔文〕。

南向，西上。母喪則不設祖考位，設亡者位於東，西向。蓋雜記曰：「男子祔於王父之配，女子祔於王母則不配。注曰：王母不配，則不祭王父也。有事於尊者，可以及卑，有事於卑者，不敢援尊。」即宋栗庵曰若父先故，則用告遷之禮，母先故，惟祔於曾祖妣之側，不必告遷，待父故，然後行告遷禮。

通典曰：祔日，內外夙興，掌饌者先具少牢之饌二座，各俎三，簋二，六品以下具特牲之饌二座，各俎一，簋二。餘同。簠二，鉶二，酒樽二。其二樽，一實玄酒，為上；一實清酒，次之。上樽加玄酒者，重古。其籩豆，一品者各十二。二品三品各八，四品五品各六，六品以下者各四。主人及行事者各服祭服。掌事者具腰輿。掌廟者開神主置於座，降出。曾祖妣神主並而處右。若祔妣則出曾祖妣神主而已。執樽罍篚者入就位。四品以下，則主人以下皆入就位，又諸婦人停於門外，周以行帷，俟祭訖而還。六品以下，則諸婦人位於西階西南，餘與四品以下同。內外俱就靈室所。祝進座前，西面告曰：「以今吉辰，奉遷神主於廟。」執輿者以輿升，入，進輿於座前。祝納神主於匱，置於輿，祝仍扶於左，若祔妣，則閽寺之屬扶於右。降自西階，子孫內外陪從於後。至廟門，諸婦人停於門外，周以行帷，俟祭訖而還。神主入自南門，升自西階，入於室。諸子孫從升，立於室戶西，重行東面，以北為上。行事者從入，各就位。輿詣埳室前，迴輿西向。祝啟匱，出神主置於座。輿降，立於西階下，東向。相者引主人以下降自東階，各就位。自內外各就靈室以下，四品以下無。祝立定，贊唱者曰：「再拜。」在位者皆再拜。掌饌者引饌入，升自東階，入於室，各於神座前施設訖，掌饌以下降出。祝持版進於室戶外之右，東向跪讀祝文曰：「維年月朔日，子孝曾孫某官封某敢昭告於曾祖某官封謚、〔若無官封，但云曾祖之靈。祔母云曾祖妣夫人某氏，不告曾祖。祖某官封謚、若祔母，云祖妣某氏。以下無官封者，但云考妣之靈。考某官封謚，若祔母，云妣某氏。如父在，不可遽遷祖妣，先妣宜於廟東北，當別立一室，藏其主，待考同祔。〕某罪積不滅，歲及免喪，先王制禮，練主人祔，宗廟上遷，昭穆繼序，是用適於皇考封謚，以遷王考封謚，躋祔孫某封謚。無官封者，但云以適遷於祖，躋祔某孫。〔若母同祔，則云適遷於祖姑夫人某氏，以躋祔孫婦夫人某氏。各隨所稱。無官封者，但云以適遷於祖姑某氏，以躋祔孫婦某氏。〕謹以潔牲剛鬣，嘉薦、普淖、明齊、溲酒，祗薦於曾祖某官封謚，〔曾祖妣某氏配，祖某官封謚，祖妣某氏配，考某官封謚。若祔母，則云曾祖妣某氏，祖妣某氏。〕尚饗。」興。主人再拜。祝進，入，奠版於曾祖神座，興，還樽所。相者引主人入室，立於西壁下，東面再拜。相者引主人出，降，還本位。

朱子曰厥名夙興，設蔬果酒饌，質明，主人以下哭於靈前，皆倚於階下，入哭盡哀止。朱子以為此乃繼祖宗子之喪，其世嫡當為後者主喪，乃用此禮。若喪主非宗子，則皆以亡者繼祖之總主此祔祭，統於尊也。詣祠堂，奉神主出，置於座。

〔昭穆制度〕。

○釋「昭穆制度」。小宗伯曰：「辨廟、祧之昭穆。」鄭注，祧，遷主所藏之廟，自始祖後，父曰昭，子曰穆。孫注，辨昭穆者，別其昭穆而書之，四時以敘享祀，其禘祫殷祭，則兼辨迂廟主之昭穆，亦以敘合食。冢人曰：「冢人掌公墓之地，辨其兆域而為之圖，先王之葬居中，以昭穆為左右。」鄭注，公，君也。圖，謂畫其地形，及邱壟所處而藏之。先王造塋者，昭居左，穆居右，夾處東西。孫注，昭穆者，所以辨廟祧之序次，不以此為尊卑，凡廟及神位並昭在左，穆在右，廟位與墓位同也。左傳文公三年、公羊文公二年皆載「躋僖公，逆祀」之言。孫引此云，二年秋八月，大事於大廟，躋僖公，謂以惠公當昭，隱公為穆，桓公為昭，莊公為穆，閔公為昭，僖公為穆，今升僖公于閔公上為昭，閔公為穆，故云逆祀也，知不以兄弟同昭位，升僖公于閔公之上為逆祀者，按，定公八年經云，『從祀先公』，傳曰：「順祀先公而祈焉，若本同倫，以僖公升之于閔公上，則以後諸公昭穆不亂，何因至定公八年始云順祀乎？明本以僖閔昭穆別，故於後者皆亂也，若然兄弟相事，後事兄為君，則昭穆易可知，但置塋以昭穆夾處與置廟同也。小史曰：「掌邦國之志，奠系世，辨昭穆。大祭祀讀禮法，史以書敘昭穆之俎簋」。鄭注，幾讀為軌，書亦或為簋，古文也，大祭祀，小史主敘其昭穆，以其主定世系、祭祀，史主敘其昭穆，次其俎。孫案賈疏，此言昭穆之俎簋，則非外種耳，則大祭祀，惟謂祭宗廟三年一祫之時，尸主，兼序昭穆之俎簋也，時案「亦當兼大禘也」。祭統曰：「夫祭有昭穆。昭穆者，所以別父子、遠近、長幼、親疏之序而無亂也。是故有事於大廟，則群昭群穆咸在而不失其倫，此之謂親疏之殺也。」同篇，「凡賜爵，昭為一，穆為一，昭與昭齒，穆與穆齒。凡群有司皆以齒，此之謂長幼有序」。鄭注，昭穆咸在同宗父子皆來，〔昭〕上遙反後放此。同篇注云，昭穆猶特牲少牢饋食之禮，眾兄弟也，群有司猶眾賓下及執事者，君賜之爵，謂若酬之。公羊傳文公二年曰：「大祫者何，合祭者，柰何毀廟之主，陳于大祖。」引何注曰：「太祖東鄉，昭南鄉，穆北鄉，其餘孫從王父，父曰昭，子曰穆，昭取其鄉明，穆取其北面尚敬」；國語楚語下曰：「宗廟之事，昭穆之世」。漢書韋賢傳第四十三曰：「孫居王父之處，正昭穆，則孫常與祖相代，此遷廟之殺也，聖人于其祖，出於情矣，禮無所不順，故無毀廟。」同篇，祫祭者，毀廟與未毀廟之主皆合食於太祖，父為昭，子為穆，孫復為昭，古之正禮也。

天子七廟，三昭三穆，與大祖之廟而七。諸侯五廟，二昭二穆，與大祖之廟而五。大夫三廟，一昭一穆與大祖之廟而三。祭法曰適士無太祖，鄭玄曰大夫乃太祖別子使爵者，即大傳所謂別子為祖者也。故而諸侯之子為大夫，大夫為後世之太祖。士一廟，庶人祭於寢。

周制，天子七廟，與文武二世而九，昭常為昭，穆常為穆，父子異昭穆，故異廟；祖孫同昭穆，故同廟。

昭穆迭毀則互不相涉。父昭子穆，父遷曾祖之位，子遷祖之位。昭恒為昭，穆恒為穆。兄弟亦同昭穆，同廟異室。如此則無論父死子繼，兄終弟及，皆定三昭三穆而無多少不齊，對偶偏枯之慮。此大夫、士之禮，不與天子、諸侯同，大夫、士以宗法辨親疏長幼之敘，故兄弟不相為後，同昭穆。天子、諸侯近臣、諸父、兄弟、臣子一例，故兄弟及諸父繼統者，與子繼父同，分昭穆。

諸侯五廟者，亦然。大夫三廟者，其一昭一穆，高與祖同一廟，曾與禰同一廟，皆異室，以為常。適士二廟者，亦然。官師一廟者，則高、曾、祖、禰異室祀之。庶人祭於寢，亦祭高、曾、祖禰。

夏制，因唐虞立五廟，又祖顓頊而宗禹，則七廟之外更有禹廟，又鯀列於郊，亦當有廟，是夏有九廟。殷制亦五廟，殷人祖契而宗湯，則七廟之外，更有湯廟，又具列於郊，與書稱大戊為中宗，武丁為高宗，則殷有十一廟也。周制，天子七廟，三昭三穆，與大祖之廟而七；諸侯五廟，二昭二穆，與大祖之廟而五；大夫三廟，一昭一穆，與大祖之廟而三；士一廟，庶人祭於寢，然周則初以後稷為始祖，合文武而為九，東遷後祖文武合武而為八。孔廣森考梅氏古文尚書釋曰：「七世之廟，可以觀德。」乃本呂覽引書五世之廟，可以觀德，怪而增改其文；漢代每帝即世，輒立一廟，不止於七，不列昭穆，不定迭毀。魏立二廟，晉、宋、齊、隋，皆同一廟而異寢。唐因高祖尊高、曾、祖、考。太宗立七廟，虛太祖之室。玄宗創九室，祀八世，其後敬、文、武三宗為一代，故而唐代常為九世十一廟。明制立四龕以奉先世神主，高、曾、祖、考四代各為一龕，龕中置櫝，神主以西為上。歷代昭穆廟數各有出入。古者座次以東為尚，故宗廟之祭，太祖之位東向。昭南向，即二、四、六世居太祖之左。穆北向，即三、五、七世居太祖之右，即父昭子穆、左昭右穆，昭與昭齒，穆與穆齒。故歷代禮儀典曰：「父以明察下曰昭，子以敬事上曰穆。其制蓋祖廟居中，而父昭在左，子穆在右。始死者昭，則毀昭廟；始死者穆，則毀穆廟。昭與昭為列而不嫌乎子加于父，穆與穆為列，而不嫌乎父屈于子。猶之賜爵，子與祖齒而不嫌乎卑先；父與孫齒而不嫌乎尊者後。猶之主立屍也，子無嫌乎南面而坐，父無嫌乎北面而立，此昭穆之辨不可易矣。」

大祖，始祖也，其廟百世不遷，大夫有大祖，故其子孫適長世世為大宗，士無大族，親盡則祧，故子孫適長只為小宗。俱禮記偶箋。

萬斯大又曰：「大夫、士五代之內其宗無分大小。蓋大宗、小宗之別在漸別其後，而非驟然別之于初。別子之及身為大夫、士于公朝有宗道也，而未實為宗至其子。大夫則立禰廟于中，即後世太祖之廟。士則立禰廟於昭（士無太祖，一昭一穆）時，則有親兄弟而下宗之以祭者。至其孫，則大夫增禰廟于昭，士則增禰廟於穆時，則有伯叔以下宗之以祭者。至其曾孫，則大夫增禰廟於穆而三廟，士則增禰於曾祖之昭時則祭三世，而宗之者自從祖以下及於元孫。大夫祔禰於曾祖之昭，士祔禰於曾祖之穆時，則祭四世，而宗之者自族曾祖以下及於元孫之子。士之禰祔於曾祖而高祖之父已遷，大夫之禰祔於曾祖而高祖之父乃為太祖，高祖之父遷而宗之者亦遷太祖之廟，尊而宗之者不改。故宗有大小之分，盡在五世之後。」

〔宗廟祠堂之制〕。

皇清之制，宗廟猶祖廟。宗廟猶祖廟。欽定續修通禮諸侯大夫士家廟條云，宗廟猶云祖廟，自天子以至大夫、士皆得通稱，故杜佑通典此條亦稱宗廟第制，隨時改唐、宋以來群下之廟，見于史傳者，或稱私廟，或稱家廟，無慼僭擬稱宗。據宋史志，群臣家廟之文，改宗為家庶，以昭別嫌之義云。三間，外為中門，中門外為兩階，皆三級。東曰阼階，西曰西階，階下以屋覆之，令可容家衆敘立。此謂四至七品官員家廟。清制，一至三品，家廟五間，中三間為堂，北夾室，南房，階五級；四至七品，家廟三間，中一間為堂，北夾室，南房，階三級；八至九品，家廟三間，中一間為堂，北夾室，南房，階一級。地狹者止立一間，不立庫廚。東西壁置兩櫃，藏遺書、衣物、祭器亦可。為四龕高、曾、祖、禰以奉先世神主。文公家禮庶民祭四世，清循之。明制只祭三代。以近北一架為四龕，每龕內置一桌。大宗及繼高祖之小宗，則高祖居西，曾祖次之，祖次之，父次之；皇清帝王廟制，太祖高皇帝正中南向，孝慈高皇后配；太宗文皇帝東位西向，孝端文皇后、孝莊文皇后配；世祖章皇帝西位東向，孝惠章皇后、孝康章皇后配；聖祖仁皇帝東次西向，孝誠仁皇后、孝昭仁皇后、孝懿仁皇后、孝恭仁皇后配；世宗憲皇帝西次東向，孝敬憲皇后配。此言以左昭右穆，妣并配享。此處以高祖居西，則循古者西鄉為尊之意，著者以西至東定昭穆尊卑，似與昭穆本意相去甚遠。繼曾祖之小宗，則虛高龕；繼祖之小宗，則虛曾龕；繼禰之小宗，則虛三龕。非嫡長子不敢祭其父。

虛龕者，則不敢祭也。即「繼高祖者祭高祖，繼曾祖者祭曾祖，繼祖者祭祖，繼禰者祭禰」之義。繼禰者與親兄弟為宗，則庶子不得祭祖；繼祖者與從兄弟為宗，小宗不得祭高、曾；祭曾祖者與再從兄弟為宗，小宗不得祭高；繼高祖者與三從兄弟為宗。萬斯大謂族人有大、小宗之別，蓋始祖〔即別子〕之正體也。小宗者，高、曾、祖、禰之正體，即小宗繼高、曾、祖、禰之稱定於宗之者之身，而非定於宗子之身。此言無太祖，而以高祖考、妣居中，曾、祖、禰三龕以昭穆分列於側後。言大宗及繼高祖之小宗，則高祖居西，則伯叔祖父母祔於高祖，祭伯叔祖考祔於高祖考，西邊，東向。祭伯叔祖母祔於高祖妣，東邊，西向；言繼曾祖之大宗，則伯叔父母祔於曾祖，祭伯叔父祔於曾祖考，西邊，東向。祭伯叔母祔於曾祖妣，東邊，西向；兄弟祔於祖，子姪祔於父，祭兄弟祔於祖考，西邊，東向。祭兄弟嫂妻婦祔於祖妣，東邊，西向。並如正位。姪之婦自立祠堂，則遷而從之。顏元曰合祭時，出四龕神主，高祖居西，南向，高祖妣居東，南向，曾、祖、禰皆西，東向，曾祖妣、祖妣與妣皆東，西向。祔祭神主，若伯祖則祔於祖考之上，叔祖則祔於祖考之下，伯祖母則祔於祖妣之上，叔祖母則祔於祖妣之下，伯父則祔於父之上，叔父則祔於父之下，伯母則祔於母之上，叔母則祔於母之下。正位神主與祔位神主皆分男女而言也。

欽定大清通禮有載，親王世子、郡王家祭，堂後有五室，中間為始封之王，百代不祧，其餘高、曾、祖、禰分二昭二穆。由昭祧者，藏主東夾室，升二昭位於一室，以二室奉升祔主。由穆祧者，藏西夾室，升祔亦如之。品官士庶立廟於居室之東，一品至三品五楹、四品至七品三楹，堂後有四室，奉高、曾、祖、禰四代，廟分左右夾室，由昭祧者，藏主東夾室；由穆祧者，藏主西夾室。品官家祭，於居室之東立家廟，一品至三品官廟五間，中三間為堂，左右各一間隔以牆，北為夾室，南為房堂。堂後楣北設四室，奉高曾祖禰，四世皆左昭右穆，妣以適配南向，高祖以下親近則祧，由昭祧者，藏主於東夾室，由穆祧者，藏主於西夾室，遷室祔廟，均依昭穆之次，東序西序為祔位。伯叔祖之成人無後者、伯叔父〔兄弟〕之成人無後及其長殤者、妻先歿者子姓成人無後及其長殤、中殤、下殤者，皆男統於東，女統於西，以春夏秋冬擇吉致祭。士人家祭於寢室之北，祔為四世，奉高、曾、祖、禰，皆以妣配位，南向，前設香案，總一服親，男女成人無後者按輩行書紙位祔食，男東女西相向，事至則陳已事焚之不立版，以春夏秋冬節日出主而薦。庶人家祭於正寢之北為龕，奉高、曾、祖、禰神位，歲逢節序，薦果蔬新物，每案不過四器，奉神主於案，以昭穆序，主人立於香案前，家眾序立於主人下，以行輩為先後。

然而古者祠堂神主排列眾說不一，非通禮所謂序然。故遷毀之序甚亂。

一、陽明先生寄鄒謙之書曰：「今祠堂之制既異于古，而又無太祖東向之說，則以西為尚之說誠有所未安。禮以時為大，若事死如事生，則宜以高祖南向而曾、祖、禰東西分列，席皆稍降而弗正對，似于人心為安。曾見浦江鄭氏之祭，四代考妣皆異席，高考妣南向，妣皆東向，各依世次稍退半席。其餘男女之列，尊卑之等兩得其宜。今吾家亦如此行。」

一、考浦江鄭氏者，泳也，泳著鄭氏書儀曰所有神主俱同堂南向，以中為上，男女分左右，祭則於祝文上各見所繼之宗，滿四世者，依例祧。故鄭氏神主之列，定義門第一世祖沖素府君乃一家之所出，而以為大宗不祧之主，世世家長主祭，餘宗則止於四世，每宗見於祝上年月，前後則總書之為一祝。

一、宋纁所撰四禮初稿謂祠堂之制，遵大明會典，以左為上，高曾祖禰分左右，奉高曾祖禰四世。若為祠堂一間，則設為一龕，右為高、祖，左為曾、考，祖在高右，考在曾左。若為祠堂三間，則設三龕，高、曾居中，高在曾右，祖居右，考居左。時祭，則高祖考妣神主居，南向，考東妣西，其餘曾、祖、考俱西向，席皆稍降而弗正對，諸妣皆東向。祔位兩序相向，皆男東女西，以北為上。祠堂寬敞者，元旦並四時可就祠堂而祭，祠堂狹小者，則奉神主出就正寢而祭。

一、清碩儒朱次琦又曰：「家禮祠堂神主位次以西為上，蓋神道尚右也。」朱氏引毛大可之說云漢書宗廟居陽，不忍死其親之義，則明在東矣，若在西首，不幾於先王左祖之義相乖乎？明成化十一年祭酒周洪謨曰：「祠堂神主俱自西而東，古無神道尚右之說，惟太祖廟制，合先王左昭右穆之義，宜另一品至九品皆立一廟，以高卑廣狹為殺神主，則高祖居左，曾祖居右，考居次右，祖居次左。」據此而觀之，歷代神主位次之說，亂矣。

蓋因何休於公羊傳文公二年『躋僖公』條曰：大祖東鄉，昭南鄉，穆北鄉，其餘孫從王父，父曰昭，子曰穆，昭取其鄉明，穆取其北面尚敬。唐建中二年，太常博士陳京亦曰：「春秋之義，毀廟之主，陳于太祖，未毀廟之主，皆升合食於太祖，太祖之位在西，東向，其下子孫昭穆相對，南北為別。」故此幾說不一，實為困惑。

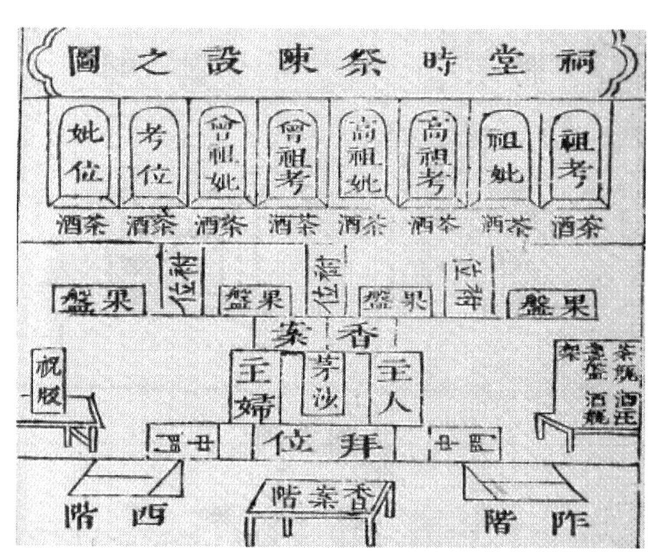

圖36　文公家禮祠堂位次之圖

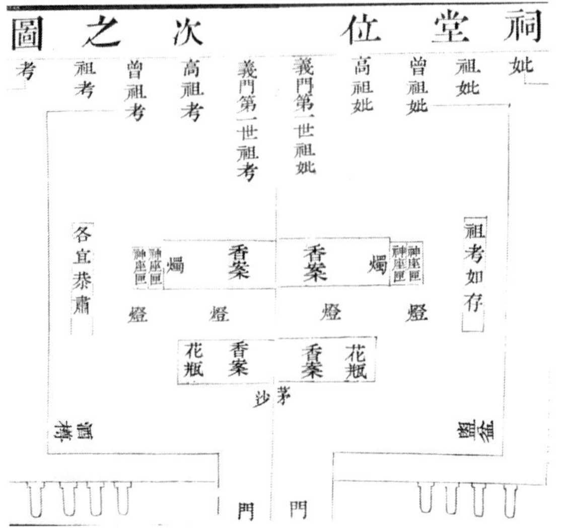

圖37　鄭氏書儀祠堂位次之圖

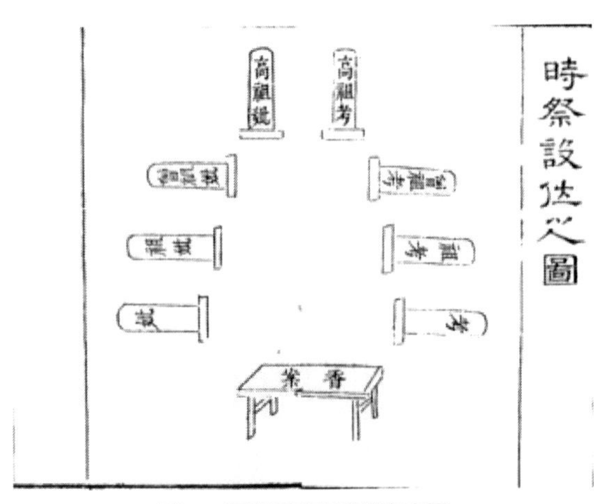

圖38　四禮初稿祠堂位次之圖

〔告遷〕。

將祔新主，先期於祠堂祭告各龕，舊主祭畢，奉高祖神主安置他龕。

明清以來之祠堂，神主不祧，日積月累，有入無祧則有數百神主，累世而百代之後，後嗣不得辨其先祖，考茗洲吳翟所著家典曰：「近來宗法不講，而吾族地隘力綿，又不能遍建宗祠，各以支派祔序一堂，由來舊矣。顧祔主日增，而祧法不行，雖則廟貌極其宏敞，勢必昭穆不明，長幼無序，名為禮盡，實為違制；名為仁厚，實為悖理。」此乃明清之際祠堂之眾況。

故亢宗大族者有迭毀神主及新主遷祔之制。即所謂不祧之祧，另立兩龕，萃有後曠祀之神主暫藏之，俟其子孫動報本之思，親潔粢盛，以致孝享，當仍敘死者之昭穆，一體遷祔。漢書曰新遷之主，祔於南廟，南廟之主則遷於北廟，親盡之廟則藏於大祖廟之西夾室，祫時毀廟與未毀廟之主皆合食於太祖，言祧遷高祖以上神主。

乃改題三代外主，曾、祖、考字及奉祀之命，改畢，各升進一龕，虛末龕以安新主。

○釋「升進一龕」。高祖居西，曾祖次之，祖次之，父次之；繼曾祖之小宗，則不敢祭高祖，而虛其西龕一；繼祖之小宗，則不敢祭曾祖，而虛其西龕二；繼禰之小宗，則不敢祭祖，而虛其西龕三。若大宗世數未滿，則亦虛其西龕如小宗之制。

然而循昭穆遷毀本義，則不若此法。蓋昭穆之廟分左右立之，昭恒為昭，穆恒為穆，若毀昭，則不及穆，毀穆則不及昭。以孫祭祖者，則毀高祖之祖而遷高祖之位入。祖居高祖之廟，高祖之父與高祖相異為昭穆，不毀也。至繼統之孫入，則毀高祖之父廟而遷曾

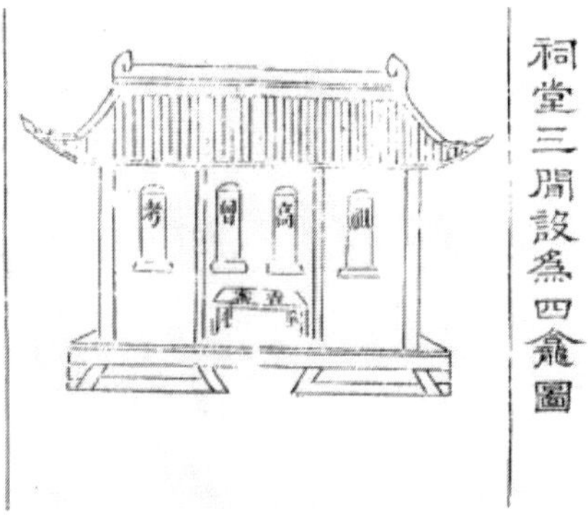

祠堂三間設為四龕圖

圖39　祠堂三間設為四龕圖

祖之位入。己居曾祖之廟，繼祖者祖孫恒異昭穆，故迭毀之時，昭穆互不相涉。即金榜所言，恒先君為昭，嗣君為穆，故繼統者世之長幼、冑之親疏或殊，而昭穆之廟序列左右者有其成法。

因古制，天子三昭三穆與太祖之位而七，諸侯二昭二穆與太祖之位而五，大夫一昭一穆與太祖而三，昭常在左，穆常在右，昭不見穆，穆不見昭，即訓纂所謂祔昭則群昭皆動而穆不移，祔穆則群穆皆移而昭不動。孔廣森曰昭左也，穆右也。人道尚左，神道尚右，廟祧之位，當先三穆後三昭。又塚人墓地亦以昭穆為左右，而謂先昭後穆，得無於地道尊右之義，尤未協歟。夫殷人上親，右宗廟左社稷。周人上尊，右社稷左宗廟，先儒之舊說也。廟與社並論，既以在右者為尊，則就廟中而論，亦必以在右者為尊。文王稱穆，武王稱昭，二祧并立，百世不毀，若以昭先穆後，是終周之世，武常先於文，且昭主藏於武王廟，穆主藏於文王廟，是周之諸王無不子先於父。

圖40　祠堂一間總為一龕圖

故父昭子穆，蓋通始祖計之，據其生時世次，始祖為昭，始祖之子為穆。及其入廟，始祖居中，而始祖之子乃適以穆為四親首。故昭穆不與名而左右已異，尚然經言昭穆不言穆昭，唯據父昭子穆為正也。

清制，立四廟者，即茗洲吳氏家典曰：「百世之宗，難以卒復，五世之宗，則易於倣行。奉高曾祖考，子孫親致誠敬，然後可以交於神明。」

此段告遷之文，乃昭穆於喪葬之儀，即神主排列、升降、祧遷。

主人以下行告遷禮，就位，序立，執事者啟櫝，出主，鞠躬，拜、興四，詣盥洗所，盥洗，授巾，盥畢，詣香案前，跪，上香三，酹酒，俯伏，興，詣誦文位，跪，誦文，俯伏，興，復位，

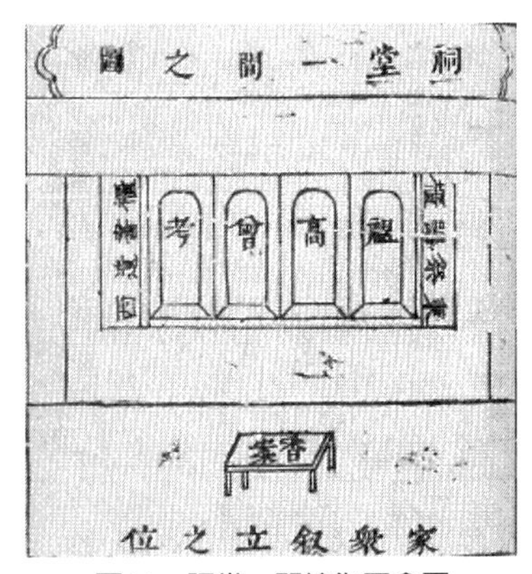

圖41　祠堂一間總為四龕圖

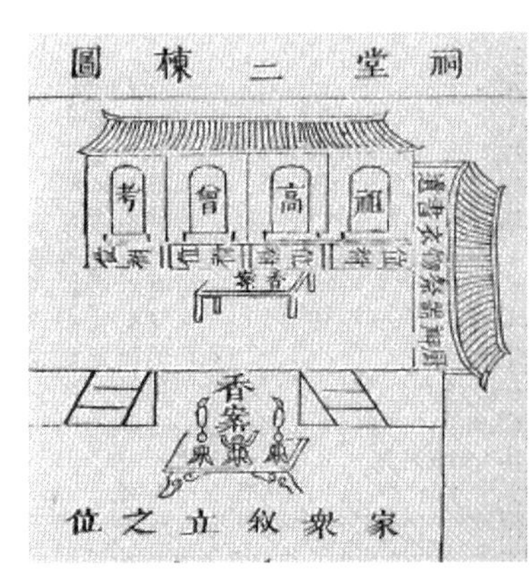

圖42　祠堂四間總為四龕圖

拜、興四，焚楮，焚文，禮畢。

若客死於外者，初終至朝夕奠，儀節如前，返時亦有告遷之禮。有服者各服其服。就位，哭，祝，盥洗，焚香，斟酒，跪，告曰今擇以某某日遷柩就轝，將還故鄉，敢告。讀訖焚之，俯伏，興，平身，主人以下哭。拜、興，拜、興，拜、興，拜、興，親賓致賻，奠，陳器，厥明因朝奠告，以遷柩就轝，納大轝其于庭，就位，祝，盥洗，焚香，斟酒，跪，告曰：今日遷柩就轝，敢告。俯伏，興，平身。主人視載。俱茗洲吳氏家典。

告遷文

嗣孫敢昭告於某郡堂上列祖妣考之神主前，曰：「上治之典，自古為昭；遷祧之儀，於今為烈。今以先妣考某字氏之主，大祥已居，理宜祔祀。爰陳牲體，昭告為寅。世次遞遷，禮窮則祧。天叙攸定，敢慕維殷」。

○釋「祧」。遷主所祧之廟曰祧。周天子七廟，始祖後稷一廟，文武王二廟，亦高祖以上遷主所藏，故曰二祧。又父、祖、曾祖、高祖親廟四，共七廟。小宗伯辨廟祧之昭穆。鄭注祧，遷主所藏之廟。守祧掌守先王、先公之廟祧。鄭注廟謂大祖之廟及三昭、三穆。遷主所藏曰祧。先公之遷主，藏於後稷之廟，先王之遷主藏於文武之廟，即禰、祖、曾、高以上之主藏於二祧。祭法遠廟為祧，有二祧，享嘗乃止。去祧為禫，去壇為墠。壇、墠有禱焉祭之，無禱乃止。孔疏遠廟，謂文武廟也。去祧為壇者，謂高祖之父也。若是昭行，寄藏武王祧，若是穆行，即寄藏文王祧。不得四時而祭之，若有四時之祈禱，則出就壇而受祭也。以上俱三禮辭典。補四禮撮要追後改題告詞：維歲云云，孝某孫某敢昭告於顯某祖考、妣（以下各位具列書之），茲以先考某官某府君喪期已盡，禮當改題。尚此遷延，不勝惶懼。顯某祖考、妣（以下各位具列書之）神主今將改題，世次迭遷，不勝感愴云云。又錄支孫奉祀改題告詞：維歲云云，伏以宗孫，身沒無後。大祥已屆，某以次孫。今當代奉，先祀某位。神主當祧，某位神主。今將改題，世既迭遷。宗又移易，不勝感愴云云。又立後改題告詞：繼子某今已成服，敢以改題之禮云云（南溪曰新喪人無入廟行祭之事，恐當待卒哭後，喪人親行告禮矣。蓋當初發喪時必有攝主預告之事，若猶未也，則當先行此禮方成次第）。

〔新主入祠祔祭合祀〕。

新主將祔，先以酒果於靈座前告曰：「男等喪制時居大祥，敢請神主入祠」，祔祀告畢，乃闔櫝棒，主執事者撤靈座，遂奉主入祠，行祔祭禮。孝子詣列祖妣考神主於列祖妣考神龕前，敢請列祖降居神位出就正寢，恭伸祔禮。

孝子興，執事者啟櫝，出主，就正位排列次序，主人還之新主前，跪，告曰孝子某請主詣寢恭伸祔祭，興，出主，置列祖妣考位西向，孝子就位，參神，鞠躬，拜興四，平興，降神，詣盥洗所，盥洗，授巾，盥畢，詣香案前，跪，上香三，酹酒，俯伏，興，進饌主人自退，復位，主祭者行初獻禮，詣列祖考前，跪，獻帛，斟酒，祭酒，奠列祖考前，獻箸，獻饌，俯伏，興少退，詣列祖妣神主前，跪，獻帛，斟酒，祭酒，奠列祖妣前，獻箸，獻饌，俯伏，興，詣誦文位，跪，誦文，俯伏少退，詣顯考神主前祔母，跪，獻帛，斟酒，祭酒，奠顯考前，獻箸，獻撰，俯伏，興若母同祔則云顯妣前，詣誦文位，跪，誦文，俯伏，興，復位，鞠躬，拜興二。行亞獻禮，詣列祖考神主前，跪，斟酒，奠列祖妣前，獻箸，獻饌，進餐，獻楮，俯伏，興，詣列祖妣神主前，跪，斟酒，奠列祖妣前，獻箸，獻饌，進餐，獻楮，俯伏，興，詣顯考神主前，跪，斟酒，奠顯考前，獻箸，獻饌，進餐，獻楮，俯伏，興，復位，鞠躬，拜興二，執事者侑食，主人以下皆出，闔門，祝意歆，啟門，復位，執事者點茶，祝立西階，東向，告利成，祝曰，利成，辭神，鞠躬，拜興四，平身，焚楮，焚文，禮畢，祝奉神主各還故處，先納舊主於龕，次納新主於櫝。

〔祔祭列祖神主文〕。

嗣孫某上敢昭告於三代祖〔妣考〕之神主前，曰：「吾父母棄世，大祥禮成。及時躋祔，敬告中情。寅具牲醴，用表微忱。列祖有知，同伸鑒臨。尚享」。補四禮撮要合祭祖以上祝文〔各代異板〕：維歲云云，孝玄孫〔孝曾孫、孝孫同〕某敢昭告於顯高祖考、妣〔具列書之，曾祖考、妣祖考、妣並同〕，某罪逆不滅，歲及免喪。世次迭遷，昭穆繼序。先王製禮，不敢不至〔父先亡而母喪畢，則世次以下十六字，改時維仲春，隨時追感，歲時不勝永慕〕以清酌羞庶，祇薦歲事。尚饗。

〔祔祭新主祝文〕。

男某敢昭告於先妣考某公〔母〕某大〔孺〕人之神主前曰：「痛惟我父母，前歲云亡。日月不居，奄及大祥。徒服衰絰已三載，莫報勤勞于無疆。乍違靈幾，初祔祠堂。籩豆祗陳，曷勝感愴。用備菲儀，敬奠酒漿。伏冀我父母其來格嘗，尚享。」

宋崔凱云：「祔祭於祖廟，祭於祖父，以今亡者祔祀之也。以卒哭明日，其辭曰：『哀子某，敢用潔牲、剛鬣、普淖、普薦、醴酒，用薦祔事，適爾皇祖某甫以隮祔。』女子祔於祖姑，此皆於今亡者為祖姑也。今代皆無廟堂，於客堂設其祖座，東面，今亡者在其北，亦東面而共此饌也。若祖父母生存，無亡祖可祔者，當中一以上祔高祖父母姑也。」

附　宋栗菴曰：「若父先故則用告遷之禮，如母先故，則其惟祔於祖妣及曾祖妣之側，不必告遷，主父故時，乃行告遷禮，至其祝文改曰茲以先妣某氏大祥已屆，禮宜祔於曾祖妣及祖妣神主前，或父先亡，已入祠堂，而母后故，其文則曰茲以先妣某氏大祥已屆，禮當祔於先考并享祭祀云云。」

宋纁，字伯敬，號栗庵，明嘉靖三十八年進士。初為永平府推官，後為山東道監察禦史、山西巡按、順天府丞、都察院右僉都禦史、保定巡撫、南京戶部右侍郎、戶部尚書、吏部尚書。死後追謚太子太保，榮祿大夫，謚莊敏公。

原文引四禮初稿。若父先故，則用告遷之禮，母先故，惟祔於曾祖妣之側，不必告遷，待父故，然後行告遷禮，而於祝文，云茲以先妣某封某氏先亡，大祥已屆，禮宜祔於曾祖妣，若父先亡，已入祠堂，而後母故，祝文曰：「茲以先妣某封某氏，大祥已屆，禮當祔於先考，并享，不勝感愴！」

按家禮，卒哭，明日入祔。祔祭後返新主於靈座，大祥後又有告遷祔主之儀，未免失之煩複。

卒哭之明日曰祔於祖父，以鬼道事之而祔主於祖之廟，故祔於祖廟而不事主於寢，而有事於練、祥、禫事，則迎主祭於寢。鄭康成云，凡祔已復於寢，如既祫，主反其廟，練而後遷廟。司馬、朱子俱從鄭說。司馬書儀、朱子家禮俱既祔返主。孔繼汾以朱子之說，為卒哭可行祔祭，斷無祔畢即徹幾筵之理矣。既卒哭祔廟，然後神之，然猶未忍盡變，故主復于寢，而以事生之禮事之，至三年而遷于廟，然後全以神事之也。故孔氏家祭，依開元禮，禫後而祔。祭畢，納主於廟。易吉服。於卒哭下，不用禮經「明日以其班祔」之文。

記云殷練而祔，孔子善殷，以不急於死其親。

檀弓曰：「殷練而祔，周卒哭而祔，孔子善殷。」殷練而祔，即小祥後而祔。死其親，謂不忍以鬼神視親。李經綸（大經）先生曰：「先儒考義未精，以祔禮為告遷之文，而仍遷主於寢，則失禮之意矣。並不知寢以人道親之，不可久瀆故也。」

程子曰喪須三年而祔，茲酌祔主定於大祥之禮後行之，庶得孔程之意矣。

開元禮則禫後而祔，程子曰三年後乃祔。張載主程說，以為喪須三年而祔，若卒哭而祔，則三年都無事。張子釋曰：「卒去不時之哭，又有朝夕哭，若無主在寢，則不知哭所何處。三年之中不徹幾筵，故有日祭。朝夕之饋，猶定省之禮，如其親之存也。至於祔祭，須是三年喪終乃可祔也。」

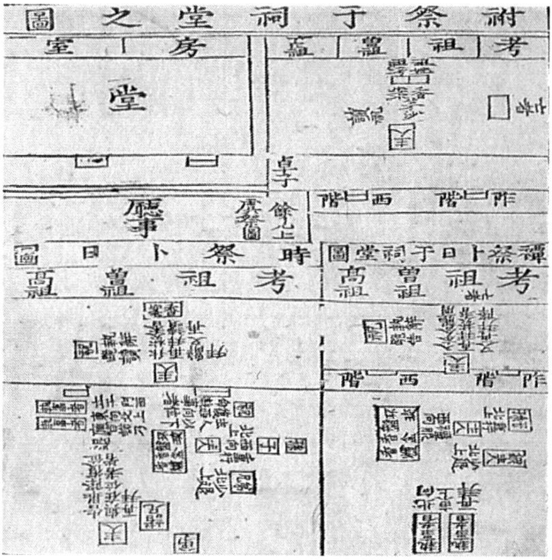

圖43　新主入祠祔祭合祀全圖

〔祔祭新主祝文〕。

〔除靈安主致祭〕。

按〔大祥〕之後，主即入祠，本屬至理，然今俗不以主入祠者，人人皆然。茲酌於〔大祥〕後除靈設祭，安主入家，亦不得已而為此也。

○釋「除靈」。移除靈位之意。舊俗人死既葬，於除喪之日，延僧道追薦後，撤除靈座，燒化靈牌，以示服喪期滿，謂之「除靈」。海寧風俗記曰：魂亭以紙竹糊成，俗呼座頭，自迎神之日起供設。而魂亭俗例不得過第三冬至，必須撤去，謂之「除靈」，又曰「化座」。除靈之日，上午鋪設尚白，仍為喪事；下午一律易吉，懸燈結彩，仿佛喜事。魂帛、神主、引魂幡、桌頭嫺等一併除去。

孝子服祥服致祭，用一獻禮，儀如常，祭畢，撤靈座，奉主入家〔堂〕。

除靈安主文

痛惟我父母，九泉永隔。徒具衰經之喪，莫極劬勞之德。歲序兩更，靈筵告撤。敢請神主家〔堂〕奠，設陳薄獻，以告虔尊靈之歆格。啟我後人，益綿世澤。

〔除靈安主致祭〕。

〔禫祭〕。

除服之祭。士虞禮曰：「期而小祥，曰薦此常事；又期而大祥，曰薦此祥事。中月而禫也。」鄭玄注：「禫，祭名也，與大祥間一月，自喪至此凡二十七月。禫之言，澹澹然平安意也。」賈公彥疏稱：「禫之言，澹澹然平安意也者，禫月得無所不佩，又於禫月將鄉吉祭，又得樂懸，故云平安意也。」

大祥之後，中月而禫，中月間一月也，自喪至此，不計閏凡二十七月，〔禫祭〕名淡淡相安之意也。

云「中月而禫」者，孔穎達疏稱：「中月而禫者，中間也。大祥之後，更間一月而為禫祭。二十五月大祥，二十七月而禫。然而王肅以為，禫與大祥同月，皆二十五月，「王公以下皆三月而葬，葬而虞，三虞而卒哭。十三月小祥，除首絰，練八升布為冠，纓武亦如之；婦人練總，除腰絰。二十五月大祥，除靈座，除縗裳，去絰杖，二十七月禫祭」。

孔氏曰：「古者既祥，中月而禫，禫而服纖，祭為禫設也。今祥後三月，通為禫服。」三月復吉而不服纖，此三月之內。別無變除之節也。而猶有拘執鄭氏中月為間一月之文。謂禫祭當以祥之次月者，是祭不關釋服，釋服時不復有祭。則又何以稱焉，知練祥之祭不妨即用忌辰，而禫祭則必應在祥後三月除服之日。

祭之先日主人詣祠堂於新主前，拜興二，跪，焚香，告詞曰：「不孝某將以明日祇薦禫事於先〔考妣〕人前敢告，俯伏，興，拜興二，禮畢，退位。」

翌日設位於於家，主人服禫服，詣祠堂神主前焚香告詞曰：「不孝某敢告昭於先〔考妣〕某〔公母〕某人前，敢請新主降居神位，歸就正寢，祇薦禫事。」

奉神主歸家，安於正寢，主人以下禫服就位，凡初獻，讀祝、亞獻、三獻、侑食、辭神儀節，俱如大祥祔祭，祭畢送主入祠，納主於龕，焚香拜辭而退歸家。

○釋「禫服」。間傳曰：「大祥除衰，杖而素縞麻衣，大祥之服也。」雜記注云：「玄衣黃裳，則是禫祭。黃者，未大吉也。」乃從吉服。

禫祭文

痛念我父母，塵世奄棄，罔極難酬。哀慕曷既，衰服三年，禮制不易。痛今日以免喪，備菲筵而致祭。風木之懷，言莫盡意。惟尊靈鑒茲禫祭，精爽如存，歆嘗一滴。尚享。

補吳氏家典禫祭儀節、祝文式：

主人以下俱素服詣祠樓。焚香。跪。告曰：「孝子某將祗薦禫事，敢請顯考妣神主出就正寢。」俯伏、興，拜、興，拜、興，平身。奉主就位，祝奉主櫝於西階。出主，祝出主置於座。序立。舉哀。哀止。降神。盥洗。辭神。鞠躬，拜、興，拜、興，拜、興，拜、興，平身。舉哀。哀止。焚祝文。送主，送歸祠樓，主人以下皆從。肅揖，平身。禮畢。

祝文式：

維　皇清某年歲次朔日辰孝子某敢昭告於
顯考某官某府君神主
顯妣某封某孺人神主
　　禫制有期，追遠無及。僅以清酌庶羞，祗薦禫事。尚饗。

〔春秋二季祝文〕。

立春祭先祖。程子曰：「初祖以下高祖以上之祖也，立春生物之始，故象其類而祭之」。季秋則祭禰。程子曰：「季秋成物之始，亦象其類而祭之，繼禰之宗以上皆得祭，惟支子不祭」。文公亦曰：「某家舊時時祭之外，有冬至、立春、季秋三祭，後以冬至、立春二祭。始祖之祭似禘，先祖之祭似祫。於理似僭，覺得不安，遂已之，至於季秋依舊祭禰。」

前期一日，設立陳器，陳器，具饌，省牲。主人詣祠堂，啟櫝，就位，再拜，詣香案前，跪，上香，告曰：孝孫某將以某日，祗薦歲事，敢告。俯伏，興，平身，復位，再拜，禮畢，齋戒前一日，厥明夙興，設蔬果酒饌，質明盛服就位，降神，參神，進饌，三獻。詣祠堂，啟櫝，出主，主人跪，告曰：孝孫某今以仲〔春、夏、秋、冬〕仲月，祗奉歲事，敢請神主，出就正寢，恭伸奠獻，俯伏，興，平身，奉主就位，序立，降神，主人盥洗，詣香案前，跪，上香，酹酒，俯伏，興，平身，復位，參神，鞠躬四，拜，平身，進饌，初獻禮，詣高祖考神位前，跪，祭酒，奠酒，俯伏，興，平身，詣高祖妣神位前，詣曾祖考妣神位前，詣祖考妣神位前，詣考祖妣神位前〔各如獻高祖儀〕，詣讀祝位，跪，主人以下皆跪，讀祝文，俯伏，興，平身，復位，亞獻，終獻〔並同初獻，但不讀祝文，不祭酒〕，侑食，闔門，啟門，點茶，復位，辭神，鞠躬四，拜，平身，焚祝文，徹饌，納主，朔望口於祠堂焚香，行四拜禮。

歲序流易，雨露既沸。清明〔秋分〕屆節，撫景追思。瞻掃

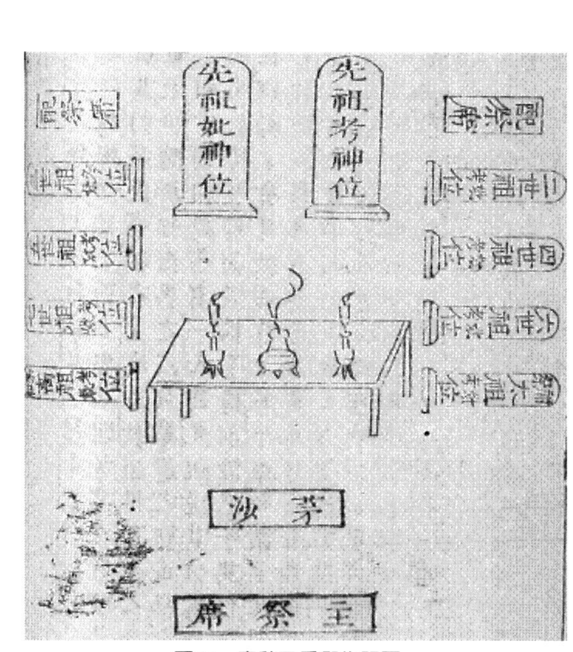

圖44　春秋二季祭先祖圖

〔春秋二季祝文〕。

墳墓，拜為陳詞。神其庇佑，微儀鑒茲。

補道光福建通志台灣府秋季祝文兩篇：霜露既降，萬寶告成。維王勳德，河嶽日星。既翦醜孽，閩越以寧。田疇樂利，沐膏永勤。祖父被之，孫曾亦云。巍巍廟貌，靈爽式憑。肅將秋祀，來格來歆。尚饗。又曰：秋氣清肅，皎日光輝。緬我惠獻，奕奕金枝。知仁且勇，文武兼資。龔行天討，梟獍掃鋤。功成星隕，閩民涕洟。道山俎豆，眾志獲舒。桂醑虔甲，歆格於斯。尚饗。清明節為：時維仲春，雨露既濡。追念深恩，不勝怵惕。謹用祭告，伏惟尚享。霜降節為：時維季秋，霜露既降。追念深恩，不勝悽愴。謹用祭告，伏惟尚享。中元節為：氣序流邁，時維中元。追念深恩，伏增哀感。謹用祭告，伏惟尚享。冬至節為：氣序流邁，時維冬至。追念深恩，伏增哀感。謹用祭告，伏惟尚享。

〔撮要論〕。

按孔子曰：「禮，與其奢也，寧儉。喪，與其易也，寧戚。」

語出八佾：「林放問禮之本。子曰大哉問！禮，與其奢也，寧儉。喪，與其易也，寧戚。」林放，魯人也，問禮之本，夫子將荅禮本，奢，汰侈也。儉，約省也。易，和易也。戚，哀戚也。與，猶等也。奢與儉、易與戚等，俱不合禮，但禮不欲失於奢，寧失於儉。喪不欲失於易，寧失於戚。言禮之本意，禮失於奢不如儉，喪失於和易不如哀戚。述而：「子曰奢則不孫，儉則固。與其不孫也，寧固曾子立事曰：君子入人之國，不稱其諱，不犯其禁，不服華色之服，不稱懼惕之言。故曰與其奢也，寧儉。」漢書五行志曰：「古者天子諸侯宮廟大小高卑有制，後夫人媵妾多少進退有度，九族親疏長幼有序，孔子曰：禮，與其奢也，寧儉。故禹卑宮室，文王刑於寡妻，此聖人之所以昭教化也。」左傳莊公二十四年魯御孫曰：「儉，德之共也，侈，惡之大也。」春秋成公二年曰：「八月壬午，宋公鮑卒。」左傳曰：「宋文公卒，始厚葬，用蜃灰，益車馬。始用殉，重器物，槨有四阿，棺有翰檜。君子謂華元樂舉，於是乎不臣，臣治煩去惑者也。今二子者，君生則縱其惑，死又益其侈，是棄君於惡也，何臣之為？」檀弓曰：「昔者夫子居於宋，見桓司馬自為石槨，三年而不成。夫子曰：若是其靡也，死不如速朽之愈也。又子路曰：吾聞諸父子，喪禮，與其哀不足而禮有餘也，不若禮不足而哀有餘也。祭禮，與其敬不足而禮有餘也，不若禮不足而敬有餘也。」

以上俱楊樹達論語疏證，何晏、邢昺論語注疏，孔穎達禮記正義。

孟子曰：「親喪，固所自盡。」

孟子曰：「不亦善乎！親喪，固所自盡也。」曾子曰：「生，事之以禮。死，葬之以禮，可謂孝矣。諸侯之禮，吾未之學也。雖然，吾嘗聞之矣：三年之喪，齊疏之服，飦粥之食，自天子達於庶人，三代共之。」注曰：「曾子傳孔子之言，孟子欲令世子如曾子之從禮也。時諸侯皆不行禮，故使獨行之也。孟子言我雖不學諸侯之禮，嘗聞師言，三代以前，君臣皆行三年之喪。」

洪武五年詔曰：「古之喪禮，以哀戚為本。治喪之具，稱家有無。近代以來，富者奢僭犯分。力不及者，揭借財物，炫耀殯送。及有惑於風水，停柩經年，不行安葬。宜令中書省集議定制，頒行遵守。違者論罪如律。」嘉靖十八年詔：「士庶喪禮，各稱家之有無以為厚薄。時忌致祭，亦隨所有以伸追慕。不以富侈，不以貧廢。巨家大族，能遵禮以為細民之倡者，有司量加勸勵。」

是喪事不徒講乎儀文也。然必有禮，乃可以革敝俗，如父母疾病，信巫覡，喜祈禳，鼓角達旦，各為祈福。

楚辭章句曰：「湖楚之地，其俗信巫鬼而好祀。及至隋，荊州之地，率敬鬼，尤重祠祀之事。疾病不事醫藥，惟灼龜打瓦，或以雞子占卜，求祟所在，使俚巫治之，皆古楚俗也。」清人許續曾東還記程載，辰常之間，人多尚鬼，祭必巫覡，如離騷所載，九歌名號，稱神稱鬼，不一而足。

始死，延釋道，開路封殯。封殯，封柩也。**作隨身道場，每逢七日。**亦曰作七、七七。人初終七日後謂之頭七。此後每七日一祭，至四十九日為止。蓋瑜伽論以為人生有六道流轉，在人死此生彼之間，有「中陰身」如童子形，尋求生緣，以七日為一期，若七日終，不得生緣。則隔續七日，至第七個七日終，必生一處。北史曰：「詔自始薨至七七，皆為設千齋。」閻若璩曰：「今人以初喪四十九日，居於柩側，謂之七七。」**以釋道薦食、燒包，**

燒楮錢。至期而禫，則必誦經禮讖，以此為超度死者之要務，而於殯葬重事則反略之。

不做佛事浮屠之說，先儒論之翔實精闢，茲酌其要者箋之：

一、司馬書儀曰：世俗信浮屠誑誘，於始死及七七日、百日、期年、朞年再朞、除喪飯僧，設道場，或作水陸大會，寫經造像，修建塔廟，云為死者滅彌天罪惡，必生天堂，受種種快樂，不為者必入地獄，剉燒舂磨，受無邊波吒之苦。殊不知生含氣血，知痛癢，或翦爪剃髮從而燒斫之，已不知苦，況死者，形神相離，形則入於黃壤，朽腐消滅，與木石等，神則飄若風火，不知何之，借使剉燒舂磨，豈復知之？且浮屠所謂天堂地獄者，計亦以勸善而懲惡也，苟不以至公行之，雖鬼可得而治乎？是以唐廬州刺史李丹與妹書曰：「天堂無則已，有則君子登。地獄無則已，有則小人入。」世人親死而禱浮屠，是不以其親為君子，而為積惡有罪之小人也。何待其親之不厚哉，就使其親實積惡有罪，豈賂浮屠所能免？為此則中智所共知，而舉世滔滔信奉之，何其易惑而難曉也。甚者至有傾家破產然後已，與其如此，曷若早賣田營墓而葬之乎？彼天堂地獄若果有之，當與天地俱生，自佛法未入中國之前，人死而復生者，亦有之矣，何故無一人誤入地獄，見閻羅等十王者耶？不學者固不足言，讀書知古者亦可以少悟矣。

一、伊川先生遺書曰治喪不用浮屠，在洛亦有一二人家化之。

一、俞文蔚吹劍錄曰釋老追薦之說，誠為誑世，然僧死則不用道，道死則不用僧。今儒家者讀周孔之書，死乃用釋老之薦，豈非惑歟？引張忠宣公〈文謙〉曰：葬之禮，不遵法度，裝迎之際，務為華飾，墟墓之間，過為屋宇，及聽僧人等誣誘，多作緣事，廣辦齋筵，竭產假貸以侈靡相誇，不能辦者，往往停喪不以時葬。曾不知喪葬之禮，務在主於哀敬，隨家力量，使亡者以時歸土，便是孝順，何在侈靡乎？又引真西山〈德秀〉先生曰程子治喪不用浮屠，在洛亦有化之者。司馬氏闢之尤嚴，然彼之教得行，由禮之先廢，使今之居喪者，始死有奠，朔而有殷奠，虞、祔、祥、禫而有祭，既足以盡人子追慕之情，則於世俗之禮，且將不暇為之矣，不復祭禮，而徒曰勿用浮屠，使居喪者倀倀然無以報其親，未見其可也。

一、楊奐還山遺稿曰許魯齋〈衡〉先生居鄉裏，凡喪葬，一遵古制，不用釋老二氏，士大夫家因以為俗，四方聞風亦有效之者。

一、明善錄載朱子知漳州，諭其民曰：凡遭喪之家，不須齋僧供佛，廣設威儀，但只隨家豐儉，早令亡人入土。如違，依條科一百，官員不得注官，士人不得應舉，鄉裏親知來相吊送，但可協力資助，不當責其供備飲食。

一、吳氏家典論曰：治喪而用浮屠，無論喪禮不足觀，就使哀麻哭泣，備物祭奠，一一稟禮，而其陷親不義不孝之罪，上通于天。已無可逭這。又況從其教，棄禮滅義，事事無理，無一可觀乎！有心世道者，不深惡而痛絕之，永斷其根本，是又與於不孝之甚者也。亦烏足以正人心、挽風俗于隆古也哉？是古禮意壞，急以三年，動天性之本。然邪說行，先以闢邪說做喪禮之幹城，一法一戒，一復一除，而後喪禮庶幾可觀也。

一、呂維祺四禮約言曰：今世用僧道作齋，或作水陸會，寫經造像，云為死者滅罪惡，必生天堂，受種種快樂，不為則入地獄，甚者，日則孝子沿街，隨僧迎經，夜則破獄照星，或作人物戲具，講經唱法，或男女夜出迎靈，法禁不能，理喻不曉。士人家亦復為此，曰未能脫俗，聊復爾爾。嗟夫！人死則形神相離，即果入地獄，受舂剉諸苦，豈尚知痛，即使靈魂未散，如人半身不仁，針灸燒斫，已不知苦，豈已死而骨肉腐，卻知苦乎？世俗作佛事，非必真實為親，不過圖好看，且曰某某尚能做齋，我不能也，教人笑話，如真實為親，何不在生致養無缺，何不死後及其哀痛。無飲酒食肉，即是為親懺悔，何不衣衾棺槨，以身擔當，必求盡心而顧，汲汲於此，是亦不可以已乎！

一、王心敬寧儉編曰七七之奠不見於古禮，行備物之奠，是亦事父母者不容自已之情，但若世俗用僧道追薦，親黨公分送戲，則大不可耳。

一、張大翎時俗喪祭便覽曰：吾親無罪，何用僧侶懺悔，不幸有罪則豈世俗之僧能懺悔也？若真有道行高純之士，無多品行卑鄙之流，則其有懺悔之不暇，何暇代人懺悔而更能與人超度。不過好繁華侈靡者藉以為熱鬧矣，故作佛事愈多而面子上愈好看，大約陰陽一理，鬼俗亦以此為奢華有體面焉。今若有居親喪家遭，稍富而不為作佛事者，世俗咸凡譏其不孝，故只得從俗焉。

間有不甚信者，亦牽於俗而不自法，皆昧於禮之故也。至於開堂設奠，裂帛疑賓，時俗相沿，以為榮耀，甚且唱孝敬、演孝戲、醉舞喪場，賭博喪次，此尤亂禮忘親之甚者。

呂氏有論喪言，衰麻擗踴、衣衾棺椁皆哀之至，然而找僧演劇，延賓與宴，近於樂矣，習而不知其非，若此類者，非以薄為其道，奢寧儉，易寧戚。又家禮辨定考漢明帝云，喪貴致哀，今百姓送終，競為奢靡，破積世之業以供終朝之費。豈祖考之意哉？考漢王丹仲回東觀漢記閭裏有喪，輒度其資用，教之儉約。又考真西山云，夫送終之禮，昔人所謂必誠必信者，惟棺椁衣衾為切要，其他範文外飾皆不必為，嗣後願削世俗不正之禮，省虛花無益之費，欲為親祈福，豈若捐錢穀以濟飢貧，為善事，顧不美歟？真文公之說，欲轉無益為有用矣。林氏之喪中浮費無益考曰：「世俗治喪，其薄於親者，不必計。有欲厚於親者，無可依據，不知重輕或徒有從厚之意而無實益，可惜也。」

爰校定古今喪禮，自初終以至祥禫諸儀，撮其要，節其繁，斟酌臆度，彙成鈔本。

顏元曰：「三代之際，禮經備矣，然其存於今者，官廬器服之制、出入起居之節，皆已不宜於世。世之君子雖或酌以古今之變，更為一時之法，然亦或詳或略，無所折衷，至或遺其本而務其末，緩於實而急於文。自有志好禮之士，猶或不能舉其要，而困於貧窶者，尤患其終不能有以及於禮也。」

俾鄉禮之遭喪者，及早罔頭，恪守家禮，毋得誤入釋道迷途，亦足以振頽風而挽末俗也。

民國初，湖南民情風俗報告載，湘俗之做道場，蓋本乎此，然而輪迴因果之說，天堂地獄之條，以莫須有之言，為莫須有之事，則今之虞，豈得謂古之虞乎？今分其種類之別為五，曰儒（文昌司、祿府司、籙司〕，曰釋〔皇覺齋堂〕，曰道〔皇覺齋壇堂〕，曰巫〔師公〕，曰齋公。任人擇用之〔亦用儒釋道三者並用者〕。然俗多用道士，次釋教，次儒。因俗諺有道士做上天，和尚做下地之言也。

用釋，道場用僧，惟富家最多，因其酬金昂也。僧侶五人或七人、九人，其中亦有一掌壇者，其手續則先裝壇，箚禁門、懸佛像、啟請、敕水封禁、畫押、誦經等名目，不可盡述。用道，道教之人極多，其酬金頗少，故人亡用之者，較他教為盛，道士三人或五人、七人、九人，任為請用。其手續與僧無異，亦注重經懺，但其所選畫像為太上老君、元始天尊等神，非若僧之供如來耳。

〔撮要論〕。

〔附　祭祖父文〕。

祖父淑人，曾祖愛子，數十年來，授業傳道，耳提面命，然而倏忽而亡，再思無容，茲錄祭祖父文，深荷念之。

維　王父彭公淑人家奠之期。

孫　衛民，敢昭告於王父靈座，載陳菲奠，曷勝魂銷：

噫！十餘年前盛暑之夜，聞夏蟲對歌，清風徐來，王父於宇階前倚身搖扇，見蟋蟀在堂，萬籟有聲，我赤身伏案讀祭法、曾子問，慨告王父，「若爾百年以後，奠弔之文，祀祭之禮，當身自為之」。王父莞爾：「豎子可成大器」。今牲牷既具，籩豆在案，衣冠整肅，升降雍容，然奠爾不見爾食，哀爾未聞爾言。古體有言：「凡祭成喪者必有屍，屍必以孫」。即若今以我為屍，王父亦不之歆格，呼之未聞其聲，覓之難見其影。嗚呼，我今長跪靈影，忽憶十年前事亦如今夜，然而宇階俱在，音容難再，實繁有徒，悲從中來。

我年方小九，字未全識，便習書法，幼齒之童，腕力難續，爾每捉筆示之：字若如人，其健在形，其正在心，形雖遒健，若心不正，止神似爾，我忖思良久，甚難了悟。十餘年來，遭遇慘澹，有此小跡，終爾之訓也。爾每及清明雨後，於後院之中，躬身背簍，掇拾筍殼，曝曬烘焙，轉至來年，將眾殼細切，去其糙，除其雜，束之以絲，以資成筆，又蒐集白灰，細篩其土，除其塊，和之以漿，以資成墨，每於晴好之日，命我攜此筆、漿，及圩寬路整之處，行人往來之所，肆意揮毫，以筐大之字，反覆練之。是年我身長不到筍殼，臂力未及漿桶，偶有旁人駐足，大呼神奇，爾每聽之，愜意然然。

爾素知我好學多問，喜窮究之，我晨夕請益，每有惑慮，鉅細咸垂問之，爾學未及鄒魯，然於古法多有通略，事不靡扉皆欣然答之，尤於祭祀之法，視若操持。鄰人有喪葬之禮，則必攜我往之，每聽禮師誦文，命我心默記之，歸來複謄於紙，不妥處輒改之，今我所言祭祀禮法，學界多有應同，所撰之文行家亦允贊之，蓋得當年爾敦促之便，嗚呼！然今我頌此祭文，恐爾已難周悉，爾之身影，如浩瀚繁星，散逸難覓矣；爾於眾孫之中，亦獨喜與我談稗官野史、奇聞軼談，可喜之處笑若彌勒，拊掌頓足，可愕之處擲地有聲，啟人深思。嘗憶爾點炬伏案，搖頭晃腦，念念有詞，可愛至極，然而數日之前，我觀爾氣若遊絲，目極呆滯，方悟爾已不永年矣，忽知歲不饒人，爾之奇談光怪，縱有終卷之時矣！數十年後，我亦有孫，彼時我若亦話以迷思，講以陸離，忽憶數十年前爾之示我，彼情彼景，亦此情此景也！

我未垂髫，爾已白首；我將總角，爾年古稀；及我束發，耳齒不聰；今我弱冠，爾已棄杖；我方出廬，爾已窀穸；未及而立，爾為朽骨。嗚呼，人之往復，有如風雲，際會有命，聚散無常。自斯而後，即若淹通群經，果成棟樑，身譽多銜，一呼眾應，然王父歸彼大荒，身被野塚，眾鬼欺之，淒慘難容，每念至此，豈不痛哉？

嗚呼，爾青年喪妻，於今五十有年，祖母之墳塋墓碑，今已漫漶難辨。披星戴月，聊為生計，一針一絲，賺之不易。一粥一飯，眾口難填。攜兒帶女，勞碌斯世。中年三女盡喪，身少依靠，慘澹經營，故謂天命何公邪？及至耄耋，病魔難纏，形單影隻，彳亍難行。嗚呼，舊事填膺，思之淒梗，然所慰者二事：王父年屆八秩，行誼亮潔，多為族人仰仗，抱病之時，眾人悉殷切關懷之，今蓋棺定論，王父至真、至善、至美也；我彭氏一支先祖垂蔭，諸父昆弟昭穆有序，敬宗收族之道，長幼尊卑之禮無差，爾雖命途多舛，然子孫多有發軔，自思十年不待，我彭族之孫，將有大裨益于家國矣！

月夜星稀，紙灰飛揚。哀樂齊鳴，淚浸麻衣。王父輀駕迢上，行行且止，色笑莫存，旋歸大荒，我心中悲戚，恐爾蹣跚難行，關津彷徨，又恐泉下淒清，難覓姑母。胸中愴痛，肝腸將斷，縱千萬言語，皆已遽棄凡塵，王父有知，庶幾鑒歆！尚享！

箋釋參考文獻

〔漢〕班　固：《漢書》，〔北京〕中華書局二〇〇五年版。
〔唐〕孔穎達：《宋景本禮記正義》，民國丁卯仲冬南海盤氏重雕本。
〔唐〕敕　撰：《大唐開元禮》，東洋文化研究所藏大木庫本光緒十二年氏公善堂校本。
〔唐〕賈公彥：《儀禮注疏》，北京：北京大學出版社一九九七年版。
〔唐〕杜　佑：《通典》，明嘉靖十八年西樵方獻夫刊本。
〔宋〕朱　熹：《家禮》，清嘉慶刻本。
〔宋〕朱　熹：《儀禮經傳通解》，清康熙見呂留良寶誥堂刻本。
〔宋〕聶崇義：《新定三禮圖》，宋淳熙二年鎮江府學陳伯廣刻公文紙印本。
〔宋〕司馬光：《司馬書儀》，商務印書館印叢書集成初編本。
〔宋〕俞文豹：《吹劍錄》，四庫全書本。

〔宋〕鄭　樵：《通志略》，民國萬有文庫本。
〔宋〕王　溥：《唐會要》，〔東京〕中文出版社一九七八年版。
〔宋〕毛先舒：《喪禮雜説》，清檀幾叢書本
〔元〕鄭　泳：《鄭氏家儀》，續金華叢書本。
〔元〕龔端禮：《五服圖解》，述古堂藏士禮居重裝本。
〔元〕佚　名：《居家必用事類全集》，北京圖書館古籍珍本叢刊本。
〔元〕王　惲：《玉堂嘉話》，守山閣叢書本。
〔明〕張居正：《大明會典》，萬有文庫本。
〔明〕邱　濬：《文公家禮儀節》，東洋文化研究所藏明正德十三年常州府刻本。
〔明〕邱　濬：《大學衍義補》，同治九年退補齋刊本。
〔明〕毛先舒：《喪禮雜説》，霞舉堂刊本，收入《檀幾叢書初編》。
〔明〕王　圻：《諡法通考》齊魯書社影印四庫全書存目叢書本。
〔明〕葉秉敬：《明諡考》，北京師範大學圖書館藏清鈔本。
〔明〕孫能傳：《諡法纂》，北京圖書館藏萬曆四十五年孫能正刻本。
〔明〕楊　奐：《桓山遺稿》，明嘉靖中刊本。
〔明〕王守仁：《王守仁全集》，上海古籍出版社一九九二年版。
〔明〕金沙溪：《喪禮備要》，崇禎四年戊申春領營改刊。

〔明〕黃宗海：《朽淺集》，韓國文集叢刊本。
〔明〕呂柟：《涇野先生禮問》，明嘉靖三十二年謝少南刻涇野先生五經說本。
〔明〕宋纁：《四禮初稿》，上海圖書館藏清康熙四十年宋氏刻本。
〔明〕呂坤：《四禮翼》，明萬曆刻清同治光緒間補休呂新吾全集本。
〔明〕呂坤：《四禮疑》，明萬曆刻清同治光緒間補休呂新吾全集本。
〔明〕呂維祺：《四禮約言》，中國科學院圖書館藏清刻本。
〔明〕鮑應鼇：《明臣謚考》，臺灣商務印書館影印文淵閣四庫全書本。
〔明〕金瑤：《瑠溪金氏族譜》，明隆慶二年刻本。
〔明〕陳萃麓：《長沙檀山陳氏族譜》，明萬曆中刊本。
〔明〕佚名：《新安汪氏重修八公譜卷》，嘉靖十四年刊本。
〔清〕嵇璜：《欽定續通典》，台灣商務印書館影印文淵閣四庫全書本。
〔清〕允祹：《欽定大清會典》，台灣商務印書館影印文淵閣四庫全書本。
〔清〕允祹：《欽定大清通禮》，台灣商務印書館影印文淵閣四庫全書本。
〔清〕賀長齡：《皇清經世文編》，台灣文獻叢刊本。
〔清〕劉墉：《清通典》，欽定四庫全書皇朝通典卷。
〔清〕阮文誠：《皇越律例》，越南國家圖書館藏嘉隆十二年版。
〔清〕徐珂：《清稗類鈔》，中華書局一九八四年版。

〔清〕王士禎：《國朝謚法》，清世楷堂藏本。
〔清〕吳榮光：《吳學錄初編》，同治金陵書局刻本。
〔清〕毛奇齡：《喪禮吾說》，同治余氏明辨齋刊本。
〔清〕毛奇齡：《家禮辨說》，同治余氏明辨齋刊本。
〔清〕王復禮：《家禮辨定》，南京圖書館藏清康熙刻本。
〔清〕李　塨：《學禮五卷》，清光緒五年定州王氏謙德堂刻畿輔叢書本。
〔清〕許三禮：《讀禮偶問》，北京圖書館藏清康熙刻本。
〔清〕王心敬：《四禮寧儉編》，關中叢書本。
〔清〕顧光譽：《四禮闕疑》，清光緒戊子冬月朱氏行素草堂本。
〔清〕林伯桐：《品官家儀考》，清道光二四年刻修本堂叢書。
〔清〕林伯桐：《士人家儀考》，清道光二四年刻修本堂叢書。
〔清〕徐繼發：《周易明善錄》，江西巡撫采進本。
〔清〕朱　彬：《禮記訓纂》，清咸豐宜祿堂刊本。
〔清〕胡培翬：《儀禮正義》，木犀香館家刻藏版。
〔清〕萬斯大：《禮記偶箋》，上海古籍出版社一九九六年版。
〔清〕萬斯大：《總法論》，《續修四庫全書》，經部冊一〇八，上海古籍出版社一九九五年版。
〔清〕程瑤田：《總法小記》，《續修四庫全書》，經部冊一〇八，上海古籍出版社一九九五年版。

〔清〕金　榜：《禮箋》，《續修四庫全書》，經部冊一〇九，上海古籍出版社一九九五年版。
〔清〕陳全之：《蓬窗日錄》，上海古籍出版社二〇〇五年版。
〔清〕湯用彬：《舊都文物略》，北京古籍出版社二〇〇〇年版。
〔清〕孫承澤：《天府廣記》，北京古籍出版社一九八二年版。
〔清〕魏　崧：《一是紀始》，北京圖書館出版社二〇〇三年版。
〔清〕汪　汲：《事物原會》，廣陵古籍刻印社一九八九年版。
〔清〕黄以周：《禮書通故》，中華書局二〇〇七年版。
〔清〕孫詒讓：《周禮正義》，《續修四庫全書》，經部冊八二，上海古籍出版社一九九五年版。
〔清〕孫詒讓：《九旗古誼述》，《續修四庫全書》，經部冊八五，上海古籍出版社一九九五年版。
〔清〕邵晉涵：《爾雅正義》，乾隆五三年邵氏面水層軒刻本。
〔清〕孔廣森：《禮學巵言》，收入《皇清經解》，清咸豐十一年補刊本。
〔清〕張鴻來：《婚喪禮雜説》，北京文化學社民國十七年版。
〔清〕趙爾巽：《清史稿》，中華書局一九七六年版。
〔清〕張廷玉：《明史》，中華書局一九七四版。
〔清〕張大翎《時俗喪祭便覽》，清鈔本。
〔清〕趙執信：《禮俗權衡》，清康熙刻本。
〔清〕《嘉靖池州府志》，天一閣藏明嘉靖刻本。

〔清〕孔廣森：《禮學卮言》，清咸豐十一年補刊本。
〔清〕陳士珂：《孔子家語疏證》，商務印書館一九四〇年版。
〔清〕徐　珂：《清稗類鈔》，中華書局一九八四年版。
〔清〕魏　崧：《壹是紀始》，清光緒辛卯年京都隆福寺文奎堂藏板。
〔清〕顏　元：《禮文手鈔》，民國四存學會本。
〔清〕《臺灣私法人事編》，宣統二年臨時舊慣調查會刊行。
〔清〕項朝鍾：《浦陽洑溪項氏宗譜》，清光緒十八年木活字刻本。
〔清〕周鼎調：《嘉定周氏宗譜》，康熙中手鈔本。
〔清〕黃任恒：《南海學正黃氏家譜》，清宣統三年刻本。
〔清〕佚　名：《南海金魚堂陳氏族譜》，清光緒丁酉年刊本。
〔清〕朱次琦：《南海九江朱氏族譜》，清同治八年刊本。
〔清〕陳萬豫：《南海鶴園陳氏族譜》，民國刊本。
〔清〕張廷輝：《清河張氏宗譜》，清光緒四年餘慶堂刊本。
〔清〕湯　晉：《廣東新會湯氏族譜》，清咸豐四年刊本。
〔清〕王基鴻：《黃縣太原王氏族譜》，清宣統元年刊本。
〔清〕張振鷺：《姚江三牆門張氏宗譜》，民國五年樹德堂鉛印本。
〔清〕簡朝亮：《順德簡岸簡氏家譜》，民國十七年鉛印本。

〔清〕柳立凡：《京江柳氏宗譜》，光緒十七年思成堂刊本。
〔清〕吳卓信：《約喪禮經傳》，世楷堂藏版。
〔清〕張宗鐸：《横峰張氏宗譜》，民國四年篤親堂鉛印本。
〔清〕陳萬豫：《南海鶴園陳氏族譜》，民國六年貽燕堂木活字刻本。
〔清〕郭紹陽：《增訂香山郭氏族譜》，〔四川〕巴蜀書社一九九五年版。
〔清〕金□□：《清源金氏族譜》，〔四川〕巴蜀書社一九九五年版。
〔清〕張慶彬：《旌陽張氏通修宗譜》，〔四川〕巴蜀書社一九九五年版。
〔清〕張雲逵：《定陽張氏族譜》，〔四川〕巴蜀書社一九九五年版。
〔清〕張效良：《花橋張氏四修族譜》，〔四川〕巴蜀書社一九九五年版。
〔清〕張祥麟：《張氏宗譜》，〔四川〕巴蜀書社一九九五年版。
〔清〕張坤照：《韋莊張氏宗譜》，〔四川〕巴蜀書社一九九五年版。
〔清〕張日佐：《清河張氏宗譜》，清乾隆一七年崇本堂刻本。
〔清〕張道修：《鶴頸漕張氏宗譜》，〔四川〕巴蜀書社一九九五年版。
〔清〕佚　名：《簡陽鐘氏族譜》，清光緒丁酉續刊本。
〔清〕朱丙壽：《海鹽朱氏族譜》，清光緒十七年胥川祠堂刊本。
〔清〕藍星修：《四川藍氏家譜》，民國七年木活字刻本。
〔清〕孫貽謀：《餘慶孫氏宗譜》，民國十八年木活字刻本。

〔清〕佚　名：《山西代州馮氏族譜》，民國二二年鉛印本。
〔清〕佚　名：《仲氏宗譜》，民國十四年忠山堂木活字刻本。
〔清〕汪時鴻：《旌德板橋汪三暉堂家乘》，民國十六年鉛印本。
〔清〕汪　端：《高林汪氏宗譜》，清光緒八年餘慶堂刊本。
〔清〕汪月樓：《楓林汪氏支譜》，清同治十二年餘慶堂刊本。
〔清〕吳農祥：《杭州關氏支譜》，民國十三年鈔本。
〔清〕項增壽：《環河項氏宗譜》，民國十九年鈔本。
〔清〕梅朝宗：《宛陵宦林梅氏宗譜》，清宣統二年木活字本。
〔民〕陳恩榮：《天津喪禮說略》，天津教育部通俗教育會民國七年編。
楊樹達：《論語疏證》，上海古籍出版社一九八六年版。
丁凌華：《中國喪服制度史》，上海人民出版社二〇〇〇年版。

跋

曾祖彭天相先生這本歷經百年之久的古籍鈔本，終於得以由台北秀威出版社點校出版。

我的高、曾兩代，均是國子監生與奉政大夫，但作為知識精英的地方紳士〔Scholar-Official〕，他們並沒有在「國朝治化」中展現出積極的姿態，僅僅是五品閒差的曾祖，終其一生也不過在他二十餘歲時以不足三月的時間就任一蕞爾小官——長沙工會主席。或如清人金榜在禮箋序言中所說，「學問之道，寧犯天下之大不韙，而不為吾心之所不安」，作為深諳明堂袷禘之道的曾祖，自然知悉祭祀之本意乃在「於心有安」，或許，學問之本意也該在此。光緒十九年，高祖在未完成彭氏續修族譜修撰便匆然卒去，民國十年，湘鄉彭氏諸縉紳公議修撰彭氏三修族譜，諸公推曾祖為三修總撰，同為奉政大夫的京官彭維廷在族譜序中盛讚曾祖為「老師宿儒」，時年曾祖不過二十五歲，恰是我現在這個年紀。

我已經記不清是在何時進入對家禮的研究，就在一年前，社會科學論壇不吝冗繁，為我昭穆制這篇長達九萬字的文稿連續四期刊載時，人們便開始追問我同一個問題：是不謀而合，還是家學淵源。我只能引據歷史學家席文〔Nathan Sivin〕對家學或學派的定義來告知他們，這只是一個巧合，絕非家學：「某一大師特有的學說或技術的傳授過程，這些技術或學說，通過私人傳授由其信徒代代相傳，強調權威性經典在世代流傳過程中的完整性」。首先，據我所知，熟讀禮經的曾祖在某些觀點上尚不如我瞭解透徹，故不可謂稱為大師，例如他斷定「祠堂設置高、曾、祖、禰四龕以奉先世神主，大宗及繼高祖之小宗，則高祖居西，曾祖次之，祖次之，父次之」，很顯然，他的這種見解有悖昭穆本義，然而禮以時為大，此說亦無可無不可，只不過我認為學問之體認，總在以靈活變通為要，太過偪瘠狹隘，則成不了氣候；其次我的「家學」並非代代相傳，高曾兩代人的學問在祖父一輩時已然殆亡，曾祖給祖父起名為「淑人」，小雅曰：「淑人君子，懷允不忘」，又因祖父排行第三，按清代命婦之級別，「一品曰夫人、二品亦夫人，三品曰淑人」，曾祖對這個名字的選擇或許真是一字成讖，祖父在中年喪妻、老年喪女的窘境中度過了苦長的六十餘年，反而練就了他嚴謹求實的「懿德」，但是他對學問的仰止無疑是虔誠的，終其一生從未停止過，這種渴求也完全寄托在了我身上。在他雙眼失眠，暮靄沉沉，行將歸彼大荒之時，他尚在筆記中寫道：「籠中鳥、網中魚」、「百余棄杖」，嗚呼！不自由毋寧死，豈不是讀書人从一而終的追求？故而可以說，我今日之學問與品性，完全得益於我的祖父而非曾祖；再者，從箋釋文稿不難看出，我與曾祖的諸多觀點相左，嚴格來說，我所做的箋釋已經不具備席文所定義的「完整性」。曾祖認為禮學可以「撮要」，取折中之言為便，這與清人王心敬四禮寧儉為一個套路，但我始終認為，禮當「以人心為安」，然而如何使人心得安？則必須回歸經典，對於那些歷史失憶〔null of history〕的問題反覆考索，才能有自己的見地，竊以為禮學之要義在於不超脫經典的能自圓其說若，取折中之言，實在是「取法乎其下」，不足為鑒。

不可置疑，清代禮學的興盛在某種程度上是過去的學者們對經典的群體失憶〔null of history〕或沉默造成的，但作為考訂的禮學是普世而絕非僅僅是埋首故紙堆的學問，家族祭祀便是很好的證明，「冠昏喪祭，蓋有家日用之體而通乎吉凶之需，固不可廢一而不講」，明清以來，關於家族祭祀的著述頗豐，禮學家們俱以所見，各記舊聞，如金沙溪的喪禮備要、吳榮光的吾學錄、毛先舒的喪禮雜說、毛奇齡的喪禮吾說、王複禮的家禮辨定、許三禮的讀禮偶見、王心敬的四禮寧儉編、林伯桐的士人家禮考、品官家禮考、張大翎的時俗喪祭便覽、趙執信的禮俗權衡等，至於各宗族譜所載喪祭程式與條目，更是不盡枚舉。一方面，學者們素知禮學繁複，讓「蒙學之士開卷了然，倉卒之間有所考據而無失」尚且困難，更何況讓販夫走卒、鄉野草莽之流本一家之說而通家祭精義，更需要反覆揣測古經本義，有所發明。另一方面，家祭之學雖有朱子家禮與司馬書儀為藍本，但「確守家法無一言出入者甚鮮」，學者們為求蓋棺之論，讓天下各宗各家尊己之說而反覆考索，左右徵引，最終反而使得家禮之學無頭無緒，禮條混亂不堪。且清代家禮已拋離先秦「固所自盡」的基準，「今百姓送終，競為奢靡，破積世之業以供終朝之費」，民俗多信僧侶誑誘，認為須世道輪迴而大興水陸道場，斥鉅資開堂找僧演劇，宴請賓朋，使民風凋零而失哀喪本義。

從這個意義上來講，我對曾祖的學問充滿著無比的敬重之意，這絕不會因我學識的不斷加深而稍有遞減。曾祖晚年生活在血與火的戰爭之中，但他仍舊能夠潛心做這種「過時」的學問，不管窗外如何炮火紛紛，他終其一生都沒有改變學問的方向，當然，最終也便不了了之。因為在那個年代，研究「民主」與「科學」、研究「馬克思主義」才是正途，否則一切都被視妄作，被歷史證明為走不通的學問。歷史證明後者的確能挽救民族頹波，於今看來，似乎那些故紙堆的東西，對建設發展毫無益處。然而事實真正如此嗎？數十年前，人們認為「禮教吃人」，要「打倒孔家店」、袪除儒學「糟粕」，試觀今日之中國，德行淪喪、人心敗壞，此罪當咎於誰？人不講禮，類乎禽獸，我們丟棄了歷史的同時，也必將被歷史丟棄，這是亙古不變的一則道理，對於今日讀書人而言，過分追逐「現實意義」而忽視「歷史累積」，也同樣不可取。反過來講，曾祖生活在社會動亂的時期，尚能求學問之「放心」，而我現在生活在人心動亂的時期，為何不可也「求其放心而已矣」呢？

是書得以出版，要感謝恩師宋玉波教授，先生早年赴英美諸國留學訪問，精通民主憲政，在政治學界久負聲望、高風亮節，於我有知遇之恩；感謝中華大學行政學系曾建元教授，讓我有幸成為他主編的中華人文社會學報史上最年輕的作者，此書得以出版，也得荷先生向秀威主編力薦；感謝蕭雲樞、曹麗兩位教授無微不至的關心，我對學問的諸多靈感，得益於兩位先生的賜教，也可以這樣說，沒有兩位先生的諄諄教誨，則不會有我今日對學問的義無反顧；感謝山東科技大學江雯教授，能夠賞識我這位後生，每念及江師的那句「沽之哉，沽之哉，以待識者也」，總能在內心喚起對學問的巨大驚喜；感謝夏雪老師，她總願意靜心聽我傾訴我的潦倒困惑，為我的諸般困頓解惑答疑，感謝秀威出版社的楊宗翰、孫偉迪兩位先生，感謝他們給予我完成曾祖心願的機會以及在編輯過程中付出的辛勤勞動。

感謝愛人春香，從十餘年前尚不諳世事的「點燈登閣各攻書」到今日的「移椅依桐同望月」，我能夠安心讀書作文，全仗於她毫無私心、怨言的照顧，本書的圖表編排也得益於她得指點。雖然我深知現在的學問尚不可使我安身立命，但十餘年來，她始終堅信我終有一日能學有所成，假以時日，我當不辜負她的寄託。總而言之，沒有我的愛人，我的學問似乎也無從談起。

最應該感謝我的父母，孔子有言：「出則事公卿，入則事父母，何有於我哉？」迄今為止，我尚不知公卿何在，依我的性格，也無心、無能事之。十餘年來，我四處遊學，漂泊不定，亦未能陪伴在父母左右。父母垂垂老矣，但始終不忘記教誨我讀書做人的方法：讀書之要，首在做人。

彭衛民

壬辰年仲春於台灣國立高雄大學

PA0054

《喪禮撮要》箋釋

原　　著　彭天相
箋　　釋　彭衛民
責任編輯　孫偉迪
圖文排版　王思敏
封面設計　王嵩賀

出版策劃　新鋭文創
發 行 人　宋政坤
法律顧問　毛國樑　律師
製作發行　秀威資訊科技股份有限公司
114 台北市內湖區瑞光路76巷65號1樓
電話：+886-2-2796-3638　傳真：+886-2-2796-1377
服務信箱：service@showwe.com.tw
http://www.showwe.com.tw
郵政劃撥　19563868　戶名：秀威資訊科技股份有限公司
展售門市　國家書店【松江門市】
104 台北市中山區松江路209號1樓
電話：+886-2-2518-0207　傳真：+886-2-2518-0778
網路訂購　秀威網路書店：http://www.bodbooks.com.tw
國家網路書店：http://www.govbooks.com.tw

出版日期　2012年6月　初版
定　　價　460元

國家圖書館出版品預行編目

《喪禮撮要》箋釋 / 彭天相著 ; 彭衛民箋釋. -- 一版. -- 臺北市 : 新銳文創, 2012.06
面； 公分
BOD版
ISBN 978-986-6094-80-4 (平裝)

1. 喪禮 2. 喪葬習俗

532.2 101007635

讀者回函卡

感謝您購買本書，為提升服務品質，請填妥以下資料，將讀者回函卡直接寄回或傳真本公司，收到您的寶貴意見後，我們會收藏記錄及檢討，謝謝！如您需要了解本公司最新出版書目、購書優惠或企劃活動，歡迎您上網查詢或下載相關資料：http:// www.showwe.com.tw

您購買的書名：________________________________

出生日期：________年________月________日

學歷：□高中（含）以下　□大專　□研究所（含）以上

職業：□製造業　□金融業　□資訊業　□軍警　□傳播業　□自由業

□服務業　□公務員　□教職　□學生　□家管　□其它______

購書地點：□網路書店　□實體書店　□書展　□郵購　□贈閱　□其他

您從何得知本書的消息？

□網路書店　□實體書店　□網路搜尋　□電子報　□書訊　□雜誌

□傳播媒體　□親友推薦　□網站推薦　□部落格　□其他__________

您對本書的評價：（請填代號　1.非常滿意　2.滿意　3.尚可　4.再改進）

封面設計____　版面編排____　內容____　文／譯筆____　價格____

讀完書後您覺得：

□很有收穫　□有收穫　□收穫不多　□沒收穫

對我們的建議：________________________________

____

____

____

請貼
郵票

11466
台北市內湖區瑞光路 76 巷 65 號 1 樓
秀威資訊科技股份有限公司 收
BOD 數位出版事業部

....

（請沿線對折寄回，謝謝！）

姓　名：________________ 年齡：________ 性別：□女 □男

郵遞區號：□□□□□

地　址：____

聯絡電話：(日) ________________ (夜) ________________

E-mail：____